岳麓書社

读名著　选岳麓

尚书

周秉钧 导读 注译

岳麓书社·长沙

前　言

《尚书》是我国最早的政事史料汇编。基本内容是虞、夏、商、周君王的文告和君臣的谈话记录，反映了上古华夏文化的各个不同侧面，是学习和研究我国上古史和古代文化的重要文献。

《尚书》最早只叫做《书》，汉代称《尚书》，意为"上古之书"。后来，儒家把《尚书》尊奉为经，所以又称《书经》。

学习《尚书》，先要了解它的各种版本和传授情况。

《尚书》大约在先秦就有定本，《论语·述而》说："子所雅言，《诗》《书》，执礼，皆雅言也。"可知早在春秋时代孔子就把《尚书》作为儒家讲习的主要课本。《庄子·天下》也说："《诗》《书》《礼》《乐》者，邹鲁之士，缙绅先生，多能明之。"证明先秦的一些知识分子读过《尚书》。政事史料的篇目本来很多，汉代的《纬书》说有3240篇，《汉书·艺文志》记载孔子删为一百篇。这个百篇本就是《书》的最早选本。

到了汉代，《尚书》的选本主要有两个，一个是今文本，一个是古文本。

今文本《尚书》由伏胜传授。伏胜，史籍多称为"伏生"，"生"是古代对有学问人的尊称。《史记·儒林列传》说："秦时焚书，伏生壁藏之。其后兵大起，流亡。汉定，伏生求其书，亡数十篇，独得二十九篇，即以教于齐鲁之间。"伏生曾经担任秦的博士，他的《尚书》是秦王朝的官方定本。伏生讲授时是采用当时通行的隶书写的，所以叫今文《尚书》。又因为这个隶书写定本是伏生传授的，也称“伏生本”。

汉代《尚书》的另一个本子是古文本《尚书》。《汉书·艺文志》记载，汉武帝末年，分封在孔子家乡的鲁恭王刘余在拆除孔子住宅时，发现了一部《尚书》，共有四十五篇。因为这部《尚书》是用先秦古文字写的，所以叫做古文《尚书》，又因为这个本子是在孔子住宅的墙壁中发现的，也叫做孔壁本，或壁中本。当时，孔子的十一世孙孔安国对这部古文《尚书》进行研究，他发现四十五篇中有二十九篇和“伏生本”基本相同，另外多出了十六篇。孔安国用隶古字写定，送到官府。孔安国又作了传，碰到巫蛊事件，不得奏上，只是私自传授，在民间流传。

西汉传授伏生今文《尚书》的主要是欧阳高、夏侯胜和夏侯建三家。《汉书·艺文志》记载汉成帝河平三年(公元前26年)刘向曾用皇室书库所藏的古文《尚书》对照欧阳和大、小夏侯三家经文，仅仅有七百多字不相同，脱了六七十个字。可见，两个版本的差异并不算大。

今文《尚书》在汉代始终立于学官，因而今文《尚书》一直是官方规定的标准读本。古文《尚书》只在民间传习，虽在西汉末年经刘歆力争立于学官，但东汉初年又被取消了。后来，经杜林、贾逵、马融、郑玄等著名学者的提倡，逐渐在学术界取得了优势。到了魏文帝曹丕时，古文《尚书》又重新得到国家承认成为官学。西晋“永嘉之乱”，今文《尚书》失传，剩下就只有古文《尚书》了。南北朝时，古文《尚书》仍然盛行，到了隋唐，又竟被伪古文《尚书》取而代之了。

东晋元帝司马睿执政时，豫章内史梅赜(或作梅颐)向朝廷献了一部《孔传古文尚书》，分四十六卷，计五十八篇，除《舜典》一篇外，每篇都有孔安国的“传”，书前还有孔安国写的《尚书序》。汉代传下来的百篇书序，也根据时间先后分别插在各篇篇首或篇末。据梅赜说，

《孔传古文尚书》是魏末晋初的学者郑冲传下来的。郑冲怎样得到的，梅赜没有说明。由于传授无稽，后代学者又考定为伪书，这个本子就叫做伪古文《尚书》本。

《孔传古文尚书》出现不久就立于学官，从东晋到隋唐，大多数学者坚信这就是真正的孔壁古文《尚书》和汉代孔安国作的“传”，陈朝的大学者陆德明的《经典释文》替它作“音义”，隋朝的重要学者刘炫和刘焯替它作“疏”，在学术界渐占优势。唐初制定《五经正义》，又采用了《孔传古文尚书》为底本作《尚书正义》，为官方定本，公开颁行。后来，宋人又把它编入《十三经注疏》，一直传到今天。因此，伪古文《尚书》本就成为《尚书》的最后定本了。

我们今天看到的本子就是梅赜所献的伪古文《尚书》本，从宋代的吴棫开始，历代学者对它的真伪进行研究，发现它真伪杂糅。一致认为:《大禹谟》《五子之歌》《胤征》《仲虺之诰》《汤诰》《伊训》《太甲上》《太甲中》《太甲下》《咸有一德》《说命上》《说命中》《说命下》《泰誓上》《泰誓中》《泰誓下》《武成》《旅獒》《微子之命》《蔡仲之命》《周官》《君陈》《毕命》《君牙》《冏命》这二十五篇都是伪的，另外，孔安国的《尚书序》和《孔传》也是伪造的。这些真伪杂糅的情况，我们要特别注意。

《尚书》记载了虞、夏、商、周的重要历史人物、历史传说和历史事件，比如尧舜禅让、鲧禹治水、商汤伐桀、盘庚迁殷、武王伐纣、营洛治洛、周公摄政、平王东迁等等，为《左传》《史记》等史书的写作提供了珍贵的原始资料。司马迁写作《史记》曾大量引用。《史记》的《五帝本纪》《夏本纪》《殷本纪》《周本纪》以及《鲁周公世家》和《宋微子世家》等篇目，就全文引用了《尚书》的《尧典》《皋陶谟》《西伯戡黎》《洪范》《金縢》《微子》等十一个篇目。可见，《尚书》有极高的史料价值。

《尚书》各篇内容丰富，涉及了虞、夏、商、周的天文、地理、官制、礼仪、教育、刑法、典章制度等范围广泛的领域，反映了封建社会政治制度、宗法思想、伦理道德、哲学观点逐步形成的历史过程。我们学习和研究古代文化不可不阅读《尚书》。

《尚书》保存了许多古词古义。例如：在，训“观察”，又训“终”；於，训“代”，又训为叹词；格，训“度量”，又训为“来”；时，训“是”，又训“善”；作，训“始”，又训“立”；矧，训“况”，又训“又”；若，训“善”，又训“如此”；“越”和“惟”，都是发语词，又都是连词；等等。《尚书》二十八篇还反映许多古代语法特点。它很少使用句末语气词。例如，《西伯戡黎》“我生不有命在天”句是个反问句，却没有表示反问的句末语气词，《史记·殷本纪》引作“我生不有命在天乎”，加了一个“乎”。它的主动句和被动句在形式上没有什么区别。例如，《禹贡》的“禹锡玄圭”句，《史记·五帝本纪》作“于是帝锡禹玄圭”，原来是个被动句。《尚书》二十八篇中“者”字结构还没出现。例如：《尧典》的“下民其咨，有能俾乂”，《史记·五帝本纪》作“下民其忧，有能使治者”。上述这些语言特点，都是研究上古汉语的重要语言材料。

我们现在学习《尚书》，初学者可以采用今注今译的读本。对于研究者来说，除了采用今注今译的读本，还要根据不同的要求选读历代《尚书》研究的重要著作。《尚书正义》就是最重要的一部。它选用《孔传古文尚书》作为底本。“注”虽然不是汉代孔安国写的，但作为魏晋人的传注仍有很重要的学术价值。唐代孔颖达的“正义”，主要根据刘炫、刘焯等人的旧疏，旁及南北朝后期以来诸家注疏，斟酌取舍，增简削繁，是魏晋以后唐以前《尚书》注解的总汇。这类著作还有宋代《尚书》注释的代表作蔡沈的《书集传》，清代《尚书》注释的集大成者孙星衍的《尚书今古文注疏》，近人曾运乾先生的《尚书正读》等。

此外，清人阎若璩的《尚书古文疏证》，王先谦的《尚书孔传参正》等都是应该参考的。至于想了解《尚书》有关专门问题，可以阅读陈梦家的《尚书通论》、蒋善国的《尚书综述》等。

我们现在学习《尚书》，要重视吸收其中的有益成分，结合精神文明建设，弘扬民族的传统美德，振奋民族精神。《尚书》中提倡的明德、修身、团结、进取、勤劳、节俭、爱民养民，这些思想对于我们今天的精神文明建设仍然有着重要的现实意义。

湖南岳麓书社为适应广大读者的需要，首先提出编印《十三经今注今译》，这真是弘扬祖国文化的壮举。书社的编辑同志再三约我写《尚书》部分，我顾不了年老力衰，欣然接受了这项任务。前年酷暑之后，秋爽宜人。于是取阮刻《尚书正义》核校正文，改正拙著《白话尚书》的误字；又涵泳白文，细心体会，改写了一些注释和译文。依据这套书的新体例，重新编排，写成这个样子。此稿虽是根据《白话尚书》写成，其中也增加了一些新的内容，较之原书，大约又前进了一步。

译注工作像接力赛跑一样，依靠接力者的继续努力。要使这部书能够比较完善，就只有依靠并世和将来的学者了。

周秉钧写于岳麓山

一九九二年三月

目 录

虞书

夏书

商书

周书

附录

虞书

尚书

尧典

导读　尧和舜，相传是我国原始社会后期的著名首领。尧名放勋，属陶唐氏，又称唐尧。舜名重华，属有虞氏，又名虞舜。典是书名。本篇是史官记叙尧的事迹的书，所以叫《尧典》。

原文

曰若稽古[1]。帝尧曰放勋。钦明文思安安[2]。允恭克让[3]，光被四表，格于上下。[4]克明俊德，以亲九族。[5]九族既睦，平章百姓[6]。百姓昭明，协和万邦，黎民於变时雍[7]。

译文

查考往事。帝尧名叫放勋。他敬事节俭，明照四方，善治天下，道德纯备，温和宽容。他忠实不懈，又能让贤，光辉普照四方，至于天地。他能发扬大德，使家族亲密和睦。家族和睦以后，又辨明其他各族的政事。众族的政事辨明了，又协调万邦诸侯，天下众民也相递变化而友好和睦起来。

注释　**1** 曰若稽古：即稽考古事，是自今述古之称。曰若，发语辞，也写作“越若”“粤若”。稽，考察。　**2** 钦：郑玄说：“敬事节用谓之钦。”明：郑玄说：“照临四方谓之明。”文：郑玄说：“经纬天地谓之文。”思：马融说：“道德纯备谓之思。”安安：一作“晏晏”。郑玄说：“宽容覆载谓之晏。”　**3** 允：诚信。恭：郑玄说：“不懈于位曰恭。”克：能够。让：让贤。　**4** 被：及。四表：四海之外。格：至。上下：指天地。郑玄说：“言尧德光耀及四海之外，至于天地，所谓大人与天地合其德，与日月齐其明。”　**5** 俊：大。九族：君主的亲属。郑玄谓自高祖至玄孙，凡九。一说是父族四、母族三、妻族二。　**6** 平：通“辨”，分别。《后汉书·刘恺传》引作“辨”。章：彰明。百姓：百官族姓。见《孔疏》。　**7** 黎：众。於：更代、更递。本焦循说。时:善。雍:和睦。

以上第一段,颂扬尧的大德和功绩。

原文

乃命羲和[1],钦若昊天[2],历象日月星辰[3],敬授人时。分命羲仲,宅嵎夷[4],曰旸谷[5]。寅宾出日[6],平秩东作[7]。日中[8],星鸟[9],以殷仲春[10]。厥民析[11],鸟兽孳尾[12]。申命羲叔,宅南交[13]。平秩南讹[14],敬致[15]。日永[16],星火[17],以正仲夏。厥民因[18],鸟兽希革[19]。分命和仲,宅西,曰昧谷。寅饯纳日[20],平秩西成[21]。宵中[22],星虚[23],以殷仲秋。厥民夷[24],鸟兽毛毨[25]。申命和叔,宅朔方,曰幽都[26]。平在朔易[27]。日短,星昴[28],以正仲冬。厥民隩[29],鸟兽氄

译文

他于是命令羲氏与和氏,敬慎地遵循天数,推算日月星辰运行的规律,制定出历法,敬慎地把天时节令告诉人们。分别命令羲仲,住在东方的旸谷,恭敬地迎接日出,辨别测定太阳东升的时刻。昼夜长短相等,南方朱雀七宿黄昏时出现在天的正南方,依据这些确定仲春时节。这时,人们分散在田野,鸟兽开始生育繁殖。又命令羲叔,住在南方的交趾,辨别测定太阳往南运行的情况,恭敬地迎接太阳向南回归。白昼时间最长,火星黄昏时出现在南方,依据这些确定仲夏时节。这时,人们住在高处,鸟兽的羽毛稀疏。又命令和仲,住在西方的昧谷,恭敬地送别落日,辨别测定太阳西落的时刻。昼夜长短相等,虚星黄昏时出现在天的正南方,依据这些确定仲秋时节。这时,人们又回到平地上居住,鸟兽换生新毛。又命令和叔,住在北方的幽都,辨别观察太阳往北运行的情况。白昼时间最短,昴星黄昏时出现在正南方,依据这些确定仲冬时节。这时,人们住在室内,鸟兽长

毛[30]。帝曰："咨！汝羲暨和。期三百有六旬有六日[31]，以闰月定四时成岁[32]。允厘百工[33]，庶绩咸熙[34]。"

出了柔软的细毛。尧说："啊！你们羲氏与和氏啊，一周年是三百六十六天，要用加闰月的办法确定春夏秋冬四季而成一岁。由此规定百官的事务，许多事务都能兴办起来。"

注释 1 羲和：羲氏与和氏，都是重黎的后代，世世掌管天地和四时。马融说："羲氏掌天官，和氏掌地官，四子掌四时。" 2 若：顺从。昊：音hào，广大。 3 历：推算。《尔雅·释诂》："历，数也。"象：法，取法。《楚辞》王逸注："象，法也。" 4 宅：居住。嵎夷：地名，在东海之滨。嵎，音yú。 5 旸谷：传说中日出的地方。旸，音yáng。 6 寅宾：敬导。7 平秩：辨别测定。东作：太阳从东方始升的时刻。作，始。见《广雅·释诂》。 8 日中：昼夜长短相等，这里指春分。 9 星鸟：星名，南方朱雀七宿。 10 殷：正，定。仲：每季中间的那一月。 11 厥：其。析：分散。12 孳尾：生育。《孔传》说："乳化曰孳，交接曰尾。" 13 交：指交趾，地名。《墨子·节用》篇说："尧治天下，南抚交趾。" 14 讹：运行。《诗·无羊》传："讹，动也。" 15 致：归，回归。 16 永：长。夏至白天最长。17 星火：火星，东方青龙七宿之一，夏至黄昏出现在南方。 18 因：就，指就高地居住。《礼记·月令》："仲夏……可以居高明。" 19 希革：稀毛。希，通"稀"。革，通"翮"。《玉篇》："翮，羽也。"郑玄说："夏时鸟兽毛疏皮见。" 20 饯：送行。纳日：入日，落日。 21 西成：太阳西落的时刻。《皋陶谟》郑注："成，终也。" 22 宵中：昼夜长短相等，这里指秋分。 23 星虚：星名，北方玄武七宿之一。 24 夷：平，指住到平地。25 毨：音xiǎn，羽毛更生。 26 幽都：幽州。"都"与"州"古音相近。27 在：察。《尔雅·释诂》："在，察也。"朔：北方。易：改易。指太阳运行。 28 星昴：星名，西方白虎七宿之一。 29 隩：音yù，通"奥"，室。

民避寒而入室内。 **30** 氄:音 rǒng,细毛。 **31** 期:音 jī,一周年。有:通“又”。 **32** 以闰月定四时:月亮绕地球运行一周,需时二十九天多。一年十二月,大月三十天,小月二十九天,共计三百五十四天,比一年的实际天数少十一天多。因此必须安排闰月,否则四时就会错乱。 **33** 允:用。厘:治理。百工:百官。 **34** 庶:众。咸:都。熙:兴。

以上第二段,叙述尧制定历法节令的情况。

原文

帝曰:“畴咨若时登庸[1]?”

放齐曰[2]:“胤子朱启明[3]。”

帝曰:“吁!嚚讼,可乎?[4]”

帝曰:“畴咨若予采[5]?”

驩兜曰[6]:“都[7]!共工方鸠僝功[8]。”

帝曰:“吁!静言庸违[9],象恭滔天[10]。”

帝曰:“咨!四岳[11]。汤汤洪水方割[12],荡荡怀山襄陵[13],浩浩滔天[14]。下民其咨,有能俾乂[15]?”

佥曰:“於!鲧哉[16]。”

译文

尧帝说:“善治四时之职的是谁啊?我要提升任用他。”

放齐说:“您的儿子丹朱很开明。”

尧帝说:“唉!他说话虚妄,又好争辩,可以吗?”

尧帝说:“善于处理我们政务的是谁呢?”

驩兜说:“啊!共工防水救灾已具有成效啊。”

尧帝说:“唉!他善言而常邪僻,貌似恭谨,其实怀疑上天。”

尧帝说:“啊!四方诸侯之长,滔滔的洪水普遍危害人们,水势奔腾包围了山岭,淹没了丘陵,浩浩荡荡,弥漫接天。臣民百姓都在叹息,有能使洪水得到治理的吗?”

人们都说:“啊!鲧吧。”

帝曰:"吁!咈哉[17],方命圮族[18]。"

岳曰:"异哉!试可乃已[19]。"

帝曰:"往,钦哉[20]!"九载,绩用弗成。

尧帝说:"唉!错了啊!他不服从命令,危害族人。"

四方诸侯之长说:"起用吧!试用可以的话,就用他。"

尧帝说:"去吧,鲧!要谨慎啊!"过了九年,成效不好。

注释 1 畴咨若时登庸:畴,谁。咨,语气词。若,善,治理好。时,四时。登庸,升用。马融说:"羲和为卿官,尧之末年皆以老死,庶绩多阙,故求贤顺四时之职,欲用以代羲和。" 2 放齐:人名,尧的臣子。 3 胤:音yìn,后嗣。朱:丹朱,尧的儿子。启:开。 4 吁:惊异之词。嚚:音yín,不说忠信的话。讼:争,好争辩。 5 若:善,治理好。采:事。 6 驩兜:尧的大臣,四凶之一。 7 都:语气词,表赞美。 8 共工:尧的大臣,四凶之一。方:通"防"。鸠:通"救"。《说文》引作"救"。僝:音zhuàn。马融说:"具也。"这句是说共工防水救灾,已具功绩。 9 静言:善言。庸:常。违:邪僻。 10 象恭:貌似恭敬。滔天:滔,通"謟",《尔雅·释诂》:"謟,疑也。"孙诒让《尚书骈枝》作此说。 11 咨:嗟。四岳:官名,主持四岳的祭祀,为诸侯之长。 12 汤汤:音shāng,水大的样子。割:通"害"。 13 荡荡:广大的样子。怀:包围。襄:上。 14 浩浩:水势远大的样子。滔天:弥漫接天,形容波浪高大。 15 俾:使。乂:治理。 16 鲧:音gǔn。尧的大臣,夏禹的父亲。 17 咈:音fú,违误。王先谦曰:"言所举违错也。" 18 方命:郑玄说:"方,放。谓放弃教命。" 圮:音pǐ,毁坏。族:族类。 19 异:举。试可乃已:《尚书集注音疏》:"试、已,皆用也。言用之可乃用尔。" 20 钦:敬。

以上第三段,叙述尧选拔官吏的情况。

原文

帝曰："咨！四岳。朕在位七十载，汝能庸命[1]，巽朕位[2]！"

岳曰："否德忝帝位[3]。"

曰："明明扬侧陋[4]。"

师锡帝曰[5]："有鳏在下[6]，曰虞舜。"

帝曰："俞[7]！予闻，如何？"

岳曰："瞽子[8]，父顽，母嚚，象傲，克谐。以孝烝烝[9]，乂不格奸[10]。"

帝曰："我其试哉！女于时[11]，观厥刑于二女[12]。"厘降二女于妫汭[13]，嫔于虞[14]。

帝曰："钦哉！"

译文

尧帝说："啊！四方诸侯之长！我在位七十年，你们能用我之命，升任我的帝位吧！"

四方诸侯之长说："我们德行鄙陋，不配升任帝位。"

尧帝说："可以明察贵戚，也可以推举地位低微的人。"

众人提议说："在下面有一个穷困的人，名叫虞舜。"

尧帝说："是的，我也听说过，这个人怎么样呢？"

四方诸侯之长回答说："他是乐官瞽瞍的儿子。他的父亲心术不正，后母说话不诚，弟弟象傲慢不友好，而舜能同他们和谐相处。因他的孝心美厚，治理国务不至于坏吧！"

尧帝说："我试试吧！把我的两个女儿嫁给舜，从这两个女儿那里观察舜的治家之法。"于是命令两个女儿下到妫水湾，嫁给虞舜。

尧帝说："敬慎地处理政务吧！"

注释 **1** 庸：用。 **2** 巽：通"践"，《史记·夏本纪》作"践"。《礼记·中庸》"践其位"注："践，犹升也。" **3** 否：音 pǐ，鄙陋。忝：辱。 **4** 明明：动宾结构，明察贵戚。扬：推举。侧陋：疏远隐匿，指地位卑微的人。

5 师:众人。锡:赐,这里指献言。 6 鳏:音 guān,疾苦的人。 7 俞:对。《史记·五帝本纪》作“然”。 8 瞽:瞎子。指舜的父亲乐官瞽瞍。 9 烝烝:厚美。王引之曰:“克谐为句,以孝烝烝为句。烝烝即是孝德之形容。” 10 格:至。奸:邪恶。 11 女:嫁女。时:是,这人。 12 厥:其。刑:法。二女:尧的女儿娥皇、女英。 13 厘:命令。妫:水名。汭:音 ruì,水湾。 14 嫔:妇,这里指嫁给虞舜为妇。

以上第四段,叙述尧提拔虞舜的经过。

舜典

导读　舜典，是记叙舜的事迹的书。本篇伏生本、郑玄本、王肃本都合在《尧典》，晋元帝时梅赜所献的古文《尚书》也没有《舜典》。分《尧典》为两篇，是元帝以后的事。

原文

曰若稽古[1]。帝舜曰重华，协于帝[2]。浚哲文明[3]，温恭允塞[4]。玄德升闻，乃命以位[5]。慎徽五典[6]，五典克从[7]。纳于百揆[8]，百揆时叙[9]。宾于四门[10]，四门穆穆[11]。纳于大麓[12]，烈风雷雨弗迷。

帝曰："格[13]！汝舜。询事考言[14]，乃言底可绩[15]，三载。汝陟帝位[16]。"舜让于德，弗嗣。

译文

查考往事。舜帝名叫重华，与尧帝合志。他有深远的智慧，而又文明、温恭、诚实。他的潜德上传被朝廷知道后，尧帝于是授给了官位。舜慎重地赞美父义、母慈、兄友、弟恭、子孝五种常法，人们都能顺从。舜总理百官，百官都能承顺。舜在明堂四门迎接四方宾客，四方宾客都肃然起敬。舜担任守山林的官，在暴风雷雨的恶劣天气也不迷误。

尧帝说："来吧！舜啊。我同你谋划政事，又考察你的言论，你提的建议用了可以成功，已经三年了，你登上帝位吧！"舜要让给有德的人，不肯继承。

注释　**1** 曰若：发语辞。稽：考察。　**2** 协：相同，相合。　**3** 浚：深邃。哲：智慧。文：《孔疏》："经纬天地曰文。"明：《孔疏》："照临四方曰明。"　**4** 温：温和。允：诚信。塞：笃实。　**5** 命：任命，授予。按"曰若……以位"二十八字，是齐明帝建武时姚方兴所增。　**6** 徽：美，善。五典：即父义、母慈、兄友、弟恭、子孝五种常教。 7 克:能够。从:顺从。 8 纳:入。百揆:揆度庶事的官。 9 时叙:承顺。《经义述闻》:"时叙,犹承叙也。承叙者,承顺也。" 10 宾:迎接宾客。 11 穆穆:容仪敬谨。 12 大麓:官名,主管山林。 13 格:来。 14 询:谋。 15 厎:音 zhǐ,致也。"致"是用的意思,见《淮南子·修务训》注。 16 陟:登上。

以上第一段,颂扬舜的美德和即位前的政绩。

原文

正月上日[1],受终于文祖[2]。在璇玑玉衡[3],以齐七政[4]。肆类于上帝[5],禋于六宗[6],望于山川[7],遍于群神。辑五瑞[8],既月乃日[9],觐四岳群牧[10],班瑞于群后[11]。

译文

正月的一个吉日,舜在尧的太庙接受了禅让的册命。他观察了北斗七星,列出了七项政事。于是向天帝报告继承帝位的事,又祭祀了天地四时,祭祀山川和群神。又聚敛了诸侯的五种圭玉,选择吉月吉日,接受四方诸侯君长的朝见,把圭玉颁发给各位君长。

注释 1 上日:善日,吉日。 2 终:《孔传》说:"终,谓尧终帝位之事。"文祖:尧太祖的宗庙,古时政事在宗庙举行。 3 在:察。璇玑玉衡:北斗七星。玉衡是杓,璇玑是魁。 4 齐:排列。七政:七项政事,即祭祀、班瑞、东巡、南巡、西巡、北巡、归格艺祖。旧注解为日月五星,脱离经文,不可信。见《尚书易解》。 5 肆:遂,于是。类:祭名。祭告继承帝位的事。 6 禋:音 yīn,祭名。《说文》:"禋,洁祀也。"六宗:马融说:"天地四时也。" 7 望:祭山川之名。 8 辑:敛,收集。五瑞:诸侯作为符信的五种玉。 9 既月乃日:月和日都用作动词,即择月择日。 10 觐:音 jìn,朝见。牧:官长。 11 班:通"颁",分发。后:君长。

原文

岁二月，东巡守，至于岱宗[1]，柴[2]。望秩于山川[3]，肆觐东后[4]。协时月正日[5]，同律度量衡[6]。修五礼、五玉、三帛、二生、一死贽[7]。如五器[8]，卒乃复[9]。五月南巡守，至于南岳，如岱礼。八月西巡守，至于西岳，如初。十有一月朔巡守[10]，至于北岳，如西礼。归，格于艺祖[11]，用特[12]。

译文

这年二月，舜到东方巡视，到达泰山，举行了柴祭。对于其他山川，都按地位尊卑依次举行了祭祀，然后，接受了东方诸侯君长的朝见。协调春夏秋冬四时的月份，确定天数，统一音律、度、量、衡。制定了公侯伯子男朝聘的礼节和五种瑞玉、三种不同颜色的丝绸、二生一死的礼物制度。而五种瑞玉，朝见完毕后，仍然还给诸侯。五月，舜到南方巡视，到达南岳，所行的礼节同在泰山时一样。八月，舜到西方巡视，到达西岳，所行的礼节同当初一样。十一月，舜到北方巡视，到达北岳，所行的礼节同在西岳一样。回来后，到尧的太庙祭祀，用一头牛作祭品。

注释　**1** 岱宗：东岳泰山。　**2** 柴：祭天名。马融说："祭时积柴，加牲其上而燔之。"　**3** 秩：次序。　**4** 东后：东方诸侯的君长。　**5** 协：合。时：春夏秋冬四时。正：定。　**6** 同：统一。律：十二律，阴律六，阳律六。度：丈尺。量：斗斛。衡：斤两。　**7** 五礼：公侯伯子男五等朝聘之礼。五玉：即上文所说的五瑞。拿着称瑞，陈列称玉。三帛：三种不同色的丝织品，用来垫玉。二生：活羊羔和雁，卿大夫所执。一死：一只死野鸡，士所执。**8** 如：而，连词。五器：即上文所说的五瑞。　**9** 卒乃复：完毕后就归还。**10** 朔：北。　**11** 格：到。艺祖：即文祖。　**12** 特：公牛。

原文

五载一巡守，群后四朝。敷奏以言[1]，明试以功，车服以庸[2]。

肇十有二州[3]，封十有二山，浚川[4]。

象以典刑[5]。流宥五刑[6]，鞭作官刑，扑作教刑[7]，金作赎刑。眚灾肆赦[8]，怙终贼刑[9]。"钦哉，钦哉，惟刑之恤哉[10]！"

流共工于幽州[11]，放驩兜于崇山[12]，窜三苗于三危[13]，殛鲧于羽山[14]，四罪而天下咸服。

译文

以后，每五年巡视一次，诸侯在四岳朝见。让他们普遍地报告政务，然后考察他们的政绩，赏赐车马衣物作为酬劳。

舜划定十二州的疆界，在十二州的名山上封土为坛举行祭祀，又疏通了河道。

舜又在器物上刻画五种常用的刑罚。用流放的办法宽恕犯了五刑的罪人，用鞭打作为官的刑罚，用木条打作为学校的刑罚，用铜作为赎罪的刑罚。因过失犯罪，就赦免他；有所依仗终不悔改，就要施加刑罚。舜告诫说："谨慎啊，谨慎啊，刑罚要慎重啊！"

于是把共工流放到幽州，把驩兜流放到崇山，把三苗驱逐到三危，把鲧流放到羽山。这四个人受到处罚了，天下的人都心悦诚服。

注释　1 敷：普遍地。　2 庸：功劳。　3 肇：正，指划定州界。　4 浚川：疏通河流。　5 象以典刑：刻画常用的刑罚。《尚书正读》说："象，刻画也。盖刻画墨、劓、剕、宫、大辟之刑于器物，使民知所惩戒，如九鼎象物之比。"　6 流：流放。宥：宽宥。　7 扑：榎 jiǎ 楚，古代教官使用的打人工具。　8 眚：音 shěng，过错。肆：遂，就。　9 怙：依仗。贼：借为"则"，连词。　10 恤：谨慎。　11 幽州：地名，在北方边远地区。马融说："幽州，北裔也。"　12 崇山：地名。马融说："崇山，南裔也。"　13 三苗：古国名。

三危：地名。马融说：“三危，西裔也。” **14** 殛：流放。羽山：地名。马融说：“羽山，东裔也。”

以上第二段，叙述舜在摄政期间的业绩。

原文

二十有八载，帝乃殂落[1]。百姓如丧考妣，三载，四海遏密八音[2]。月正元日，舜格于文祖[3]，询于四岳，辟四门，明四目，达四聪。

“咨，十有二牧[4]！”曰：“食哉惟时！柔远能迩[5]，惇德允元[6]，而难任人[7]，蛮夷率服。”

译文

舜辅助尧帝二十八年后，尧帝逝世了。群臣好像死了父母一样地悲痛，三年间，全国上下停止了乐音。明年正月的一个吉日，舜到了尧的太庙，与四方诸侯君长谋划政事，打开明堂四门宣布政教，使四方见得明白，听得通彻。

“啊，十二州的君长！”舜帝说：“生产粮食要依时！安抚远方，爱护近邻，亲厚有德，信任善良，而又拒绝邪佞的人，这样，边远的外族都会服从。”

注释 **1** 殂落：死亡。 **2** 遏：停止。密：静，静止。八音：金、石、丝、竹、匏、土、革、木八种音乐，泛指音乐。 **3** 格：至，到。 **4** 牧：州的行政长官。 **5** 柔：安。能：善。迩：近。 **6** 惇：厚。允：信。元：善。 **7** 难：拒绝。任人：佞人，指奸邪的人。

原文

舜曰：“咨，四岳！有能奋庸熙帝之载[1]，使宅百揆亮采，惠畴？[2]”

佥曰：“伯禹作司空[3]。”

译文

舜帝说：“啊！四方诸侯的君长！有谁能奋发努力、发扬光大尧帝的事业，使居百揆之官辅佐政事呢？”

都说：“伯禹现在做司空。”

帝曰："俞，咨！禹，汝平水土，惟时懋哉[4]！"禹拜稽首，让于稷、契暨皋陶。

帝曰："俞，汝往哉！"

帝曰："弃，黎民阻饥[5]，汝后稷[6]，播时百谷[7]。"

帝曰："契，百姓不亲，五品不逊[8]。汝作司徒[9]，敬敷五教[10]，在宽。"

帝曰："皋陶，蛮夷猾夏[11]，寇贼奸宄[12]。汝作士[13]，五刑有服[14]，五服三就[15]。五流有宅[16]，五宅三居[17]。惟明克允[18]！"

舜帝说："好啊！禹，你曾经平定水土，还要努力做好百揆这件事啊！"禹跪拜叩头，让给稷、契和皋陶。

舜帝说："好啦，还是你去吧！"

舜帝说："弃，人们忍饥挨饿，你主持农业，教人们播种各种谷物吧！"

舜帝说："契，百姓不亲，父母兄弟子女不和顺。你做司徒吧，谨慎地施行五常教育，要注意宽厚。"

舜帝说："皋陶，外族侵扰我们中国，抢劫杀人，造成外患内乱。你做狱官之长吧，五刑各有使用的方法，五种用法分别在野外、市、朝三处执行。五种流放各有处所，分别住在三个远近不同的地方。要明察案情，能够公允！"

注释　**1** 奋：奋发。庸：功，用功，努力。熙：广，光大。载：事。　**2** 宅：居。百揆：官名。亮：辅导。采：事。惠：助词。畴：谁。　**3** 司空：三公之一，掌管土地。　**4** 时：是，指百揆之职。　懋：勉力。　**5** 黎：众。阻饥：困厄于饥。　**6** 后：主，主持。稷：农官，主管播种百谷的事。　**7** 时：通"莳"，耕种。　**8** 五品：父、母、兄、弟、子。逊：和顺。　**9** 司徒：三公之一，主管民政。　**10** 敷：布，施行。五教：五品之教，即父义、母慈、兄友、弟恭、子孝。　**11** 猾：扰乱。夏：指中国。　**12** 寇：抢劫。贼：杀人。奸宄：犯法作乱，外部的叫做奸，内部的叫做宄。宄，也作"轨"。　**13** 士：狱官之长。　**14** 服：用。　**15** 就：处所。　**16** 五流：五种流放。宅：处所。**17** 三居：三种处所。　**18** 明：明察。允：公允。

原文

帝曰:“畴若予工[1]?”

佥曰:“垂哉[2]!”

帝曰:“俞,咨!垂,汝共工[3]。”垂拜稽首,让于殳斨暨伯与[4]。

帝曰:“俞,往哉!汝谐[5]。”

帝曰:“畴若予上下草木鸟兽[6]?”

佥曰:“益哉[7]!”

帝曰:“俞,咨!益,汝作朕虞[8]。”益拜稽首,让于朱虎、熊罴[9]。

帝曰:“俞,往哉!汝谐。”

译文

舜帝说:“谁能当好掌管我们百工的官?”

都说:“垂啊!”

舜帝说:“好啊!垂,你掌管百工的官吧!”垂跪拜叩头,让给殳斨和伯与。

舜帝说:“好啦,去吧!你们一起去吧!”

舜帝说:“谁掌管我们的山丘草泽的草木鸟兽呢?”

都说:“益啊!”

舜帝说:“好啦,啊!益,你担任我的虞官吧。”益跪拜叩头,谦让给朱虎和熊罴。

舜帝说:“好啦,去吧!你们一起去吧!”

注释 1 若:善。工:官名,马融说:“主百工之官。” 2 垂:人名。3 共工:官名,治理百工之事。 4 殳斨、伯与:皆为人名。 5 谐:偕,一同。 6 上下:上指山,下指泽。 7 益:人名,即伯益。 8 虞:掌管山林之官。 9 朱虎、熊罴:皆为人名。

原文

帝曰:“咨!四岳,有能典朕三礼[1]?”

佥曰:“伯夷[2]!”

译文

舜帝说:“啊!四方诸侯的君长,有谁能主持我们祭祀天神、地祇、人鬼的三礼呢?”

帝曰:"俞,咨!伯,汝作秩宗[3]。夙夜惟寅[4],直哉惟清[5]。"伯拜稽首,让于夔、龙[6]。

帝曰:"俞,往,钦哉!"

都说:"伯夷!"

舜帝说:"好啦,啊!伯夷,你做掌管祭祀的礼官吧。要早晚恭敬行事,又要正直、清明。"伯夷跪拜叩头,让给夔和龙。

舜帝说:"好啦,去吧!要敬慎啊!"

注释 1 典:主持。三礼:天事、地事、人事之礼。 2 伯夷:人名。 3 秩宗:官名,掌管次序尊卑之礼。 4 夙夜:早晚。寅:敬。 5 直:正直。清:清明。 6 夔、龙:皆为人名。

原文

帝曰:"夔!命汝典乐[1],教胄子[2],直而温,宽而栗[3],刚而无虐,简而无傲。诗言志,歌永言[4],声依永,律和声。八音克谐,无相夺伦[5],神人以和。"

夔曰:"於[6]!予击石拊石[7],百兽率舞。"

译文

舜帝说:"夔!任命你主持乐官,教导年轻人,使他们正直而温和,宽大而坚栗,刚毅而不粗暴,简约而不傲慢。诗是表达思想感情的,歌是唱出来的语言,五声要根据所唱而选定,六律要和谐五声。八类乐器的声音能够调和,不使它们乱了次序,那么神和人都会因此而和谐了。"

夔说:"啊!我愿意敲击着石磬,使扮演各种兽类的舞队依着音乐舞蹈起来。"

注释 1 乐:乐官。 2 胄子:未成年的人。 3 栗:坚。 4 永:通"咏"。 5 夺:失去。 6 於:音 wū,叹词。 7 拊:轻轻叩击。石:石磬。

原文

帝曰:“龙!朕堲谗说殄行[1],震惊朕师[2]。命汝作纳言[3],夙夜出纳朕命,惟允!”

帝曰:“咨!汝二十有二人[4],钦哉!惟时亮天功[5]。”

三载考绩,三考,黜陟幽明[6],庶绩咸熙[7]。

分北三苗[8]。

译文

舜帝说:“龙!我厌恶谗毁的言论和危害的行为,它们会使我的民众震惊。我任命你做纳言的官,早晚传达我的命令,转告给下面的意见,应当真实!”

舜帝说:“啊!你们二十二人,要敬慎啊!要好好领导天下大事啊!”

舜帝三年考察一次政绩,考察三次后,罢免昏庸的官员,提拔贤明的官员,于是,许多工作都兴办起来了。

又分别对三苗之族作了安置。

注释 1 堲:音jí,厌恶。殄:病,危害。 2 师:民众。 3 纳言:官名。 4 有:通“又”,用于整数和零数之间。 5 时:善。亮:领导。天功:大事。 6 黜:罢免。陟:提升。幽:昏庸。明:贤明。 7 熙:兴。 8 北:别。郑玄说:“北,犹别也。”

以上第三段,叙述舜任用百官、分别三苗的情况。

原文

舜生三十征[1],庸三十[2],在位五十载,陟方乃死[3]。

译文

舜三十岁时被征召,施政二十年,在帝位五十年,在巡狩南方时才逝世。

注释 1 征:被征召。 2 庸:用。三十:今文作二十。当从之。 3 陟方:巡狩。

以上第四段,赞扬舜鞠躬尽瘁为国勤劳。

大禹谟

导读 大禹，舜的臣子，治理洪水，建立了大功，后人尊称为大禹。谟，谋。本篇首段记叙了大禹、伯益和舜谋划政事，所以叫《大禹谟》。这是梅氏伪古文《尚书》之一。

原文

曰若稽古[1]。大禹曰文命[2]，敷于四海[3]，祇承于帝。曰："后克艰厥后，臣克艰厥臣，政乃乂[4]。黎民敏德[5]。"

帝曰："俞[6]！允若兹，嘉言罔攸伏，野无遗贤，万邦咸宁。稽于众，舍己从人，不虐无告，不废困穷，惟帝时克。"

益曰[7]："都[8]！帝德广运[9]，乃圣乃神，乃武乃文[10]；皇天眷命，奄有四海[11]，为天下君。"

禹曰："惠迪吉[12]，从逆凶，惟影响。"

译文

稽考古事。大禹名叫文命，他对四海进行治理之后，又敬慎地辅助帝舜。他说："君主能够知道做君主的艰难，臣下能够知道做臣下的不容易，政事就能治理，众民就能勉力于德行了。"

舜帝说："对！真像这样，善言无所隐匿，朝廷之外没有被遗弃的贤人，万国之民就都安宁了。政事同众人研究，舍弃私见以依从众人，不虐待鳏寡孤独等无告之人，不放弃困穷的事，只有尧帝能够这样。"

伯益说："啊！尧德广远，这样圣明，这样神妙，这样英武，这样华美；于是上天顾念，使他尽有四海之内，而做天下的君主。"

禹说："顺从善就吉，顺从恶就凶，就像影和响顺从形体和声音一样。"

注释 1 曰若:发语辞。《尧典》作“粤若”,《周书》作“越若”,意义相同。 2 文命:大禹名。《史记·夏本纪》:“夏禹名曰文命。” 3 敷:治理。 4 乂:治理。 5 黎民:众民。敏:勉,勉力。 6 俞:对。 7 益:伯益,舜的大臣。 8 都:叹词。 9 广运:广远。《孔传》:“广谓所覆者大,运谓所及者远。” 10 乃:如此,见《词诠》。这里四个乃字都是此义。 11 奄:尽。 12 惠迪:惠,顺;迪,道。

原文

益曰:“吁!戒哉!儆戒无虞[1],罔失法度,罔游于逸,罔淫于乐。任贤勿贰,去邪勿疑,疑谋勿成,百志惟熙[2]。罔违道以干百姓之誉,罔咈百姓以从己之欲[3]。无怠无荒,四夷来王。”

禹曰:“於[4]!帝念哉!德惟善政,政在养民。水、火、金、木、土、谷惟修,正德、利用、厚生惟和[5],九功惟叙[6],九叙惟歌[7]。戒之用休,董之用威[8],劝之以九歌,俾勿坏。”

帝曰:“俞!地平天

译文

伯益说:“啊!要戒慎呀!警戒不要失误,不要放弃法度,不要优游于逸豫,不要放恣于安乐。任用贤人不要怀疑,罢去邪人不要犹豫,可疑之谋不要实行,各种思虑应当广阔。不要违背治道来取得百姓的称赞,不要违背百姓来顺从自己的私心。对这些不懈怠,不荒忽,四方各民族的首领就会来朝见天子了。”

禹说:“啊!帝要深念呀!帝德应当使政治美好,政治在于养民。水、火、金、木、土、谷六种生活资料应当治理,正德、利用、厚生三件大事应当宣扬,这九件事应当理顺,九事理顺了应当歌颂。要用美德规劝臣民,用威罚监督臣民,用九歌勉励臣民,使政事不会败坏。”

舜帝说:“对!水土平治,万物成

成[9],六府三事允治[10],万世永赖,时乃功。"

长,六府和三事切实办好了,是万世永利的事业,这是你的功勋。"

注释 1 虞:误,失误。 2 志:念虑。《孟子·公孙丑》注:"志,心所念虑也。"熙:广。 3 咈:违背。《说文》:"咈,违也。" 4 於:叹词。5 和:当读为"宣",宣扬。《盘庚上》"汝不和吉言于百姓","和"字俞樾亦读为"宣",可证。 6 九功:九事。水火金木土谷,叫六府;正德、利用、厚生,叫三事。合称九功。 7 九叙:《孔传》:"言六府三事之功有次叙。" 8 董:督。 9 地平天成:《孔传》:"水土治曰平,五行叙曰成。" 10 六府三事:见注 6 。

以上第一段,记叙大禹与伯益在帝舜之前讨论政事。

原文

帝曰:"格汝禹[1]!朕宅帝位三十有三载[2],耄期倦于勤[3]。汝惟不怠,总朕师。"

禹曰:"朕德罔克,民不依。皋陶迈种德[4],德乃降,黎民怀之。帝念哉!念兹在兹,释兹在兹,名言兹在兹,允出兹在兹[5]。惟帝念功!"

帝曰:"皋陶!惟兹臣庶,罔或干予正[6],汝作士[7],明于五刑[8],以弼五

译文

舜帝说:"你来呀,禹!我居帝位三十三年了,年岁老耄被勤劳的事务所苦。你当努力不怠,总统我的众民。"

禹说:"我的德不能胜任,人民不会依归。皋陶勤勉树立德政,德惠能下施于民,众民怀念他。帝当考虑他呀!念德的在于皋陶,悦德的在于皋陶,宣扬德的在于皋陶,诚心推行德的也在于皋陶。帝要深念他的功绩呀!"

舜帝说:"皋陶!这些臣民没有人干犯我的政事,因为你做士官,能明五刑以辅助五常之教,合于我们的治道。施刑期待达到无刑的地步,人民

教[9],期于予治[10]。刑期于无刑,民协于中[11]。时乃功,懋哉[12]!"

都能合于中道。这是你的功劳,做得真好呀!"

皋陶曰:"帝德罔愆。临下以简,御众以宽;罚弗及嗣,赏延于世;宥过无大,刑故无小[13];罪疑惟轻,功疑惟重;与其杀不辜,宁失不经。好生之德,洽于民心,兹用不犯于有司。"

皋陶说:"帝德没有失误。用简约治民,用宽缓御众;刑罚不及于子孙,奖赏扩大到后代;宽宥过失不论罪多大,处罚故意犯罪不问罪多小;罪可疑时就从轻,功可疑时就从重;与其杀掉无罪的人,宁肯自己陷于不常的罪。帝爱生命的美意,合于民心,因此人民就不冒犯官吏。"

注释 **1** 格:来。 **2** 朕:我。宅:居。 **3** 耄期:老耄。《孔传》:"八十九十曰耄,百年曰期颐。" **4** 皋陶:舜的大臣。迈:通"励",勤勉。种:树立。 **5** "念兹在兹"四句:兹,此。释,通"怿",喜悦。名言,称述。出,推行。每句前一"兹"字,指德;后一"兹"字,指皋陶。 **6** 干予正:干,犯。正,通"政"。 **7** 士:古代主管刑狱的官。 **8** 五刑:墨、劓、剕、宫、大辟五种刑罚。 **9** 五教:五常之教,指父义、母慈、兄友、弟恭、子孝。 **10** 期:当,合。《孔传》:"期,当也。" **11** 中:平,公平。《孔传》:"大中之道。" **12** 懋:美好。 **13** 刑故:故,故意犯罪。刑故,处罚故意犯罪。

原文

帝曰:"俾予从欲以治,四方风动,惟乃之休。"

帝曰:"来,禹!降水儆予[1],成允成功,惟汝

译文

舜帝说:"使我依从人民的愿望来治理,四方人民像风一样鼓动,是你的美德。"

舜帝说:"来,禹!洪水警戒我们的时候,实现政教的信诺,完成治水的工

贤；克勤于邦，克俭于家，不自满假[2]，惟汝贤。汝惟不矜[3]，天下莫与汝争能；汝惟不伐[4]，天下莫与汝争功。予懋乃德，嘉乃丕绩。天之历数在汝躬[5]，汝终陟元后[6]。人心惟危，道心惟微，惟精惟一，允执厥中。[7]无稽之言勿听，弗询之谋勿庸[8]。可爱非君？可畏非民？众非元后何戴？后非众罔与守邦。钦哉！慎乃有位，敬修其可愿。四海困穷，天禄永终。惟口出好兴戎[9]，朕言不再。”

作，只有你贤；能勤劳于国，能节俭于家，不自满自大，只有你贤。你不自以为贤，所以天下没有人与你争能；你不夸功，所以天下没有人与你争功。我赞美你的德行，嘉许你的大功。上天的大命落到你的身上了，你终当升为大君。人心危险，道心精微，要精研要专一，又要诚实保持着中道。无信验的话不要听，独断的谋划不要用。可爱的不是君主吗？可畏的不是人民吗？众人除了大君，他们拥护谁？君主除了众人，没有跟他守国的人。要恭敬啊！慎重对待你的大位，敬行人民所希望的事。如果四海人民困穷，天的福命就将永远终止了。虽然口能说好说坏，但是我的话不再改变了。”

注释　1 降水：洪水，大水。　2 满假：满，盈满；假，大。　3 矜：自以为贤。《孔传》：“自贤曰矜。”　4 伐：自夸有功。《孔传》：“自功曰伐。”　5 历数：指帝王相继的次序。　6 陟元后：陟，升。元，大。后，君。大君，指天子。　7 “人心惟危”四句：危，险。微，精微。精，精研。一，专一。《孔传》：“危则难安，微则难明，故戒以精一，信执其中。”　8 询：问。庸：用。　9 出好兴戎：《孔传》：“好谓赏善，戎谓伐恶。”

原文

禹曰:"枚卜功臣[1],惟吉之从。"

帝曰:"禹!官占,惟先蔽志[2],昆命于元龟[3]。朕志先定,询谋佥同[4],鬼神其依,龟筮协从[5],卜不习吉[6]。"

禹拜稽首,固辞[7]。

帝曰:"毋!惟汝谐。"

正月朔旦,受命于神宗[8],率百官若帝之初。

译文

禹说:"请逐个卜问有功的大臣,然后听从吉卜吧!"

舜帝说:"禹!官占的办法,先定志向,而后告于大龟。我的志向先已定了,询问商量的意见都相同,鬼神依顺,龟筮也协合、依从,况且卜筮的办法不须重复出现吉兆。"

禹跪拜叩首,再辞。

舜帝说:"不要这样!只有你适合!"

正月初一早晨,禹在尧庙接受舜帝的任命,像舜帝受命之时那样统率着百官。

注释 1 枚卜:历卜,逐个地卜。 2 蔽志:蔽,断,断定。蔽志,断定其志。 3 昆:后。 4 佥:都。 5 龟筮:龟,问龟,指卜。筮,问蓍。龟筮,即卜筮。 6 习吉:重复出现吉兆。卜筮之法,前卜已吉,不待重复出现吉兆。 7 固辞:再辞。《孔传》:"再辞曰固。" 8 神宗:宗,宗庙。《孔传》:"神宗,文祖之宗庙。言神,尊之。"

以上第二段,记叙大禹再三推辞帝位的事。

原文

帝曰:"咨,禹!惟时有苗弗率[1],汝徂征[2]!"

禹乃会群后,誓于师曰:"济济有众[3],咸听朕

译文

舜帝说:"嗟,禹!这些苗民不依教命,你前去征讨他们!"

禹于是会合诸侯,告诫众人说:"众位军士,都听从我的命令!蠢动的苗

命！蠢兹有苗[4]，昏迷不恭。侮慢自贤，反道败德。君子在野，小人在位。民弃不保，天降之咎。肆予以尔众士，奉辞伐罪。尔尚一乃心力，其克有勋。”

民，昏迷不敬。侮慢常法，妄自尊大，违反正道，败坏常德。贤人在野，小人在位。人民抛弃他们不予保护，上天也降罪于他。所以我率领你们众士，奉行帝舜的命令，讨伐苗民之罪。你们应当同心同力，就能有功。”

三旬，苗民逆命。益赞于禹曰[5]：“惟德动天，无远弗届。满招损，谦受益，时乃天道。帝初于历山[6]，往于田，日号泣于旻天[7]，于父母，负罪引慝[8]。祗载见瞽瞍[9]，夔夔斋栗[10]。瞽亦允若[11]，至诚感神，矧兹有苗[12]？”

经过三十天，苗民还是不服。伯益会见了禹，说：“施德可以感动上天，远人没有不来的。盈满招损，谦虚受益，这是自然规律。舜帝先前到历山去耕田的时候，天天向上天号泣，向父母号泣，自己负罪引咎。恭敬行事去见瞽瞍，诚惶诚恐庄敬战栗。瞽瞍也信任顺从了他。至诚感通了神明，何况这些苗民呢？”

禹拜昌言曰：“俞！”

禹拜谢伯益的嘉言，说：“对！”

班师振旅[13]，帝乃诞敷文德[14]，舞干羽于两阶[15]。七旬，有苗格[16]。

还师回去后，舜帝于是大施文教，又在两阶之间拿着干盾和羽翳跳着文舞。经过七十天，苗民不讨自来归顺了。

注释　1 有苗弗率：有苗，苗民。率，依从。　2 徂征：徂，往。徂征，前往征伐。　3 济济：众多的样子。　4 蠢：动。　5 赞：见。《说文》：“赞，见也。”　6 历山：《蔡传》：“历山，在河中府河东县。”河东县，即今山西永济市。　7 旻 mín 天：秋天，这里泛指上天。　8 慝：咎恶。　9 瞽瞍：舜的父亲。　10 夔夔斋栗：夔，音 kuí。夔夔，恐惧的样子。斋，庄敬。栗，战栗。 **11** 允若:信顺,信任顺从他。 **12** 矧:何况。 **13** 班师振旅:班师,还师。《孔传》:“兵入曰振旅,言整众。” **14** 诞敷:诞,大。敷,布,指施行。 **15** 干羽:干,盾。羽,翳。都是舞蹈的工具。 **16** 格:来。

以上第三段,记叙大禹征伐苗民的事。

皋陶谟

导读　皋陶(gāo yáo),也写作咎繇,是舜帝的大臣,掌管刑法狱讼。谟,就是谋。一次,帝舜朝见大臣,同他们讨论政事。皋陶和禹讨论了国家大计。史官记录这次讨论的情况,名叫《皋陶谟》。

原文

曰若稽古。皋陶曰:“允迪厥德,谟明弼谐。[1]”

禹曰:“俞,如何?”

皋陶曰:“都!慎厥身,修思永。惇叙九族[2],庶明励翼[3],迩可远,在兹。”

禹拜昌言曰[4]:“俞!”

皋陶曰:“都!在知人[5],在安民。”

禹曰:“吁!咸若时[6],惟帝其难之。知人则哲[7],能官人[8]。安民则惠,黎民怀之。能哲而惠,何忧乎驩兜?何迁乎有苗?何畏乎巧言令色孔壬[9]?”

译文

查考往事。皋陶说:“诚实地履行其德行,就会决策英明,群臣同心协力。”

禹曰:“是啊!怎样履行呢?”

皋陶说:“啊!要谨慎其身,自身的修养要坚持不懈。使近亲敦厚顺从,使贤人勉力辅佐,由近及远,在于从这里做起。”

禹听了这番精当的言论,拜谢说:“对呀!”

皋陶说:“啊!还在于理解臣下,安定民心。”

禹说:“唉!都像这样,连尧帝都会认为困难了。理解臣下就显得明智,能够任人。安定民心就受人爱戴,百姓都会怀念他。能做到明智和受人爱戴,怎么会担心驩兜?怎么会流放三苗?怎么会畏惧巧言、善色、很奸佞的人呢?”

注释 1 迪:行,履行。弼:辅助,这里指辅佐大臣。谐:和谐。 2 惇叙:惇,敦厚。叙,顺从。惇叙,使敦厚顺从。 3 励:勉励。翼:辅助。 4 昌言:美言。 5 人:指官吏。 6 咸:都。时:是,这样。 7 哲:明智。 8 官:任用。 9 孔:很。壬:佞,巧言善媚。

以上第一段,皋陶论述修身、知人、安民的重要。

原文

皋陶曰:"都!亦行有九德[1]。亦言,其人有德,乃言曰,载采采[2]。"

禹曰:"何?"

皋陶曰:"宽而栗[3],柔而立[4],愿而恭[5],乱而敬[6],扰而毅[7],直而温[8],简而廉[9],刚而塞[10],强而义[11]。彰厥有常吉哉[12]!

"日宣三德[13],夙夜浚明有家[14],日严祗敬六德[15],亮采有邦[16],翕受敷施[17]。九德咸事[18],俊乂在官[19]。百僚师师[20],百工惟时[21],抚于五辰[22],庶绩其凝[23]。

译文

皋陶说:"啊!检验人的行为有九种美德。检验了言论,如果那个人有德,就告诉他说,可开始做点工作。"

禹问:"什么是九德呢?"

皋陶说:"宽宏而又坚栗,柔顺而又卓立,谨厚而又严恭,多才而又敬慎,驯服而又刚毅,正直而又温和,简易而又方正,刚正而又笃实,坚强而又良善。要表彰那些具有九德的好人啊!

"天天表现出三德,早晚认真努力于家的人,天天庄严地重视六德,辅助政事于国的人,一同接受,普遍任用。具有九德的人都担任官职,那么在职的官员就都是才德出众的人了。各位官员互相效法,他们都想处理好政务,而且顺从君王,这样,各种工作都会办成。

注释 1 亦:当读为“迹”,检验。下文“亦言”之亦,同。详见《尚书易解》。九德:九种德行,详见下文。 2 载:始。《史记》作“始”。采采:采,事。采采,动宾结构,从事其事。就是说将要试用他。 3 栗:坚栗。 4 柔:柔顺。立:卓立,有定见。 5 愿:谨厚。恭:严恭,严肃恭敬。 6 乱:治。这里指治理的才能。敬:敬谨,不傲慢。 7 扰:和顺。《孔传》:“扰,顺也。” 毅:刚毅。 8 直:正直。温:温和。 9 简:《孔疏》:“简者,宽大率略之名。” 廉:廉隅,方正。 10 刚:刚正。塞:充实,性刚正而内充实。 11 强:坚强。义:善。王引之说:“义,善也。” 12 彰:表彰。常吉:祥善,指九德。常,祥。 13 宣:显示,表现。 14 浚:恭敬。见《方言》。明:勉力,努力。孙星衍说:“明与孟通。”又引《尔雅·释诂》云:“孟,勉也。” 15 严:通“俨”,矜持、庄重的样子。祗:恭敬。 16 亮:辅助。采:事务。邦:国。 17 翕:合。敷:普遍。施:用。 18 咸:都。事:从事,任职。 19 俊乂:马融说:“才德过千人为俊,百人为乂。” 20 师师:互相效法。师,法。 21 百工:百官。惟:思。时:善。 22 五辰:北辰。北辰有五星,因称五辰。北辰居天之中,所以借喻国君。详见《尚书易解》。 23 凝:成功。

以上第二段,皋陶进一步论述知人之道。

原文

“无教逸欲[1],有邦兢兢业业,一日二日万幾[2]。无旷庶官[3],天工[4],人其代之。天叙有典[5],敕我五典五惇哉[6]!天秩有礼[7],自我五礼有庸哉[8]!同寅

译文

“治理国家的人不要贪图安逸和私欲,要兢兢业业,因为情况天天变化万端。不要虚设百官,上天命定的工作,人应当代替完成。上天规定了人与人之间的常法,要告诫人们用父义、母慈、兄友、弟恭、子孝的办法,把这五者敦厚起来啊!上天规定了人的尊卑等级,推行天子、诸侯、卿

协恭和衷哉[9]！天命有德，五服五章哉[10]！天讨有罪，五刑五用哉[11]！政事懋哉懋哉[12]！

“天聪明[13]，自我民聪明。天明畏[14]，自我民明威。达于上下[15]，敬哉有土[16]！”

皋陶曰：“朕言惠可底行[17]？”

禹曰：“俞！乃言底可绩[18]。”

皋陶曰：“予未有知，思曰赞赞襄哉[19]！”

大夫、士和庶人这五种礼制，要经常啊！君臣之间要同敬、同恭，和善相处啊！上天任命有德的人，要用天子、诸侯、卿、大夫、士五等礼服表彰这五者啊！上天惩罚有罪的人，要用墨、劓、剕、宫、大辟五种刑罚处治五者啊！政务要努力啊！要努力啊！

“上天的视听依从臣民的视听，上天的赏罚依从臣民的赏罚。天意和民意是相通的，要谨慎啊，有国土的君王！”

皋陶问：“我的话可以实行吗？”

禹说：“当然！你的话可以实行并且可以成功。”

皋陶说：“我没有别的考虑，只想赞助赞助帝德、努力辅佐君王啊！”

注释 **1** 教：《释名》：“效也。”逸欲：安逸贪欲。 **2** 一日二日：马融说：“犹日日也。”万幾：变化万端。 **3** 旷：空，空设。庶官：众官。 **4** 天工：《汉书·律历志》作“天功”。谓天命的事。 **5** 叙：秩序，引申为规定。典：常法。 **6** 敕：告诫。五典：五种常法，指父义、母慈、兄友、弟恭和子孝。惇：敦厚。五惇，使五伦敦厚。 **7** 秩：秩序，引申为规定。 **8** 自：用，遵循。五礼：郑玄说：“五礼：天子也，诸侯也，卿大夫也，士也，庶民也。”庸：经常。 **9** 寅：恭敬。协：和谐，协同一致。衷：善。 **10** 五服：天子、诸侯、卿、大夫、士五等礼服。章：显扬。五章，表彰这五等人。 **11** 五刑：指墨、劓、剕、宫、大辟五种刑罚。用：施行。五用，施于这五类罪人。 **12** 懋：勤勉，努力。 **13** 聪：听，指听取意见。明：视，指观察问题。 **14** 明畏：明，表彰。畏，惩治。《蔡传》说:“明者显其善,畏者威其恶。” **15** 达:通。上下:上天和下民。 **16** 有土:有土地的君王。 **17** 惠:语中助词。底:致。致,用。见《淮南子·修务训》注。 **18** 绩:成功。 **19** 曰:语中助词。赞赞:连言赞赞,模仿重言的语气。襄:辅助。

以上第三段,皋陶进一步论述安民之法。

益稷

导读　本篇记录了舜和禹、皋陶的讨论,又记录了讨论之后奏乐和舞蹈的盛况,以及舜与皋陶吟诗唱和的欢情。益和稷都是舜的大臣,篇首禹提到了益和稷的功劳,因以《益稷》名篇。本篇与《皋陶谟》文势相接,原是一篇。晚出《孔传》分"帝曰来禹"以下为《益稷》,破坏了原文的完整性,读者宜合观之。

原文

帝曰:"来,禹!汝亦昌言[1]。"

禹拜曰:"都[2]!帝,予何言?予思日孜孜[3]。"

皋陶曰:"吁!如何?"

禹曰:"洪水滔天,浩浩怀山襄陵[4],下民昏垫[5]。予乘四载[6],随山刊木[7],暨益奏庶鲜食[8]。予决九川距四海[9],浚畎浍距川[10]。暨稷播,奏庶艰食鲜食[11]。懋迁有无[12],化居[13]。烝民乃粒[14],万邦作乂[15]。"

皋陶曰:"俞!师汝昌言[16]。"

译文

舜帝说:"来吧,禹!你也发表高见吧。"

禹拜谢说:"啊!君王,我说什么呢?我只想每天努力工作罢了。"

皋陶说:"啊!究竟怎么样呢?"

禹说:"大水弥漫接天,浩浩荡荡地包围了山顶,漫没了丘陵,老百姓沉没陷落在洪水里。我乘坐四种运载工具,沿着山路砍削树木作为路标,同伯益一起把新杀的鸟兽肉送给百姓们。我疏通了九州的河流,使它们流到四海,挖深疏通了田间的大水沟,使它们流进大河。同后稷一起播种粮食,把百谷、鸟兽肉送给老百姓。让他们调剂余缺,迁徙居积的货物。于是,百姓们就安定下来了,各个诸侯国开始得到了治理。"

皋陶说:"好啊!这是你的高见啊。"

注释 1 昌言:美言。 2 都:叹词,表赞美。 3 孜孜:勤敏,努力不懈。4 怀:包围。襄:上。 5 昏垫:沉没陷落。郑玄说:"昏,没也。垫,陷也。禹言洪水之时,民有没陷之害。" 6 四载:四种运载工具,车船之类。7 随:顺着。刊:砍斫,用刀斧砍伐树木作为路标。 8 暨:和、同。奏:进。庶:众。鲜:新杀的鸟兽。 9 决:疏通。九川:九州之川。距:至,到。 10 浚:深深疏通。畎浍:音 quǎn kuài,田间的水沟。 11 艰食:马融说:"根生之食,谓百谷。" 12 懋:通"贸",伏生《大传》作"贸"。贸迁,即贸易。贸迁有无,是说调有余补不足。 13 化居:《史记·夏本纪》作"徙居",迁移居积的货物。 14 粒:王引之读为"立",定的意思。《史记·夏本纪》作"定"。 15 作:开始。王引之说:"作之言乍,乍者始也。作与乃相对成文。"乂:治理。 16 师:当作"斯",代词。《史记·夏本纪》作"此"。江声说。

以上第一段,禹论述治民须致力民生。

原文

禹曰:"都!帝。慎乃在位[1]。"

帝曰:"俞!"

禹曰:"安汝止[2],惟幾惟康[3]。其弼直[4],惟动丕应。徯志以昭受上帝[5],天其申命用休[6]。"

帝曰:"吁!臣哉邻哉[7]!邻哉臣哉!"

禹曰:"俞!"

译文

禹说:"啊!舜帝。你要诚实地对待你的在位的大臣。"

舜帝说:"是啊!"

禹说:"要安静你的心意,考虑天下的安危。用正直的人做辅佐,只要你行动,天下就会大力响应。依靠有德的人指导接受上帝的命令,上天就会再三用休美赐予你。"

舜帝说:"唉!靠大臣啊四邻啊!靠四邻啊大臣啊!"

禹说:"对呀!"

注释 1 在位:在位的大臣。 2 安汝止:《正义》说:“止,谓心之所止。”安汝止,是说安你的心。 3 惟:思。幾:危险。康:安康。 4 弼:辅佐。直:正直。 5 徯:音 xī,等待。志:德,指有德的人。见《吕览·遇合》:“凡举人之本,太上以志”注。昭:通“诏”,指导。 6 其:将。申:重复。休:休美。 7 邻:四邻。最亲近的大臣。

原文

帝曰:“臣作朕股肱耳目[1]。予欲左右有民[2],汝翼[3]。予欲宣力四方[4],汝为。予欲观古人之象[5],日、月、星辰、山、龙、华虫[6],作会[7];宗彝[8]、藻[9]、火、粉米[10]、黼[11]、黻[12]、絺绣[13],以五采彰施于五色[14],作服[15],汝明。予欲闻六律五声八音[16],在治忽[17],以出纳五言[18],汝听。予违,汝弼。汝无面从[19],退有后言[20]。钦四邻[21]!庶顽谗说[22],若不在时[23],侯以明之[24],挞以记之[25],书用识哉[26],欲并生哉[27]!工以纳言[28],时

译文

舜帝说:“大臣做我的股肱耳目。我想帮助百姓,你辅佐我。我想用力治理好四方,你帮助我。我想显示古人衣服上的图像,用日、月、星辰、山、龙、雉六种图形绘在上衣上;用虎、水草、火、白米、黑白相间的斧形花纹、黑青相间像两个“弓”字相背的花纹绣在下裳上,用五种颜料明显地做成五种色彩,制成礼服,你要做好。我要听六种乐律、五种声音、八类乐器的演奏,从声音的哀乐考察治乱,取舍各方的意见,你要听清,我有过失,你就辅助我。你不要当面顺从,背后又去议论。要敬重左右辅弼的近臣!至于一些愚蠢而又喜欢谗毁、谄媚的人,如果不能明察做臣的道理,就要用射侯之礼明确地教训他们,用鞭打警戒他们,用刑书记录他们的罪过,要让他们共同上进!任用官吏要根据他所进纳的言论,

而飏之[29],格则承之庸之[30],否则威之[31]。”

好的就称颂宣扬,正确的就进献上去以便采用,否则就要惩罚他们。”

注释 1 股肱:指足和手。 2 左右:帮助。有:助词。 3 翼:辅佐。 4 宣:用。 5 观:示,显示。象:衣服上的图像。 6 华虫:郑玄说为“五色之虫”,《孔传》说为“雉”。 7 会:马郑本作“绘”。绘,画。 8 宗彝:宗庙彝器。它的上面刻有虎形,因此用它来指虎。 9 藻:水草。 10 粉米:白米。 11 黼:音 fǔ,黑白相间像斧形的花纹。 12 黻:音 fú,黑青相间像两个“弓”字相背的花纹。 13 絺:音 chī。郑玄说:“絺读为黹。黹,紩也。”紩,缝的意思。絺绣,缝以为绣。 14 五采:五种颜料。彰:明显。于:《经传释词》说:“于,犹‘为’也。” 15 作服:做成五个等级的礼服。 16 六律:古代有十二乐律,阴六为吕,阳六为律。五声:宫、商、角、徵、羽。八音:八种乐器。指金、石、丝、竹、匏、土、革、木。 17 在:察。治忽:治乱。 18 出纳:进退。五言:东西南北中五方的言论。 19 无:不要。面从:当面听从。 20 后言:背后议论。 21 四邻:郑玄说:“左辅、右弼、前疑、后丞。”都是天子身边的亲近大臣。 22 庶:众。顽:愚。谗:喜说人之恶。 23 在:察。时:是。代词,指股肱耳目。 24 侯以明之:侯,箭靶,这里指用箭射靶。明,勉。古代不贤的人不能参加射侯,所以射侯之礼可以勉励人。 25 挞:扑打。记:孙诒让读为“諅”,《说文》:“諅,诫也。” 26 识:音 zhì,记。 27 生:上进。《说文》:“生,进也。” 28 工:官。纳:采纳。 29 时:善。飏:宣扬。 30 格:正。承:进。庸:用。 31 威:惩罚。

原文

禹曰:“俞哉!帝。光天之下[1],至于海隅苍

译文

禹说:“好啊!舜帝,普天之下,至于海内的百姓,各国的众贤,都是您的臣

生[2]，万邦黎献[3]，共惟帝臣，惟帝时举[4]。敷纳以言[5]，明庶以功[6]，车服以庸[7]。谁敢不让，敢不敬应[8]？帝不时敷[9]，同，日奏，罔功。

子，您要善于举用他们。依据言论广泛地接纳他们，依据工作明确地考察他们，用车马衣服酬劳他们。这样，谁敢不让贤，谁敢不恭敬地接受您的命令？帝不善加分别，好的坏的混同不分，虽然天天进用人，也会劳而无功。

注释　1 光：广。　2 隅：边隅。苍生：百姓。　3 黎：众。献：贤。　4 时：善。　5 敷：遍。　6 庶：章太炎读为“度”，考察。　7 庸：劳，功劳。　8 应：应承。　9 时：善。敷：分别。

以上第二段，禹和舜讨论为君为臣之道。

原文

“无若丹朱傲[1]，惟慢游是好，傲虐是作[2]，罔昼夜頟頟[3]。罔水行舟[4]，朋淫于家[5]，用殄厥世[6]。予创若时[7]。娶于涂山[8]，辛壬癸甲[9]。启呱呱而泣[10]，予弗子[11]，惟荒度土功[12]。弼成五服[13]，至于五千。州十有二师[14]，外薄四海[15]，咸建五长[16]，各迪有功[17]。

译文

“没有像丹朱那样傲慢的，只喜欢懒惰逸乐，只作戏谑，不论白天晚上都不停止。洪水已经退了，他还要乘船游玩，又成群地在家里淫乱，因此不能继承尧的帝位。我为他的这些行为感到悲伤。我娶了涂山氏的女儿，结婚四天就治水去了。后来，启生下来呱呱地啼哭，我顾不上慈爱他，只忙于考虑治理水土的事。我重新划定了五种服役地带，一直到五千里远的地方。每一个州征集三万人，从九州到四海边境，每五个诸侯国设立一个长，各诸侯长领导治水工作。只有三苗顽抗，苗顽弗即工[18],帝其念哉!”

帝曰:“迪朕德[19],时乃功[20],惟叙[21]。皋陶方祗厥叙,方施象刑,惟明。[22]”

不肯接受工作任务,舜帝您要为这事忧虑啊!”

舜帝说:“宣扬我们的德教,依时布置工役,三苗应该会顺从。皋陶正敬重那些顺从的,对违抗的,正示以刑杀的图像警戒他们,三苗的事应当会办好。”

注释 1 若:如。丹朱:尧的儿子。 2 虐:通“谑”,戏谑。 3 罔:无论。頟頟:音 è。《孔传》:“頟頟,肆恶无休息。” 4 罔水行舟:洪水已平,犹乘舟遨游。 5 朋:群。 6 用:因此。殄:灭绝。世:父子相继。 7 创:伤。时:是,代词。 8 涂山:国名。 9 辛壬癸甲:从辛日到甲日,共四天。 10 启:禹的儿子。《帝系》说:“禹娶涂山氏之子,谓之女娲,是生启。” 11 子:爱。见《礼记·中庸》郑注。 12 荒:通“忙”。孙星衍说。度:谋虑。土功:治理水土的事。 13 弼:《尔雅·释诂》:“重也。”成:定。见《吴语》韦昭注。五服:指甸服、侯服、绥服、要服、荒服。 14 师:二千五百人。十二师是三万人。 15 薄:靠近。 16 咸:都。五长:五国之长。《礼记·王制》:“五国以为属,属有长。” 17 迪:领导。功:工作。 18 苗:三苗,我国古代的部族。顽:顽凶。即工:接受工作。 19 迪:开导、教导。 20 时:依时。 21 惟:宜。见《吕览》注。叙:顺从。 22 象刑:在器物上刻画刑罚的图像,以示警戒。惟:宜。明:《释诂》:“明,成也。”

以上第三段,禹和舜讨论对待苗民之方。

原文

夔曰[1]:“戛击鸣球[2]、搏拊[3]、琴、瑟,以

译文

夔说:“敲起玉磬,打起搏拊,弹起琴瑟,唱起歌来吧!”先祖、先父的灵魂降临

咏[4]！”祖考来格[5]，虞宾在位[6]，群后德让[7]。下管鼗鼓[8]，合止柷敔[9]，笙镛以间[10]。鸟兽跄跄[11]，《箫韶》九成[12]，凤皇来仪[13]。

夔曰：“於[14]！予击石拊石[15]，百兽率舞，庶尹允谐[16]！”

了，我们舜帝的宾客就位了，各个诸侯国君登上了庙堂互相揖让。庙堂下吹起管乐，打着小鼓，合乐敲着柷，止乐敲着敔，笙和大钟交替演奏。扮演飞禽走兽的舞队踏着节奏跳舞，《箫韶》之乐演奏了九次以后，扮演凤凰的舞队出来表演了。

夔说：“唉！我轻敲重击着石磬，扮演百兽的舞队都跳起舞来，各位官长也和着乐曲一同跳起来吧！”

注释 1 夔：音 kuí。人名，舜的乐官。 2 戛：音 jiá，敲击。鸣球：玉磬。 3 搏拊：一种打击乐器。 4 咏：演唱诗歌。 5 祖考：祖考之神。格：至，降临。 6 虞宾：虞舜的宾客，指前代帝王的后裔来做舜的宾客。 7 群后：众诸侯之君。德：《说文》：“升也。”升堂。让：揖让。宾主相见时的一种礼仪。 8 下：堂下。郑玄说：“已上皆宗庙堂上之乐所感也。‘下管’以下言舜庙堂下之乐，故言下也。”管：管乐。鼗：音 táo。一种小鼓。 9 合止：合乐和止乐。柷：音 zhù。一种打击乐器，乐曲开始时，先击它。敔：音 yǔ。一种打击乐器，乐曲结束时击它。 10 笙：一种管乐器。镛：大钟。 11 跄跄：跳动。指扮演飞禽走兽的舞队跄跄而舞。 12《箫韶》：舜时的乐曲名。九成：郑玄说：“成，犹终也。每曲一终，必变更奏。若乐九变，人鬼可得而礼。”意思是演奏乐曲，每曲一终，要变更九次才结束。 13 凤皇来仪：扮演凤皇的舞队出来跳舞。曾运乾说：“来仪者，言婆娑而舞也。” 14 於：音 wū，叹词。 15 石：石磬。拊：轻轻地击。 16 庶：众。尹：正，官长。允：进，见《尚书易解》。谐：通“偕”，偕同。

以上第四段，记朝会时音乐舞蹈之盛况。

原文

帝庸作歌[1]。曰:“敕天之命[2],惟时惟幾[3]。”乃歌曰:“股肱喜哉!元首起哉[4]!百工熙哉[5]!”

皋陶拜手稽首飏言曰[6]:“念哉!率作兴事[7],慎乃宪[8],钦哉!屡省乃成[9],钦哉!”乃赓载歌曰[10]:“元首明哉!股肱良哉!庶事康哉[11]!”又歌曰:“元首丛脞哉[12]!股肱惰哉!万事堕哉[13]!”

帝拜曰:“俞,往钦哉!”

译文

舜帝因此作歌。说:“勤劳天命,这样子就差不多了。”于是唱道:“大臣欢悦啊,君王奋发啊,百事发达啊!”

皋陶跪拜叩头继续说:“要念念不忘啊!统率起兴办的事业,慎守你的法度,要认真啊!经常考察你的成就,要认真啊!”于是继续作歌说:“君王英明啊!大臣贤良啊!诸事安康啊!”又继续作歌说:“君王琐碎啊!大臣懈怠啊!诸事荒废啊!”

舜帝拜谢说:“对啊!我们去认真干吧!”

注释 1 庸:因,因此。指这次盛会。 2 敕:劳,勤劳。 3 时:是,代词。指下文“股肱”三句。幾:将近,接近。见《尚书易解》。 4 起:兴起,奋发。 5 工:功,事。熙:兴盛。 6 拜手:古代的一种跪拜礼。双膝下跪,两手拱合齐心,俯首到手。稽首:古代的最敬跪拜礼。双膝下跪,叩头到地。飏:《史记·夏本纪》作“扬”,继续。 7 率:统率。 8 乃:你的。宪:法度。 9 省:音xǐng,省察。 10 赓:继续。 11 康:安。 12 丛脞:细碎,烦琐。脞,音cuǒ。 13 堕:坏。

以上第五段,记君臣作歌唱和的欢欣。

夏书

尚书

禹贡

导读　禹，又称大禹，是舜的大臣，夏朝的开国君主。贡，功也。见《周礼·大宰》注和《广雅·释言》。《说文》说："贡，献功也。"禹贡，就是禹的功绩。《史记·五帝本纪》说："唯禹之功为大，披九山，通九泽，决九河，定九州，各以其职来贡，不失厥宜。"《史记·匈奴列传》说："尧虽贤，兴事业不成，得禹而九州宁。"可见尧舜的时候，禹的功劳最大。洪水平定以后，万民安居乐业，深深怀念尧舜的德泽和大禹的功绩，史官写了这篇文章，表扬大禹的功勋，名叫《禹贡》。

本篇是我国最早最有价值的地理著作，历来受到重视。后来的《汉书·地理志》和《水经注》等，都受了它的影响。研究它的著作很多，胡渭的《禹贡锥指》最完善，最闳博。

原文

禹敷土[1]，随山刊木，奠高山大川。[2]

冀州[3]：既载壶口[4]，治梁及岐[5]。既修太原[6]，至于岳阳[7]。覃怀厎绩[8]，至于衡漳[9]。厥土惟白壤[10]，厥赋惟上上[11]，错[12]，厥田惟中中。恒、卫既从[13]，大陆既作[14]。岛夷皮服[15]，夹右碣石入于河[16]。

译文

禹划分土地的疆界，顺着山势行走时砍削树木作为路标，以高山大河奠定界域。

冀州：从壶口开始施工以后，就治理梁山和它的支脉。太原治理好了以后，又治理到太岳山的南面。覃怀一带的治理取得了成效，又到了横流入河的漳水。那里的土是白壤，那里的赋税是第一等，也夹杂着第二等，那里的田地是第五等。恒水、卫水已经顺着河道而流，大陆泽也已治理了。岛夷用皮服来进贡，先接近右边的碣石山，再进入黄河。

注释 1 敷土:划分九州的土地。敷,分,马融说。 2 随:行走。刊:砍伐。奠:定。以山川定界域。 3 冀州:《尔雅·释地》说:"两河间曰冀州。"在今山西与河北西部。尧时的政治中心。 4 载:事,施工。壶口:山名,在今山西省吉县南。 5 梁:山名,在今陕西韩城市西。岐:通"歧",山的支脉。日本人所写《史记》残卷作"歧"。 6 太原:今山西太原一带,汾水上游。 7 岳阳:《水经·汾水注》:"《禹贡》所谓岳阳也,即霍太山。"霍太山即太岳山,在今山西霍州东,汾水所经之地。阳,山的南面。 8 覃怀:地名,在今河南武陟、沁阳一带。厎:致,获得。绩:功绩。 9 衡:通"横"。《孔传》说:"漳水横流入河。"所以说横漳。漳水在覃怀之北。 10 厥:其,指冀州。惟:为。壤:柔土。 11 赋:赋税。上上:《禹贡》将赋税和土质分为九等,上上是第一等。 12 错:杂。杂出第二。 13 恒:滱水。卫:滹沱河。从:顺着河道。 14 大陆:泽名,在今河北巨鹿县西北。作:治理。 15 岛夷:住在海上的东方民族。 16 夹:近,接近。碣石:山名,在今河北昌黎西北。

以上第一段第一节,记叙大禹治理冀州的功绩。

原文

济、河惟兖州[1]:九河既道[2],雷夏既泽[3],灉、沮会同[4]。桑土既蚕[5],是降丘宅土[6]。厥土黑坟[7],厥草惟繇[8],厥木惟条[9]。厥田惟中下,厥赋贞[10],作十有三载乃同[11]。厥贡漆丝[12],厥篚织文[13]。浮

译文

济水与黄河之间是兖州:黄河下游的九条支流疏通了,雷夏也已经成了湖泽,灉水和沮水会合流进了雷夏泽。栽种桑树的地方都已经养蚕,于是人们从山丘上搬下来住在平地上。那里的土质又黑又肥,那里的草是茂盛的,那里的树是修长的。那里的田地是第六等,赋税是第九等,耕作了十三年才与其它八个州相同。那里的贡物是漆和丝,还有那竹筐装着的彩绸。进贡

于济、漯[14]，达于河。

的船只行于济水、漯水到达黄河。

注释　1 济：水名。源出河南济源，汉代在今河南武陟流入黄河，又向南溢出，流向山东，与黄河平行入海。兖州：今河北、山东境。　2 九河：黄河流到兖州，分为九条河。郑玄说："九河之名：徒骇、太史、马颊、覆釜、胡苏、简、洁、钩盘、鬲津。"道：通"导"，疏导。　3 雷夏：泽名，在今山东菏泽东北。　4 灉：黄河的支流，已湮灭。沮：灉河的支流，也湮灭了。会同：会合流入雷夏泽。　5 桑土：郑玄说："其地尤宜蚕桑，因以名之。"蚕：养蚕。　6 是降丘宅土：是，于是。降，下。宅，居。　7 坟：马融说："有膏肥也。"　8 繇：音 yáo，茂盛。　9 条：长。　10 贞：《孔疏》说："贞即下下，为第九也。"　11 乃同：才与其它八州相同。　12 漆丝：《孔传》："地宜漆林，又宜桑蚕。"　13 厥篚织文：篚，竹器。《孔传》说："织文，锦绮之属，盛之筐篚而贡焉。"　14 漯：音 tà，水名，黄河的支流。

以上第一段第二节，记叙大禹治理兖州的功绩。

原文

海、岱惟青州[1]：嵎夷既略[2]，潍、淄其道[3]。厥土白坟，海滨广斥[4]。厥田惟上下，厥赋中上。厥贡盐、絺[5]，海物惟错[6]。岱畎丝、枲、铅、松、怪石[7]。莱夷作牧[8]。厥篚檿丝[9]。浮于汶[10]，达于济。

译文

渤海和泰山之间是青州：嵎夷治理好以后，潍水和淄水也已经疏通了。那里的土又白又肥，海边有一片广大的盐碱地。那里的田是第三等，赋税是第四等。那里进贡的物品是盐和细葛布，海产品多种多样。还有泰山谷的丝、大麻、锡、松和奇特的石头。莱夷一带可以放牧。进贡的物品是那筐装的柞蚕丝。进贡的船只行于汶水到达济水。

注释 1 海:今渤海。岱:泰山。青州:今山东半岛。 2 嵎夷:地名。略:治。 3 潍、淄:二水名,在今山东。道:通"导",疏通。 4 斥:郑玄说:"斥谓地碱卤。"《说文》:"卤,西方碱地也。……东方谓之斥,西方谓之卤。" 5 絺:细葛布。 6 错:《孔传》说:"杂,非一种。" 7 畎:山谷。枲:音 xǐ,不结子的大麻。铅:锡。 8 莱夷作牧:《孔传》:"莱夷,地名,可以放牧。"胡渭说:"今莱州、登州二府皆《禹贡》莱夷之地。" 9 檿:音 yǎn,山桑,柞树。 10 汶:水名。在今山东。

以上第一段第三节,记叙大禹治理青州的功绩。

原文

海、岱及淮惟徐州[1]:淮、沂其乂[2],蒙、羽其艺[3],大野既猪[4],东原厎平[5]。厥土赤埴坟[6],草木渐包[7]。厥田惟上中,厥赋中中。厥贡惟土五色[8],羽畎夏翟[9],峄阳孤桐[10],泗滨浮磬[11],淮夷玭珠暨鱼[12]。厥篚玄纤缟[13]。浮于淮、泗,达于河[14]。

译文

黄海、泰山及淮河之间是徐州:淮河、沂水治理好以后,蒙山、羽山一带已经可以种植了,大野泽已经停聚着深水,东原地方也获得治理。那里的土是红色的,又粘又肥,草木不断滋长而丛生。那里的田是第二等,赋税是第五等。那里的贡品是五色土,羽山山谷的大山鸡,峄山南面的特产桐木,泗水边上的可以做磬的石头,淮夷之地的蚌珠和鱼。还有那筐子装着的黑色的绸和白色的绢。进贡的船只行于淮河、泗水,到达与济水相通的荷泽。

注释 1 海:指黄海。淮:淮河。徐州:今江苏、安徽北部,山东南部。 2 沂:沂水,在山东。乂:治。 3 蒙:山名,在山东蒙阴县西南。羽:羽山,在今江苏连云港市赣榆区西南。艺:种植。 4 大野:巨野泽,在山东巨野县。猪:通"潴",水停聚的地方。 5 东原:今山东东平县地,在汶水济水之间。底:致,得到。平:治理。 6 埴:《孔传》说:"土粘曰埴。" 7 渐包:滋长而丛生。又写作"渐苞"。 8 土五色:五色土,《孔传》说:"王者封五色土为社,建诸侯则各割其方色土与之。" 9 畎:山谷。夏:大。翟:音 dí,山雉,羽毛可作装饰品。 10 峄:峄山,在江苏邳州境。阳:山的南面。孤桐:特生的桐木。 11 泗:水名,源出今山东泗水县,下流入淮河。浮磬:一种可以做磬的石头。 12 玭珠:玭蚌所产之珠。玭,音 pín。 13 玄:黑色。纤:细缯,绸。缟:白缯,绢。 14 达于河:金履祥说:"达于河,古文《尚书》作'达于菏'。《说文》引《书》亦作'菏'。今俗本误作'河'耳。菏泽水与济水相通。"

以上第一段第四节,记叙大禹治理徐州的功绩。

原文

淮、海惟扬州:彭蠡既猪[1],阳鸟攸居[2]。三江既入[3],震泽底定[4]。筱簜既敷[5],厥草惟夭[6],厥木惟乔[7]。厥土惟涂泥[8]。厥田惟下下,厥赋下上,上错[9]。厥贡惟金三品[10],瑶、琨、筱、簜、齿、革、羽、毛惟木[11]。岛夷卉服[12]。厥篚织贝[13],厥包橘柚[14],锡贡[15]。沿于江、海,达于淮、泗。

译文

淮河与黄海之间是扬州:彭蠡泽已经汇集了深水,南方各岛可以安居。三条江水已经流入大海,震泽也获得了安定。小竹和大竹已经遍布各地,那里的草很茂盛,那里的树很高大。那里的土是潮湿的泥。那里的田是第九等,那里的赋是第七等,杂出第六等。那里的贡品是金、银、铜、美玉、美石、小竹、大竹、象牙、犀皮、鸟的羽毛、旄牛尾和木材。东南沿海各岛的人穿着草编的衣服。这一带把那筐装的贝锦,那包裹的橘柚作为贡品。进贡的船只沿着长江、黄海到达淮河、泗水。

注释 1 彭蠡：今鄱阳湖。猪：潴，水停聚。 2 阳鸟：曾运乾说："'鸟'当读为'岛'，《说文》所谓'海中往往有山，可依止，曰岛'是也。本经皆假鸟为之。'岛夷皮服''岛夷卉服'，古今文本皆作'鸟'。……阳岛，即扬州附海岸各岛。大者则台湾、海南是也。云阳岛者，南方阳位也。" 3 三江：岷江、汉水与彭蠡。郑玄说："三江，左合汉为北江，会彭蠡为南江，岷江居其中则为中江。"入：入海。 4 震泽：江苏太湖。底定：获得安定。 5 篠：音 xiǎo，小竹。簜：音 dàng，大竹。 6 夭：茂盛。 7 乔：高大。 8 涂泥：潮湿的泥土。 9 上错：依阮元校增"上"字。 10 金三品：王肃说："金、银、铜也。" 11 瑶：美玉。琨：美石。齿：象牙。革：犀皮。羽：鸟羽。毛：旄牛尾。惟：与，和。《经传释词》："惟，犹'与'也，及也。" 12 岛夷：沿海各岛的人。卉服：草服，蓑衣草笠之属。 13 织贝：贝锦。 14 包：包裹。 15 锡贡：黄式三曰："锡亦贡也。"

以上第一段第五节，记叙大禹治理扬州的功绩。

原文

荆及衡阳惟荆州[1]：江、汉朝宗于海[2]，九江孔殷[3]。沱、潜既道[4]，云土、梦作乂[5]。厥土惟涂泥[6]，厥田惟下中，厥赋上下。厥贡羽、毛、齿、革惟金三品，杶、榦、栝、柏，[7]砺、砥、砮、丹惟箘簵、楛[8]。三邦底贡厥名[9]，包匭菁茅[10]，厥篚玄纁玑组[11]，九江纳锡大

译文

荆山与衡山的南面是荆州：长江、汉水像诸侯朝见天子一样奔向海洋，洞庭湖的水系大定了。沱水、潜水疏通以后，云梦泽一带可以耕作了。那里的土是潮湿的泥，那里的田是第八等，那里的赋是第三等。那里的贡物是羽毛、旄牛尾、象牙、犀皮和金、银、铜，椿树、柘树、桧树、柏树，粗磨石、细磨石、造箭镞的石头、丹砂和美竹、楛木。三个诸侯国进贡他们的名产，包裹好了的杨梅、菁茅，装在筐子里的彩色丝绸和一串串的珍珠。九江

龟[12]。浮于江、沱、潜、汉，逾于洛[13]，至于南河[14]。	进贡大龟。这些贡品经长江、沱水、潜水、汉水，到达汉水上游，改走陆路到洛水，再到南河。

注释 1 荆：山名，在今湖北南漳县。衡：山名，在今湖南衡山县。 2 朝宗：诸侯朝见天子，春天朝见叫朝，夏天朝见叫宗。这里比喻长江汉水归向大海。 3 九江：《蔡传》说："九江，即今之洞庭也。"孔：大。殷：定。 4 沱、潜：沱水，长江的支流，在今湖北枝江市。潜水，汉水的支流，在今湖北潜江市。道：通。 5 云土、梦：即云梦，二泽名。杜预注《左传》说："江南为云，江北为梦。"作：指耕作。乂：治理。 6 惟：与。 7 毛：通"旄"，旄牛尾。杶：音 chūn，椿树。榦：柘木，可做弓。栝：音 guā，桧树。 8 砺：粗磨刀石。砥：细磨刀石。砮：石制的箭镞。丹：丹砂。箘簵：音 jùn lù。《孔传》说："美竹。"楛：木名，可作箭杆。 9 三邦：《孔传》说："近泽三国。"名：名产。 10 包：包裹。匦：音 guǐ，杨梅。匦，《说文》："匦，古文簋，或从轨。杋，亦古文簋。"《异物志》云："杨梅，一名杋。"菁茅：《管子·轻重篇》："江淮之间有一茅而三脊，毋至其本，名之曰菁茅。 11 玄纁：指彩色丝绸。玄，赤黑色。纁，音 xūn，黄赤色。玑组：珍珠串。玑，不圆的珠。组，丝带。 12 纳：入。锡：赐，贡献。 13 逾：越。舍舟陆行叫逾。 14 南河：颜师古说："在冀州南。"指今巩义一带的河。

以上第一段第六节，记叙大禹治理荆州的功绩。

原文	译文
荆、河惟豫州[1]：伊、洛、瀍、涧既入于河[2]，荥波既猪[3]。导菏泽[4]，被孟猪[5]。厥土惟	荆山、黄河之间是豫州：伊水、瀍水和涧水都已流入洛水，又流入黄河，荥波泽已经停聚了大量的积水。疏通了菏泽，并在孟猪泽筑起了堤防。那里的土是柔软

壤，下土坟垆[6]。厥田惟中上，厥赋错上中。厥贡漆、枲、絺、纻[7]，厥篚纤、纩[8]，锡贡磬错[9]。浮于洛，达于河。

的壤土，低地的土是肥沃的黑色硬土。那里的田是第四等，那里的赋税是第二等，杂出第一等。那里的贡物是漆、麻、细葛、苎麻，那篚装的绸和细绵，又进贡治玉磬的石头。进贡的船只行于洛水到达黄河。

注释 1 荆：荆山，在今湖北南漳县西北。 2 伊：水名，源出今河南卢氏县。洛：水名，源出今陕西洛南县。瀍：音chán，水名，源出今河南孟津县。涧：水名，源出今河南渑池县。 3 荥波：即荥播，泽名，在今河南荥阳市境。猪：通"潴"，聚水。 4 导：通"道"，疏通。菏泽：在今山东菏泽市。 5 被：通"陂"，修筑堤防。按《墨子·兼爱中》叙禹治水说"防孟诸之泽"，可证。孟猪：泽名，在今河南商丘市东北。 6 垆：黑刚土。 7 纻：苎麻。 8 纩：细绵。 9 磬错：治玉磬的石头。

以上第一段第七节，记叙大禹治理豫州的功绩。

原文

华阳、黑水惟梁州[1]：岷、嶓既艺[2]，沱、潜既道。蔡、蒙旅平[3]，和夷厎绩[4]。厥土青黎[5]，厥田惟下上，厥赋下中、三错[6]。厥贡璆、铁、银、镂、砮、磬、熊、罴、狐、狸[7]。织皮、西倾因桓是来[8]。浮于潜，

译文

华山南部到怒江之间是梁州：岷山、嶓冢山治理以后，沱水、潜水也已经疏通了。峨嵋山、蒙山治理后，和夷一带也取得了治理的功效。那里的土是疏松的黑土，那里的田是第七等，那里的赋税是第八等，还杂出第七等和第九等。那里的贡物是美玉、铁、银、刚铁、作箭镞的石头、磬、熊、马熊、狐狸、野猫。织皮和西倾山的贡物沿着桓水而来。进贡的船只行于

逾于沔[9],入于渭,乱于河[10]。

潜水,然后离船上岸陆行,再进入沔水,进到渭水,最后横渡渭水到达黄河。

注释 1 华:华山。黑水:众说不一。陈澧认为是怒江,今从陈说。 2 岷:岷山,在四川北部。嶓:嶓冢山,在陕西宁强县西北。艺:治。 3 蔡:峨嵋山,见《禹贡锥指》。蒙:山名,在今四川雅安北。旅:治。 4 和:水名,胡渭认为是涐水,即今大渡河。 5 青:黑。黎:疏散。 6 三错:《孔传》说:"杂出第七第九三等。" 7 璆:音 qiú,通"球",美玉。镂:刚铁。 8 织皮:西戎之国。西倾:山名,在甘肃青海交界处。桓:桓水,即白水,今名白龙江。 9 沔:汉水的上游。 10 乱:横渡。

以上第一段第八节,记叙大禹治理梁州的功绩。

原文

黑水、西河惟雍州[1]:弱水既西[2],泾属渭汭[3],漆沮既从[4],沣水攸同[5]。荆、岐既旅[6],终南、惇物,至于鸟鼠[7]。原隰厎绩[8],至于猪野[9]。三危既宅[10],三苗丕叙[11]。厥土惟黄壤,厥田惟上上,厥赋中下。厥贡惟球、琳、琅玕[12]。浮于积石[13],至于龙门、西河[14],会于

译文

黑水到西河之间是雍州:弱水疏通已向西流,泾河流入渭河之湾,漆沮水已经会合洛水流入黄河,沣水也向北流同渭河会合。荆山、岐山治理以后,终南山、惇物山一直到鸟鼠山都得到了治理。原隰的治理取得了成绩,至于猪野泽也得到了治理。三危山已经可以居住,三苗就安定了。那里的土是黄色的,那里的田是第一等,那里的赋税是第六等。那里的贡物是美玉、美石和珠宝。进贡的船只从积石山附近的黄河,行到龙门、西河,与从渭河逆流而上的船只会合在渭河以北。织皮的人

原文	译文
渭汭。织皮昆仑、析支、渠搜[15],西戎即叙[16]。	民定居在昆仑、析支、渠搜三座山下,西戎各族就安定顺从了。

注释 1 西河:冀州西边的黄河。 2 弱水:又叫张掖河。西流入居延海。 3 泾、渭:都是陕西的大河。泾水流入渭水处叫渭汭。属:注入。 4 漆沮:即洛水,漆沮流入洛水,所以洛水又叫漆沮。 5 沣水:流入渭河。沣,音 fēng。同:会合。 6 荆:荆山,在今陕西富平县西南,与湖北的荆山不同。岐:岐山,在今陕西岐山县东北。旅:治理。 7 终南:今称秦岭。惇物:太白山。鸟鼠:山名,在今甘肃渭源县西南。 8 原隰:指邠地,今之彬州和旬邑县。 9 猪野:泽名,在今甘肃民勤县。 10 三危:山名。郑玄说:"三危之山,在鸟鼠之西,南当岷山。" 11 三苗:《史记·五帝本纪》说:"迁三苗于三危。"叙:顺。 12 球:美玉。琳:美石。琅玕:似珠之玉。 13 积石:山名,在今青海西宁西南。 14 龙门:山名,在今陕西韩城市东北。 15 析支:山名,在今青海西宁西南。渠搜:山名。 16 西戎:古代我国西北部民族的总称。即:就。

以上第一段第九节,记叙大禹治理雍州的功绩。

原文	译文
导岍及岐,至于荆山,[1]逾于河。壶口、雷首至于太岳[2]。厎柱、析城至于王屋[3]。太行、恒山至于碣石[4],入于海。	开通了岍山和岐山的道路,到达荆山,越过黄河。又开通壶口山、雷首山,到达太岳山。又开通厎柱山、析城山,到达王屋山。又开通太行山、恒山,到达碣石山,从这里进入渤海。
西倾、朱圉、鸟鼠至于太华[5]。熊耳、外方、桐柏至于陪尾[6]。	开通西倾山、朱圉山、鸟鼠山,到达太华山。又开通熊耳山、外方

导嶓冢至于荆山[7]。内方至于大别[8]。岷山之阳至于衡山[9],过九江至于敷浅原[10]。

山、桐柏山,到达陪尾山。

开通嶓冢山到达荆山。开通内方山到达大别山。开通岷山的南面到达衡山,过洞庭湖到达庐山。

注释 1 导:通道,开通道路。岍:山名,在今陕西陇县。岐:岐山,在今陕西岐山县。荆:荆山,在今陕西富平。 2 壶口:山名,在今山西吉县。雷首:山名,在今山西永济市。太岳:霍太山。 3 底柱:即三门山,在今山西平陆县。析城:山名,在今山西阳城县。王屋:山名,在今山西垣曲县。 4 太行:山名,在今山西、河南、河北三省交界处。恒山:在今河北曲阳县,古称北岳。碣石:山名,在今河北昌黎、抚宁二县交界处。 5 朱圉:山名,在今甘肃甘谷县。太华:即华山,古称西岳。 6 熊耳:山名,在今河南桐柏县。外方:即嵩山,古称中岳。桐柏:山名,在今河南桐柏县。陪尾:山名,在今湖北安陆县。 7 嶓冢:山名,在今陕西宁强县西北。荆山:在今湖北南漳县西南。 8 内方:山名,在今湖北钟祥市西南。大别:即大别山。 9 岷山:在今四川松潘县北。衡山:在今湖南衡山县,古称南岳。 10 九江:洞庭湖。敷浅原:庐山,曾运乾说。

以上第二段第一节,记叙大禹治山的功绩。

原文

导弱水至于合黎[1],余波入于流沙[2]。

导黑水至于三危,入于南海。

导河,积石,至于龙门;南至于华阴[3];东至于底柱;

译文

疏通弱水到合黎山,下游流到沙漠。

疏通黑水到三危山,流入南海。

疏导黄河,从积石山开始,到达龙门山;再向南到达华山的北面;再向东到达底柱山;又向东到达孟津;

又东至于孟津[4]；东过洛汭，至于大伾[5]；北过降水[6]，至于大陆；又北，播为九河[7]，同为逆河[8]，入于海。

嶓冢导漾[9]，东流为汉；又东，为沧浪之水[10]；过三澨[11]，至于大别，南入于江。东，汇泽为彭蠡；东，为北江[12]，入于海。

又向东经过洛水与黄河会合的地方，到达大伾山；然后向北经过降水，到达大陆泽；又向北，分成九条支流，再会合成一条逆河，流进大海。

从嶓冢山开始疏导漾水，向东流成为汉水；又向东流，成为沧浪水；经过三澨水，到达大别山，向南流进长江。向东，汇成的湖泽叫彭蠡泽；向东，称为北江，流进大海。

注释 **1** 导：疏导。合黎：山名，在今甘肃山丹、张掖、高台、酒泉之北。 **2** 余波：指下游。流沙：郑玄引《地理志》说："流沙在居延西北，名居延泽。"流沙指居延泽一带的沙漠。 **3** 华阴：华山的北面。 **4** 孟津：今河南孟津县。 **5** 大伾：山名，在今河南浚县西南。 **6** 降水：指漳、泽合流的漳水，在今河北曲周、肥乡间进入黄河。 **7** 播：分布。九河：指兖州之九河。 **8** 同为逆河：同，合。下游又合而名为逆河。 **9** 漾：汉水上游。 **10** 沧浪：即汉水。 **11** 三澨：澨，音 shì。郑玄说："水名，在江夏竟陵界。"竟陵，今之钟祥。 **12** 北江：即汉水。

原文

岷山导江，东别为沱[1]；又东至于澧；过九江，至于东陵[2]；东迆北[3]，会于汇[4]；东为中江[5]，入于海。

导沇水[6]，东流为济，

译文

从岷山开始疏导长江，向东另外分出一条支流称为沱江；又向东到达澧水；经过洞庭湖，到达东陵；再向东斜行向北，与淮河会合；向东称为中江，流进大海。

疏导沇水，向东流就称为济水，流

入于河，溢为荥[7]；东出于陶丘北[8]，又东至于菏；又东北，会于汶；又北东，入于海。

入黄河，河水溢出成为荥泽；又从定陶的北面向东流，再向东到达菏泽县；又向东北，与汶水会合；再向北，转向东，流进大海。

导淮自桐柏，东会于泗、沂[9]，东入于海。

从桐柏山开始疏导淮河，向东与泗水、沂水会合，向东流进大海。

导渭自鸟鼠同穴[10]，东会于沣，又东会于泾；又东过漆沮，入于河。

从鸟鼠同穴山开始疏导渭水，向东与沣水会合，又向东与泾水会合；又向东经过漆沮水，流入黄河。

导洛自熊耳，东北，会于涧、瀍；又东，会于伊；又东北，入于河。

从熊耳山开始疏导洛水，向东北，与涧水、瀍水会合；又向东，与伊水会合；又向东北，流入黄河。

注释 1 沱：长江的支流。 2 东陵：旧注认为是汉代卢江郡金兰县西北的东陵乡。 3 迤：音 yǐ，水斜流着。 4 汇：曾运乾说："'汇'为'淮'之假借字，两大水相合曰会。江、淮势均力敌，故云会。古江、淮本通。" 5 中江：指岷江。 6 沇：音 yǎn，水名。济水的上游。 7 溢：水动荡奔突而出。荥：荥泽，汉代已成平地。 8 陶丘：在今山东菏泽市定陶区。 9 东会于泗、沂：沂水流入泗水，泗水流入淮河。淮河在今江苏阜宁县东入海。 10 鸟鼠同穴：山名，即鸟鼠山。

以上第二段第二节，记叙大禹治水的功绩。

原文

九州攸同：四隩既宅[1]，九山刊旅[2]，九川涤源[3]，九泽既

译文

九州由此统一了：四方的土地都已经可以居住了，九条山脉都伐木修路可以通行了，九条河流都疏通了水源，九个湖泽都修

陂[4],四海会同[5]。六府孔修[6],庶土交正[7],厎慎财赋[8],咸则三壤成赋[9]。中邦锡土、姓[10],祗台德先[11],不距朕行[12]。

筑了堤防,四海之内进贡的道路都畅通无阻了。水火金木土谷六府都治理得很好,各处的土地都要征收赋税,并且规定慎重征取财物赋税,都要根据土地的上中下三等来确定它。中央之国赏赐土地和姓氏给诸侯,敬重以德行为先,又不违抗我的措施的贤人。

注释 1 隩:音 ào。可以定居的地方。宅:居住。 2 九山:上文所举的九条山脉。刊:削除。旅:道。 3 九川:上文所举的九条河流。涤源:疏通水源。 4 九泽:上文所举的九个湖泽。陂:修筑堤防。 5 四海:《尔雅·释地》:"九夷八狄七戎六蛮,谓之四海。"会同:会同京师,指进贡的道路畅通了。 6 六府:水火金木土谷。孔:很。修:治理。 7 交:《孔传》:"俱也。"正:征。 8 厎:定,规定。 9 则:准则。三壤:上中下三等土壤。成:定。 10 中邦:中央之国,指天子之邦。锡:赐。 11 祗:敬。台:音 yí,以。于省吾说。 12 不距朕行:郑玄说:"不距违我天子政教所行。"

原文

五百里甸服[1]。百里赋纳总[2],二百里纳铚[3],三百里纳秸服[4],四百里粟,五百里米。

五百里侯服[5]。百里采[6],二百里男邦[7],三百里诸侯[8]。

五百里绥服[9]。三百里揆文教[10],二百里奋

译文

国都以外五百里叫做甸服。离国都最近的一百里缴纳连秆的禾;二百里的,缴纳禾穗;三百里的,缴纳带稃的谷;四百里的,缴纳粗米;五百里的缴纳精米。

甸服以外五百里是侯服。离甸服最近的一百里替天子服差役;二百里的,担任国家的差役;三百里的,担任侦察工作。

侯服以外五百里是绥服。三百里的,考虑推行天子的政教;二百里的,奋扬武

武卫[11]。

威保卫天子。

五百里要服[12]。三百里夷[13],二百里蔡[14]。

绥服以外五百里是要服。三百里的,约定和平相处;二百里的,约定遵守条约。

五百里荒服[15]。三百里蛮[16],二百里流[17]。

要服以外五百里是荒服。三百里的,维持隶属关系;二百里的,进贡与否流动不定。

注释 1 甸服:古代在天子领地外围,每五百里为一服役地带,按远近分为甸服、侯服、绥服、要服、荒服。胡渭说:"五千里内皆供王事,故通谓之服,而甸服则主为天子治田出谷者也。" 2 纳:交纳。总:指禾的总体。 3 铚:音 zhì,《孔疏》说:"铚谓禾穗也。" 4 秸服:带稃的谷。 5 侯服:江声说:"侯之言候,候顺逆,兼司候王命。" 6 采:事,指替天子服差役。 7 男邦:男,任。男邦,担任国家的差事。 8 诸侯:《孔传》说:"同为王者斥候。"《孔疏》说:"斥候,谓检行险阻,伺候盗贼。" 9 绥服:《孔传》说:"安服王者之政教。"指替天子做安抚的事。 10 揆文教:《孔传》说:"揆,度也。度王者文教而行之。" 11 奋武卫:奋扬武威保卫王者。 12 要服:接受王者约束而服事之。要,约。 13 夷:平,谓相约和平共处。 14 蔡:法,谓相约遵守王法。 15 荒服:荒,远。替天子守边远之区叫荒服。 16 蛮:郑玄说:"蛮者,听从其俗,羁縻其人耳,故云蛮。蛮之言緡也。"意思是维持隶属关系。 17 流:郑玄说:"流谓夷狄流移,或贡或不。"意思是贡否不定。

原文

东渐于海[1],西被于流沙[2],朔南暨声教讫于四海[3]。

禹锡玄圭[4],告厥

译文

东方进至大海,西方到达沙漠,北方、南方同声教都到达外族居住的地方。

于是禹被赐给玄色的美玉,表示

成功。 | 大功告成了。

注释 1 渐:入。 2 被:及,到。 3 朔南暨声教讫于四海:九字一句,谓北方南方和声教皆止于夷狄之区。见《尚书易解》。 4 锡:赐,被赐。玄圭:玄色的瑞玉。

以上第三段,记叙大禹统一中国的功绩。

甘誓

导读　甘，地名，在有扈氏国都的南郊。誓，是古代告诫将士的言辞。据《史记·夏本纪》记载，大禹十年，东巡狩，死在会稽，政权交给了益。三年以后，益又把政权让给禹的儿子启，启很贤明，受到诸侯的拥护，于是继承了帝位，称夏后帝启。夏的同姓诸侯有扈氏不服。夏启举兵讨伐它，在甘地大战。战前，夏启誓师告诫六军将士。史官记录了启的告诫之辞，写成《甘誓》。《淮南子·齐俗》说："昔有扈氏为义而亡。"高诱注说："有扈，夏启之庶兄也，以尧舜举贤，禹独与子，故伐启。启亡之。"高诱揭示了新旧制度之争是这次战争的真正原因。

原文

大战于甘，乃召六卿[1]。王曰："嗟！六事之人[2]，予誓告汝：有扈氏威侮五行[3]，怠弃三正[4]，天用剿绝其命[5]，今予惟恭行天之罚[6]。

译文

将在甘地进行大战，夏王启就召见了六军的将领。王说："啊！六军的将士们，我告诫你们：有扈氏轻慢洪范大法，废弃正德、利用、厚生三大政事，因此，上天要断绝他的国运。现在我只有奉行上天对他的惩罚。

注释　**1** 六卿：六军的主将。　**2** 六事：六军的将士。　**3** 威侮五行：王引之说："威，疑当作'烕'，烕者，'蔑'之假借也。蔑，轻也。蔑侮五行，言轻慢五行也。"所谓轻慢五行，夏曾佑说："即言有扈氏不遵洪范之道。"　**4** 怠：懈怠。三正：按'正'与'政'通，谓政事。三正，指正德、利用、厚生三大政事。《左传·文公七年》晋郤缺解《夏书》云："正德、利用、厚生谓之三事。"三事即三正也。　**5** 用：因此。剿：绝。剿、绝同义。**6** 恭行：恭，《墨子·明鬼》和《史记·夏本纪》都作"共"。共行，就是奉行。

以上第一段,说明兴师讨伐的缘由。

原文

"左不攻于左[1],汝不恭命;右不攻于右[2],汝不恭命;御非其马之正[3],汝不恭命。用命,赏于祖[4];弗用命,戮于社[5],予则孥戮汝[6]。"

译文

"车左的兵士不善于射箭,你们就是不奉行我的命令;车右的兵士不善于用戈矛刺杀,你们也是不奉行我的命令;驾车的兵士违反驭马的规则,你们也是不奉行我的命令。服从命令的,我会在先祖的神位面前赏赐你们;不服从命令的,我会在社神的神位面前惩罚你们,我就会把你们降为奴隶,或者杀掉你们。"

注释 1 左:车左。《孔传》说:"左方主射。"攻:善。 2 右:车右。《孔传》说:"右,勇力之士,执戈矛以退敌。" 3 御:驾车的人。非:违背。正:通"政",事。 4 赏于祖:天子亲征,载着祖庙的神主。有功的,就赏于神主之前,表示不敢自己专行。 5 戮于社:天子亲征,又载着社主。不听命的,就在社主前处罚,也是表示不敢自己专行。 6 孥戮:孥,通"奴",指降为奴隶。戮,刑戮。颜师古说:"孥戮者,或以为奴,或加刑戮,无有所赦耳。"

以上第二段,宣布赏罚的办法。

五子之歌

导读　五子是夏启的五个儿子，太康的兄弟，具体名字不明。《史记·夏本纪》说："帝太康失国，昆弟五人，须于洛汭，作《五子之歌》。"须，待。汭，水曲。须于洛汭，在洛水之曲等待着太康。五子怨恨，于是追述大禹的教戒，写了一组诗歌，名叫《五子之歌》。这是梅氏伪古文《尚书》之二。

原文

太康尸位[1]，以逸豫灭厥德，黎民咸贰。乃盘游无度[2]，畋于有洛之表[3]，十旬弗反。有穷后羿因民弗忍[4]，距于河。厥弟五人御其母以从[5]，徯于洛之汭[6]。五子咸怨，述大禹之戒以作歌。

译文

太康处在尊位而不理事，又喜好安乐，丧失君德，众民都怀着二心。竟至盘乐游猎没有节制，到洛水的南面打猎，百天还不回来。有穷国的君主羿，因人民不能忍受，在河北抵御太康，不让他回国。太康的弟弟五人，侍奉他们的母亲以跟随太康，在洛水湾等待他。这时五人都埋怨太康，因此叙述大禹的教导而写了歌诗。

注释　1 太康尸位：太康，夏王启的儿子，大禹的孙子。尸，主。古代祭祀时，鬼神的代表叫尸。像鬼神的代表一样处在位子上，而不做事，叫尸位。　2 盘游：盘，乐。游，游猎。　3 畋：音 tián，田猎。有洛之表：谓洛水的南面。有洛，洛水。　4 有穷后羿：有穷，国名。后，君主。羿，音 yì，人名，有穷国的君主。　5 御：侍奉。　6 徯于洛之汭：徯，音 xī，等待。汭，河水的弯曲处。

以上第一段，史官叙事之辞。

原文

其一曰："皇祖有训，民可近，不可下。民惟邦本，本固邦宁。予视天下，愚夫愚妇一能胜予[1]。一人三失，怨岂在明？不见是图。予临兆民，懔乎若朽索之驭六马[2]；为人上者，奈何不敬？"

其二曰："训有之。内作色荒[3]，外作禽荒[4]，甘酒嗜音，峻宇雕墙。有一于此，未或不亡[5]。"

其三曰："惟彼陶唐[6]，有此冀方[7]。今失厥道，乱其纪纲。乃厎灭亡[8]。"

其四曰："明明我祖，万邦之君。有典有则[9]，贻厥子孙。关石和钧[10]，王府则有。荒坠厥绪，覆宗绝祀。"

其五曰："呜呼曷归？予怀之悲。万姓仇

译文

其中一首说："伟大的祖先曾有明训，人民可以亲近而不可看轻。人民是国家的根本，根本牢固，国家就安宁。我看天下的人，愚夫愚妇都能胜过我。一人多次失误，难道要等民怨显明？应当趁它还未形成便考虑它。我治理兆民，恐惧得像用坏绳索驾着六匹马；做君主的人，怎么能不敬不怕？"

其中第二首说："禹王的教诲是这样：在内迷恋女色，在外游猎翱翔；喜欢喝酒，沉迷声乐，高高建筑大殿又雕饰宫墙。这些事只要有一桩，就没有谁能不灭亡。"

其中第三首说："那陶唐氏的尧皇帝，曾经据有冀州这地方。现在废弃他的治道，紊乱他的政纲。就是自己导致灭亡！"

其中第四首说："我的辉煌的祖父，是万国的大君。有典章有法度，传给他的子孙。征赋和计量平均，王家府库丰殷。现在废弃他的传统，就断绝祭祀又危及宗亲！"

其中第五首说："唉！哪里可以回归？我的心情伤悲！万姓都仇恨我们，

予,予将畴依[11]?郁陶乎予心[12],颜厚有忸怩[13]。弗慎厥德,虽悔可追?"	我们将依靠谁?我的心思郁闷,我的颜面惭愧。不愿慎行祖德,即使改悔又岂可挽回?"

注释 **1** 一:皆,都。 **2** 懔:危惧,害怕。六马:六匹马驾车,不容易调和。用朽索驾驭六匹马,形容危险得很。 **3** 色荒:荒,迷乱。迷乱于女色,叫色荒。 **4** 禽荒:禽,鸟兽。迷乱于打鸟兽,叫禽荒。 **5** 或:有。 **6** 陶唐:指尧帝,尧帝属陶唐氏。 **6** 冀方:冀州,指今山西和河北西部,是尧帝的政治中心。 **8** 厎:致,导致。 **9** 典:法。 **10** 关石和钧:关,门关的税收。石,斛,指计量单位。和,平。钧,通"均"。关石和钧,赋税和计量都平均。《国语·周语》"关石和钧"注:"关,门关之征也。石,今之斛也。言征赋调钧,则王之府藏常有也。一曰:关,衡也。" **11** 畴:谁。 **12** 郁陶:郁闷、悲哀。 **13** 忸怩:心里惭愧。

以上第二段,五子的歌辞。

胤征

导读 胤，国名。胤侯，夏帝仲康的臣子，掌管军事。征，上伐下。《史记·夏本纪》说："太康崩，弟中康立，是为帝中康。帝中康时，羲和湎淫，废时乱日。胤往征之，作《胤征》。"据《竹书纪年》记载，这次征伐在仲康五年的秋天。这是梅氏伪古文《尚书》之三。

原文

惟仲康肇位四海[1]，胤侯命掌六师。羲和废厥职[2]，酒荒于厥邑[3]。胤后承王命徂征。

告于众曰："嗟！予有众。圣有谟训，明征定保[4]。先王克谨天戒[5]，臣人克有常宪，百官修辅，厥后惟明明[6]。每岁孟春，遒人以木铎徇于路[7]，官师相规，工执艺事以谏，其或不恭[8]，邦有常刑。

译文

夏帝仲康开始治理四海，胤侯受命掌管夏王的六师。羲和放弃他的职守，在他的私邑嗜酒荒乱。胤侯接受王命，去征伐羲和。

胤侯告诫军众说："啊！我的众位官长。圣人有谟有训，明白有经验，可以定国安邦。先王能谨慎对待上天的警戒，大臣能遵守常法，百官修治职事辅佐君主，君主就明而又明。每年孟春之月，宣令官员用木铎在路上宣布教令，官长互相规劝，百工依据他们从事的技艺进行谏说。他们有不奉行的，国家将施以常刑。

注释 1 位：治理。《广雅》："位，莅也。"莅，临视，视事。 2 羲和：羲氏、和氏，掌管天地四时的官。 3 酒荒：迷乱于嗜酒，叫酒荒。 4 明征定保：明，明白。征，征验。定保，定国安邦。明征定保，明白有验，可以定国安邦。 5 天戒:上天垂象示戒,指日食月食之类。 6 明明:明而又明,英明。 7 遒人:宣布命令的官。木铎:铎,铃。木铎,有木舌的铃。古代宣传政教时用它来号召听众。徇:巡行宣传教令。 8 恭:奉行。《尚书·甘誓》孔传:"恭,奉也。"

原文

"惟时羲和颠覆厥德,沉乱于酒,畔官离次[1],俶扰天纪[2],遐弃厥司。乃季秋月朔[3],辰弗集于房[4]。瞽奏鼓[5],啬夫驰[6],庶人走。羲和尸厥官[7],罔闻知,昏迷于天象,以干先王之诛[8]。《政典》曰[9]:'先时者杀无赦,不及时者杀无赦。'

译文

"这个羲和颠倒他的行为,沉醉在酒中,背离职位,开始搞乱了日月星辰的运行历程,远远废弃他所掌管的事。前些时候季秋月的朔日,日月不会合于房,出现日食。乐官进鼓而击,啬夫奔驰取币以礼敬神明,众人跑着供役。羲和主管其官却不知道这件事,对天象昏迷无知,因此触犯了先王的诛罚。先王的《政典》说:'历法出现先于天时的事,杀掉无赦,出现后于天时的事,杀掉无赦。'

注释 1 畔官:畔,通"叛"。畔官,《孔疏》:"违叛其所掌之官。"离次:次,位。离次,离开职位。 2 俶扰天纪:俶,始。扰,乱。天纪,指日月星辰的运行历程。 3 乃:从前,前些时。《词诠》:"乃,始也,初也。" 4 辰弗集于房:日和月在天上运行,每年相会十二次。日月相会叫做辰。相会的位置叫做房。集,会合。日月相会于某一位置而不见相会于房,叫辰不集于房。辰不集于房,是日被月遮掩了,也就是发生了日食。 5 瞽:指乐官。奏:进献。 6 啬夫驰:啬夫,主管布币的官。驰,驰走取币以敬天神。 7 尸:主管。 8 干:触犯。 9 政典:指导行政的书。《孔传》:

“政典，夏后为政之典籍。”

以上第一段，胤侯奉命出征，宣布羲和的罪行。

原文

“今予以尔有众奉将天罚[1]。尔众士同力王室，尚弼予钦承天子威命[2]！火炎昆冈[3]，玉石俱焚；天吏逸德，烈于猛火。歼厥渠魁[4]，胁从罔治；旧染污俗，咸与惟新[5]。

“呜呼！威克厥爱允济[6]；爱克厥威允罔功。其尔众士，懋戒哉[7]！”

译文

“现在我率领你们全体士众，奉行上天的惩罚。你等众士要对王室同心协力，辅助我认真奉行天子的庄严命令！火烧昆山，玉和石同样被焚烧；天王的官吏如有过恶行为，害处将比猛火更甚。消灭那个为恶的大首领，胁从的人不要惩治；旧时染有污秽习俗的人，都允许改过自新。

“啊！严明胜过慈爱，就真能成功；慈爱胜过严明，就真会无功。你等众士要努力要戒慎呀！”

注释　1 奉将：奉行。《孔传》：“将，行也。” 2 弼：辅佐。 3 昆冈：昆山。《孔传》：“山脊曰冈。昆山出玉。” 4 渠魁：《孔传》：“渠，大也。魁，帅也，指谓羲和。” 5 与：允许。 6 克：胜，胜过。允：信，真的。济：成功。 7 懋戒：懋，勉励，勉励听命。戒，戒慎，戒慎避免违反军法。

以上第二段，胤侯勉励军士同心王室，消灭罪魁。

商书

尚书

汤誓

【导读】 汤名履，又称天乙，舜的大臣契的十四代孙，商朝的开国君主。当时夏王桀荒淫暴虐，民怨很大；侵削诸侯，诸侯怨恨。诸侯昆吾氏举兵叛乱，汤率领诸侯讨伐昆吾。消灭昆吾以后，汤又乘胜讨伐夏桀。伐桀以前，汤的军民不愿征战。汤在都城亳(bó)告喻众人吊民伐罪的道理。史官记录这篇誓词，名叫《汤誓》。篇中“时日曷丧？予及汝皆亡”，真实反映了夏国人民痛恨暴君暴政的心情，十分可贵。

【原文】

王曰：“格尔众庶[1]，悉听朕言。非台小子敢行称乱[2]！有夏多罪，天命殛之。[3]今尔有众[4]，汝曰：‘我后不恤我众，舍我穑事而割正夏[5]？’予惟闻汝众言[6]，夏氏有罪，予畏上帝，不敢不正！今汝其曰：‘夏罪其如台[7]？’夏王率遏众力[8]，率割夏邑[9]。有众率怠弗协，曰：‘时日曷丧[10]？予及汝皆亡。’夏德若兹[11]，今朕必往。

【译文】

王说：“来吧！你们众位，都听我说。不是我小子敢行作乱！因为夏国犯下许多罪行，天帝命令我去讨伐它。现在你们众人，你们说：‘我们的君王不怜悯我们众人，荒废我们的农事，为什么要征伐夏国呢？’我虽然理解你们的话，但是夏氏有罪，我畏惧上帝，不敢不去征伐啊！现在你们会问：‘夏的罪行究竟怎么样呢？’夏王耗尽民力，剥削夏国的人民。民众怠慢不恭，同他很不和谐，他们说：‘这个太阳什么时候消失呢？我们愿意同你一起灭亡。’夏的品德这样坏，现在我一定要去讨伐它。

【注释】 1 格：来。 2 台：音yí。我。 3 有夏：夏国。有，助词。殛：诛杀。

4 有众:众人。有,助词。 5 穑事:农事。割:通“曷”,为什么。正:通“征”,征伐。 6 惟:同“虽”。杨树达说。 7 如台:如何。台,音 yí。 8 率遏众力:竭尽民力。率,语气助词。遏,通“竭”,尽。 9 割:剥削。 10 时:是,这个。曷:何,什么时候。 11 兹:此,这样。

以上第一段说明兴师征伐的原因。

原文

“尔尚辅予一人[1],致天之罚[2],予其大赉汝[3]!尔无不信,朕不食言[4]。尔不从誓言,予则孥戮汝[5],罔有攸赦。”

译文

“你们要辅佐我,实行天帝对夏的惩罚,我将重重地赏赐你们!你们不要不相信,我不会说假话。如果你们不听从誓言,我就会把你们降成奴隶,或者杀死你们,不会有所赦免。”

注释 1 尚:庶几,表祈使语气。一人:君王自谦的话,言自己只能当一人。 2 致:用。见《淮南子·修务训》注。 3 其:将。赉:音 lài,赏赐。 4 食言:伪言,说假话。《尔雅·释诂》:“食,伪也。” 5 孥戮:或以为奴,或加刑戮。孥,通“奴”。降成奴隶。戮,刑戮。

以上第二段,申明赏罚的办法。

仲虺之诰

导读 仲虺(huǐ),成汤的左相。诰,告。《史记·殷本纪》说:"汤乃践天子位,平定海内。汤归至于泰卷陶,中䨓仲虺作诰。"这里说明了仲虺作诰的时间和地点。仲虺为什么作诰呢?成汤放桀居于南巢,自惭自己的行为赶不上古帝。仲虺针对汤的思想加以解释,说了一篇话,名叫《仲虺之诰》。这是梅氏伪古文《尚书》之四。

原文

成汤放桀于南巢[1],惟有惭德。曰:"予恐来世以台为口实[2]。"仲虺乃作诰。

曰:"呜呼!惟天生民有欲,无主乃乱,惟天生聪明时乂[3]。有夏昏德,民坠涂炭[4];天乃锡王勇智[5],表正万邦,缵禹旧服[6]。兹率厥典[7],奉若天命[8]!

译文

成汤放逐夏桀让他住在南巢,心里有些惭愧。他说:"我怕后世拿我作为话柄。"仲虺于是向汤作了解释。

仲虺说:"啊!上天生养人民,人人都有情欲,没有君主,人民就会乱,因此上天又生出聪明的人来治理他们。夏桀行为昏乱,人民陷于泥涂火炭一样的困境;上天于是赋予勇敢和智慧给大王,使您做万国的表率,继承大禹长久的事业。您现在要遵循大禹的常法,顺从上天的大命!

注释 1 南巢:地名。在今安徽巢湖市东北。 2 台:音 yí,我。口实:话柄。 3 时乂:时,是,这些。乂,治理。时乂,治理这些人民。 4 民坠涂炭:坠,陷入。涂,泥。炭,火。言人民像陷入涂泥炭火之中。 5 锡:通"赐",赐予。 6 缵:音 zuǎn,继承。服:事。 7 率:遵循。 8 奉若:奉顺。

以上第一段，说明伐桀是奉天救民，可以无惭。

原文

“夏王有罪，矫诬上天[1]，以布命于下。帝用不臧，式商受命[2]，用爽厥师[3]。简贤附势[4]，实繁有徒。肇我邦于有夏[5]，若苗之有莠[6]，若粟之有秕[7]。小大战战，罔不惧于非辜[8]，矧予之德言足听闻[9]？

译文

夏王桀有罪，假托上天的意旨，在天下施行他的教命。上天因此认为他不善，要我商家承受王命，使他的众庶觉悟。怠慢贤明依从权势的，这种人徒众很多。从前我商家立国于夏世，像苗中有莠草，像粟中有秕谷一样。上下战栗恐惧，无不害怕无辜受罚；何况我商家的德和言都可听闻呢？

注释　1 矫诬：矫，假托。诬，欺骗。　2 式：用。　3 爽：明，使之明晓。《墨子》引作“丧”，音近而误。　4 简贤：简，慢、怠慢。简贤，怠慢贤人。　5 邦于有夏：建国于夏世。邦，建邦、建国。于，原作“予”，依阮氏校改。　6 莠：农作物中的杂草。　7 秕：音 bǐ，中空的谷粒。　8 非辜：辜，罪。非辜，不当的罪。　9 矧：何况。

原文

“惟王不迩声色，不殖货利[1]；德懋懋官[2]，功懋懋赏；用人惟己[3]，改过不吝；克宽克仁，彰信兆民。乃葛伯仇饷[4]，初征自葛。东征西夷怨，南征北狄怨。曰：‘奚独

译文

“大王不近声色，不聚货财；德盛的人用官职劝勉他，功大的人用奖赏劝勉他；用人之言像自己说的一样，改正过错毫不吝惜；能宽能仁，昭信于万民。从前葛伯跟馈食的人为仇，我们的征伐从葛国开始。大王东征则西夷怨恨，南征则北狄怨恨。他们说：‘怎么独独把我们摆在后

后予[5]？'攸徂之民[6]，室家相庆。曰：'徯予后[7]。后来其苏[8]。'民之戴商，厥惟旧哉[9]。"

面？'我军过往的人民，室家互相庆贺。他们说：'等待我们的君主。君主来临，我们就会复活了！'天下人民爱戴我们商家，已经很久了啊！"

注释 1 殖：聚集。 2 德懋懋官："懋"字有盛美、劝勉二义。这里是说：德盛的用官职劝勉他。下文"功懋懋赏"，用法相同。 3 用人惟己：《孔传》："用人之言，若自己出。" 4 乃葛伯仇饷：乃，从前。《孔疏》："此言乃者，却说已过之事。《胤征》云：'乃季秋月朔，其义亦然。'"葛伯，葛国的君主。饷，馈送食物。有人送食物给耕田的人，葛伯夺其食物，又杀了这人。葛伯以饷田的人为仇，所以叫葛伯仇饷。 5 奚：何，怎么。 6 攸徂：攸，所。徂，往。攸徂，所往的处所。 7 徯：音 xī，等待。 8 苏：复生。 9 旧：久。

以上第二段，说明汤受到人民爱戴，可以无惭。

原文

"佑贤辅德，显忠遂良[1]；兼弱攻昧，取乱侮亡。推亡固存[2]，邦乃其昌。

"德日新，万邦惟怀；志自满，九族乃离[3]。王懋昭大德，建中于民[4]，以义制事，以礼制心，垂裕后昆[5]。予闻曰：'能自得师者王，谓人莫己若

译文

"佑助贤德的诸侯，显扬忠良的诸侯；兼并懦弱的，讨伐昏暗的，夺取荒乱的，轻慢走向灭亡的。推求灭亡的道理，以巩固自己的生存，国家就将昌盛。

"德行日新不懈，天下万国就会怀念；志气自满自大，亲近的九族也会离散。大王要努力显扬大德，对人民建立中道，用义裁决事务，用礼制约思想，把宽裕之道传给后人。我听说：'能够自己求得老师的人就会为王，以为别人不及

者亡。好问则裕，自用则小[6]。’

“呜呼！慎厥终，惟其始。殖有礼[7]，覆昏暴。钦崇天道，永保天命。”

自己的人就会灭亡。爱好问，知识就充裕；只凭自己，闻见就狭小。’

“啊！慎终要像它的开始。扶植有礼之邦，灭亡昏暴之国。敬重上天这种规律，就可以长久保持天命了。”

注释 1 遂良：遂，进用。进用善良的人。 2 推亡固存：推求灭亡之道，以巩固自己的生存。《蔡传》：“‘推亡’者，兼攻取侮也；‘固存’者，佑辅显遂也。推彼之所以亡，固我之所以存，邦国乃其昌矣。” 3 九族：指亲属，父族四、母族三、妻族二，共称九族。 4 建中：《孔传》：“立大中之道。” 5 垂裕后昆：垂，传。裕，宽裕。昆，后裔。言传宽裕之道给后人。6 自用：用自己，凭自己。 7 殖：封殖，培植。

以上第三段，劝勉成汤继续施行德政，永保天命。

汤诰

导读 成汤战胜夏桀，回到都城亳邑，诸侯都来朝见。成汤告诫诸侯，阐明伐桀的重大意义，勉励诸侯各守常法，以承天休。史官记录成汤的讲话，名叫《汤诰》。《史记·殷本纪》载有《汤诰》全文，与此篇不同，足以证明本篇是伪造的。这是梅氏伪古文《尚书》之五。

原文

王归自克夏，至于亳[1]，诞告万方。

王曰："嗟！尔万方有众，明听予一人诰[2]。惟皇上帝降衷于下民[3]。若有恒性[4]，克绥厥猷惟后[5]。夏王灭德作威，以敷虐于尔万方百姓[6]。尔万方百姓罹其凶害[7]，弗忍荼毒[8]，并告无辜于上下神祇[9]。天道福善祸淫，降灾于夏，以彰厥罪。肆台小子将天命明威[10]，不敢赦。敢用玄牡[11]，敢昭告于上天神后[12]，请罪有夏，聿求元圣，与之戮力，[13]以与尔有众请命。

译文

汤王在战胜夏桀后回来，到了亳邑，大告万方诸侯。

汤王说："啊，你们万方众长，明白听从我的教导。伟大的上帝，降善于下界人民。顺从人民的常性，能使他们安于教导的就是君主。夏王灭弃道德滥用威刑，向你们万方百姓施行虐政。你们万方百姓遭受他的残害，痛苦不堪，普遍向上下神祇申诉无罪。天道福佑善人惩罚坏人，降灾于夏国，以显露他的罪过。所以我小子奉行天命明法，不敢宽宥。敢用黑色牡牛，敢向天神后土祷告，请求惩治夏桀，就邀请了大圣伊尹与我共同努力，为你们众长请求保全生命。

注释 1 亳:地名,成汤的国都,在今河南商丘市。 2 予一人:古代天子自称为予一人。 3 衷:善。 4 若有恒性:若,顺;恒,常。《孔传》:"顺人有常之性。" 5 克绥厥猷:克,能。绥,安。猷,导,教。言能使人民安于教导。 6 敷:布,施行。 7 罹:被,遭受。 8 荼毒:痛苦。荼,苦菜,味道苦。毒,指毒人的虫,是人之所苦。所以用荼毒比喻痛苦。 9 辜:罪。神祇:神,天神;祇,地祇。 10 肆:故,所以。台:音 yí,我。将:行,奉行。 11 玄牡:玄,黑色。牡,公牛。 12 神后:后土,指地神。 13 聿:遂。《孔传》:"聿,遂也。" 元圣:大圣,指伊尹。戮力:努力。

以上第一段,言桀政暴虐,伐桀是为民请命。

原文

"上天孚佑下民[1],罪人黜伏[2]。天命弗僭[3],贲若草木,兆民允殖。[4]俾予一人辑宁尔邦家[5],兹朕未知获戾于上下[6],栗栗危惧[7],若将陨于深渊[8]。凡我造邦[9],无从匪彝[10],无即慆淫[11],各守尔典,以承天休。尔有善,朕弗敢蔽;罪当朕躬,弗敢自赦,惟简在上帝之心[12]。其尔万方有罪,在予一人;予一人有罪,无以尔万方。

"呜呼!尚克时忱[13],乃亦有终。"

译文

"上天保佑天下人民,罪人夏桀被废黜了。天道不差,灿然像草木的滋生繁荣,兆民真的乐于生活了。上天使我和睦安定你们的国家,这回伐桀我不知道得罪了天地没有,惊恐畏惧,像要落到深渊里一样。凡我建立的诸侯,不要施行非法,不要追求安乐;要各自遵守常法,以接受上天的福禄。你们有善行,我不敢掩盖;罪过在我自身,我不敢自己宽恕,因为这些在上帝心里都明明白白。你们万方有过失,原因都在于我;我有过失,不会连及你们万方诸侯。

"啊!但愿能够这样诚信不疑,也就会获得好的结局。"

[注释] 1 孚:保。古文以孚为保,见《说文》段注。 2 黜伏:退伏。《孔传》:“桀知其罪,退伏远屏。” 3 僭:差错。 4 贲:音 bì,文饰。允:信。殖:生活。《孔传》:“贲,饰也。言福善祸淫之道不差。天下恶除,焕然咸饰,若草木同华,民信乐生。” 5 辑宁:辑,和睦。宁,安宁。 6 戾:罪。 7 栗栗:危惧的样子。 8 陨:坠落。 9 造邦:建立的国家。 10 匪彝:匪,通“非”。彝,法。《蔡传》:“匪彝,指法度言。” 11 慆淫:慆,怠慢。淫,纵乐。《蔡传》:“慆淫,指逸乐言。” 12 简:明白。 13 时忱:时,此、这。忱,信,诚信。时忱,这样诚信。

以上第二段,言自己责任重大,愿与诸侯共守常法,以承天休。

伊训

导读 伊，伊尹。训，教导。《史记·殷本纪》："汤崩，太子太丁未立而卒，于是乃立太丁之弟外丙，是为帝外丙。帝外丙即位三年，崩，立外丙之弟中壬，是为帝中壬。帝中壬即位四年，崩，伊尹乃立太丁之子太甲。太甲，成汤適通"嫡"长孙也，是为帝太甲。帝太甲元年，伊尹作《伊训》。"这是史官记录伊尹教导太甲的话，所以叫做《伊训》。这是梅氏伪古文《尚书》之六。

原文

惟元祀十有二月乙丑[1]，伊尹祠于先王[2]，奉嗣王祗见厥祖[3]。侯甸群后咸在[4]，百官总己以听冢宰[5]。伊尹乃明言烈祖之成德[6]，以训于王。

译文

太甲元年十二月乙丑日，伊尹祭祀先王，侍奉嗣王恭敬地拜见他的祖先。侯服甸服的诸侯都在祭祀行列，百官率领自己的官员，听从太宰伊尹的命令。伊尹于是明白说明大功之祖成汤的盛德，来教导太甲。

注释 1 祀：年。夏代叫岁，商代叫祀，周代叫年。 2 祠：告祭于庙。 3 祗：恭敬。 4 侯甸：侯服、甸服。王畿之外方五百里叫侯服，又其外方五百里叫甸服。 5 冢宰：冢，大。宰，治。冢宰，又叫太宰，百官之长。 6 烈祖：有功之祖。《孔疏》说："烈，训业也。汤有定天下之功业，为商家一代之太祖，故以烈祖称焉。"成德：盛德。

以上第一段，史官叙事的话。

原文

曰："呜呼！古有

译文

伊尹说："啊！从前夏代的先君，

夏先后，方懋厥德[1]，罔有天灾，山川鬼神亦莫不宁[2]，暨鸟兽鱼鳖咸若[3]。于其子孙弗率，皇天降灾，假手于我[4]。有命造攻自鸣条[5]；朕哉自亳[6]。惟我商王布昭圣武[7]，代虐以宽，兆民允怀。今王嗣厥德，罔不在初[8]！立爱惟亲，立敬惟长，始于家邦，终于四海。

当他勉力施行德政的时候，没有发生天灾，山川的鬼神也没有不安宁的，连同鸟兽鱼鳖各种动物的生长都很顺遂。到了他的子孙，不遵循先人的德政，上天降下灾祸，借助我汤王的手。上天有命，先从夏桀讨伐；我就从亳都执行。我商王宣明德威，用宽和代替暴虐，所以天下兆民相信我、怀念我。现在我王嗣行成汤的美德，不可不考虑开头！行爱于亲人，行敬于长上，从家和国开始，最终推广到天下。

注释　**1** 懋：勉行。　**2** 山川鬼神：《孔疏》说："山川鬼神谓山川之鬼神也。"　**3** 暨：及，连同。咸若：咸，都。若，顺、顺遂。　**4** 假手：借手。**5** 有命：有命令。指下文"造攻自鸣条"这句话。造攻自鸣条：造，始。攻，讨伐。自，从。鸣条，夏桀所居，即指夏桀。《孔疏》说："诛桀始攻从鸣条之地而败之。"　**6** 朕哉自亳：朕，我。哉，通"载"，行。亳，汤的国都。这是说，我从亳都执行上天之命。《尧典》"熙帝之载"郑注："载，行也。"　**7** 布昭：宣明、宣扬。　**8** 罔不在初：罔，不可。在，省察、考虑。《释诂》："在，察也。"初，开初。这句是说，不可不考虑开头。

以上第二段，勉励嗣王施行成汤的美德。

原文

"呜呼！先王肇修人纪[1]，从谏弗咈[2]，先民时若[3]；居上克明，为下克忠；

译文

"啊！先王努力讲求做人的纲纪，听从谏言而不违反，顺从前贤的话；处在上位能够明察，为臣下能够尽与人不求备[4]，检身若不及。以至于有万邦，兹惟艰哉！

“敷求哲人，俾辅于尔后嗣。制《官刑》[5]，儆于有位。曰：敢有恒舞于宫、酣歌于室[6]，时谓巫风[7]。敢有殉于货色[8]、恒于游畋[9]，时谓淫风。敢有侮圣言[10]、逆忠直、远耆德[11]、比顽童[12]，时谓乱风。惟兹三风十愆，卿士有一于身，家必丧；邦君有一于身，国必亡。臣下不匡[13]，其刑墨[14]。具训于蒙士[15]。

忠；结交人不求全责备，检点自己好像来不及一样。因此达到拥有万国，这是很难的呀！

“又普求贤智，使他们辅助你们后嗣。制定《官刑》来警戒百官。《官刑》上说：敢有经常在宫中舞蹈、在房中饮酒酣歌的，这叫做巫风。敢有贪求财货女色、经常游乐田猎的，这叫做淫风。敢有轻视圣人教训、拒绝忠直谏戒、疏远年老有德、亲近顽愚童稚的，这叫做乱风。这些三风十过，卿士身上只要有一种，他的家一定会丧失；国君身上只要有一种，他的国一定会灭亡。臣下不匡正君主，其刑罚就是墨刑。这些要详细教导到下士。

注释 1 肇：勉力。《尔雅·释言》：“肇，敏也。”敏，即勉的意思。人纪：纪，纲纪。人纪，为人的纲纪。《孔传》：“言汤始修为人纲纪。” 2 咈：音 fú，违背。 3 先民时若：时，是，表示宾语前置的结构助词。若，顺从。《孔传》：“先民之言是顺。” 4 与人：与，交与、交接。与人，结交别人。 5《官刑》：治理官吏的刑法。 6 酣：乐酒，嗜酒行乐。 7 巫：以祈祷鬼神为职业的人。《孔传》：“废德事鬼神曰巫。” 8 殉：求，贪求。《孔传》：“殉，求也。” 9 畋：音 tián，田猎。 10 侮：轻慢。《孔疏》说：“侮谓轻慢。” 11 远耆德：远，疏远。耆，老。《孔疏》说：“疏远耆年有德。” 12 比顽童：比，亲近。顽，愚。童，童稚。《孔疏》说：“亲比顽愚幼童。” 13 匡：正。 14 墨：墨刑，凿额涂墨的刑罚。 15 具：详细。

蒙士:下士。《孔疏》说:“蒙谓蒙稚,卑小之称,故蒙士例谓下士也。”

以上第三段,言成汤修己求贤和制定《官刑》。

原文

“呜呼!嗣王祗厥身,念哉!圣谟洋洋[1],嘉言孔彰!惟上帝不常,作善,降之百祥;作不善,降之百殃。尔惟德罔小[2],万邦惟庆;尔惟不德罔大[3],坠厥宗[4]。”

译文

“啊!嗣王当以这些教导警戒自身,念念不忘呀!圣谟美好,嘉训很明显啊!上帝的眷顾不常在一家,行善事的,就赐给他百福;行不善的,就赐给他百殃。你修德不论多小,天下的人都会感到庆幸;你行不善,不论多大,也会丧失国家。”

注释 1 洋洋:美好。《孔传》说:“洋洋,美。” 2 尔惟德:《孔疏》说:“尔惟修德而为善。”罔小:不论多小。 3 尔惟不德:《孔疏》说:“谓不修德为恶也。”罔大:不论多大。 4 坠厥宗:坠,失。宗,宗庙。《孔传》:“必坠失宗庙。”这里的宗庙,指代国家。

以上第四段,勉励嗣王敬身修德。

太甲上

导读 太甲初立为君主，不遵守成汤的法典，伊尹把他放逐到桐宫，让他思过。太甲在桐宫三年，悔过自新，于是伊尹又迎接他回到亳都。自太甲初立到放于桐宫，又从桐宫回来，伊尹多次开导过他。史官记述这些重要训话，写了《太甲》三篇。太甲上篇是写把太甲放到桐宫的历史事实。它是梅氏伪古文《尚书》之七。

原文

惟嗣王不惠于阿衡[1]，伊尹作书曰："先王顾諟天之明命[2]，以承上下神祇、社稷宗庙罔不祗肃[3]。天监厥德，用集大命[4]，抚绥万方[5]。惟尹躬克左右厥辟宅师[6]，肆嗣王丕承基绪[7]。惟尹躬先见于西邑夏，自周有终[8]，相亦惟终；其后嗣王罔克有终，相亦罔终。嗣王戒哉！祗尔厥辟[9]，辟不辟[10]，忝厥祖[11]。"

译文

嗣王太甲对伊尹不顺从，伊尹作书给王说："先王成汤顾念天的明命是正确的，因此供奉上下神祇、宗庙社稷无不恭敬严肃。上天看到汤的善政，因此降下重大使命，使他抚安天下。我伊尹亲身能辅助君主安定人民，所以嗣王就承受了先王的基业。我伊尹亲身先见到西方夏邑的君主，用忠信取得成就，辅相大臣也取得成就；他们的后继王不能取得成就，辅相大臣也没有成就。嗣王要警戒呀！应当敬重你做君主的法则，做君主而不尽君道，将会羞辱自己的祖先。"

注释 **1** 惠：顺从。阿衡：阿，倚。衡，平。阿衡，商代官名，是说它是天下之所倚平。一说为伊尹之号。 **2** 顾諟：顾，顾念。諟，是、正确。这里用作“认为正确”的意思。 3 祗肃:敬肃。 4 集:降下。《淮南子·说山训》注:“集,下也。” 5 绥:安抚。 6 左右:帮助。辟:君主。宅师:宅,安。《礼记·郊特牲》疏:“宅,安也。”师,众人。宅师,安定众人。 7 绪:业。8 自周:自,用。周,忠信。终:成。终训成,见《国语·周语》注。下文的“终”,意义相同。 9 祗:恭敬。辟:君主,这里指君道。 10 辟不辟:君主不尽君主之道。后一“辟”字,用为动词。 11 忝:羞辱。

以上第一段,伊尹勉励太甲重视天命,认真当好国君。

原文

王惟庸罔念闻[1]。伊尹乃言曰:“先王昧爽丕显[2],坐以待旦。旁求俊彦[3],启迪后人[4]。无越厥命以自覆[5]。慎乃俭德,惟怀永图。若虞机张[6],往省括于度[7],则释;钦厥止[8],率乃祖攸行!惟朕以怿[9],万世有辞[10]。”

译文

王像往常一样不念不闻。伊尹就说:“先王在天将明未明的时刻,就思考国事,坐着等待天明。又遍求俊彦的臣子,开导后人。您不要忘记先祖的教导以自取灭亡。要慎行俭约的美德,怀着长久的计谋。好像虞人张开了弓,还要去察看箭尾与瞄准器才发射一样;您要重视自己的目的,遵行您的祖先的措施!这样我就高兴了,千秋万世您将会得到美好的声誉。”

注释 1 庸:常。 2 昧爽:昧,昏暗。爽,明亮。昧爽,指将明未明的时刻。丕:乃。显:通“宪”,思也。《诗·假乐》“显显”,《礼记·中庸》引作“宪宪”。孔子弟子原宪,字子思,可见宪有思义。 3 彦:美士曰彦。4 启迪:启,开。迪,导、引导。启迪,今说“开导”。 5 越:失、忘记。覆:失败、灭亡。 6 虞机:虞人之机。主管山林的人叫虞人。机,弓弩上的发射机关。 7 括:矢括,箭末扣弦处。于:与。连词。度:瞄准器。 8 止:

至、到。《诗·泮水》传:“止,至也。”引申为所到的地方、目的。这里是用引申义。 9 怿:音 yì,喜悦。 10 辞:指好的言辞、美誉。

以上第二段,伊尹又勉励太甲遵守成汤之道。

原文

王未克变。伊尹曰:“兹乃不义。习与性成,予弗狎于弗顺[1]。营于桐宫[2],密迩先王其训[3],无俾世迷[4]。”

王徂桐宫,居忧[5],克终允德[6]。

译文

太甲未能改变。伊尹对群臣说:“嗣王这样就是不义。习惯将同生性相结合,我不能轻视不顺教导的人。要在桐营造宫室,使他亲近先王的教训,莫让他终身迷误。”

嗣王去桐宫,处在忧伤的环境,能够成就诚信的美德。

注释 1 狎:轻忽,轻视。 2 桐:地名,在今河南虞城县东北。 3 迩:近。 其:相当于“之”。 4 世:终生,一世。 5 居忧:居于忧患的境遇。一说为执行丧礼。《孔传》“居忧位”,《孔疏》说:“谓服治丧礼也。” 6 终:成。允:诚信。允德,诚信之德,就是上文“自周有终”之周,《孔传》说:“周,忠信也。”

以上第三段,叙述太甲不顺伊尹的教导,伊尹把他放到桐宫的事。

太甲中

导读　本篇是记叙伊尹迎接太甲回到亳都以后对太甲的教导，为梅氏伪古文《尚书》之八。

原文

惟三祀十有二月朔，伊尹以冕服奉嗣王归于亳[1]。作书曰："民非后，罔克胥匡以生[2]；后非民，罔以辟四方[3]。皇天眷佑有商[4]，俾嗣王克终厥德[5]，实万世无疆之休！"

译文

三年十二月朔日，伊尹戴着礼帽穿着礼服迎接嗣王太甲回到亳都。作书告王说："人民没有君主，不能互相匡正而生活；君主没有人民，无法治理四方。上天顾念帮助商家，使嗣王能成就君德，实在是商家万代无疆之美啊！"

注释　1 冕服：古代王侯、卿大夫的礼帽礼服。冕，王冠、礼帽。　2 胥匡：胥，相。匡，正、救助。　3 辟四方：辟，君。用作动词，治理的意思。4 眷佑：眷，顾念。佑，帮助。　5 克终：克，能。终，成就。

以上第一段，伊尹欢迎太甲之辞。

原文

王拜手稽首[1]，曰："予小子不明于德，自厎不类[2]。欲败度，纵败礼，以速戾于厥躬[3]。天作孽[4]，犹可违；自作孽，不可逭[5]。

译文

嗣王拜跪叩头说："我小子不明于德行，自己招致不善。多欲就败坏法度，放纵就败坏礼节，因此给自身招来了罪过。上天造成的灾祸，还可回避；自己造成的灾祸，不可逃脱。以前我既往背师保之训，弗克于厥初[6]；尚赖匡救之德，图惟厥终。”

违背师保的教训，不能谋求于开初；还望依靠您的匡救的恩德，谋求我的好结局。”

注释 1 拜手稽首：古代最敬的跪拜礼。拜手，跪拜而头俯至手。稽首，跪拜而头俯至地。 2 底：至，致，导致。类：善。 3 速戾：速，召。戾，罪。速戾，招来罪咎。 4 孽：灾祸。 5 逭：音 huàn，逃跑。 6 克：能。“克”下省略“图”字，探下文而省。

以上第二段，太甲悔过之辞。

原文

伊尹拜手稽首，曰：“修厥身，允德协于下[1]，惟明后。先王子惠困穷[2]，民服厥命，罔有不悦。并其有邦厥邻[3]，乃曰[4]：‘徯我后[5]，后来无罚。’王懋乃德[6]，视乃烈祖[7]，无时豫怠[8]。奉先思孝，接下思恭。视远惟明，听德惟聪。朕承王之休无斁[9]。”

译文

伊尹跪拜叩头，说：“修治自身，又用诚信的美德和谐臣下，就是明君。先王成汤慈爱穷困的人民，人民服从他的教导，没有不喜悦的。连他的友邦和邻国，也这样说：‘等待我们的君主吧，我们的君主来了，就没有祸患了。’大王要勉力增进你的德行，效法你的烈祖，不可有顷刻的安乐懈怠。侍奉先人，当思孝顺；接待臣下，当思恭敬。观察远方要眼明，顺从有德要耳聪。能够这样，我享受王的幸福就会没有止境。”

注释 1 允德：允，诚信。允德，诚信之德。 2 子惠：子，通“慈”。惠，爱。子惠，即慈爱。 3 并其有邦：并，连。《词诠》：“并，连也。”有，通“友”。有邦，即友邦。 4 乃：如此，这样。《词诠》：“乃，如此也。” 5 徯：等待。

6 懋:勉力。 7 视乃烈祖:视,效法。《广雅·释诂三》:“视,效也。”烈祖,有功之祖,指成汤。烈,原作“厥”,今从《蔡传》本。 8 无时豫怠:无,不要。时,顷刻。豫,安乐。《蔡传》:“不可顷刻而逸豫怠惰也。” 9 斁:音 yì,已,止。

以上第三段,伊尹勉励太甲效法先王励精图治。

太甲下

导读　本篇记叙太甲改悔之后，伊尹再三告诫太甲，希望太甲施行德政，做一个英明的君主。这是梅氏伪古文《尚书》之九。

原文

伊尹申诰于王曰[1]："呜呼！惟天无亲[2]，克敬惟亲；民罔常怀[3]，怀于有仁；鬼神无常享[4]，享于克诚。天位艰哉[5]！

"德惟治，否德乱。与治同道，罔不兴；与乱同事，罔不亡。终始慎厥与[6]，惟明明后[7]。

"先王惟时懋敬厥德，克配上帝。今王嗣有令绪[8]，尚监兹哉！

译文

伊尹向王反复告诫说："呀！上天没有恒定的亲人，能敬天的，天就亲近；人民没有恒定归附的君主，他们归附仁爱的君主；鬼神没有恒定的享食，它们只享食于能诚信的人。处在天子的位置很不容易呀！

"用有德的人就治，不用有德的人就乱。与治者办法相同，没有不兴盛的；与乱者办法相同，没有不灭亡的。终和始都慎择自己的同事，就是英明的君主。

"先王因此勉力敬修自己的德行，所以能够匹配上帝。现在我王继续享有好的基业，希望看到这一点呀！

注释　1 申诰：申，反复。诰，告诫。　2 无亲：谓无常亲，"常"字探下文而省。　3 怀：归。《孔传》："民所归无常。"　4 享：食，指享受祭祀。《国语》注："享，食也。"　5 天位：大位，指天子之位。　6 与：指同事，共事的人。《周礼·大卜》"三曰与"注："与，谓所与共事也。"　7 明明：大明、英明。《孔疏》："重言明明，言其为大明耳。"　8 令绪：令，善。绪，业。《诗·闵官》传:“绪,业也。”

以上第一段,伊尹勉励嗣王行德,慎择贤能。

原文

“若升高,必自下;若陟遐[1],必自迩。无轻民事,惟难;无安厥位,惟危。慎终于始!

“有言逆于汝心,必求诸道[2];有言逊于汝志[3],必求诸非道。

“呜呼!弗虑胡获[4]?弗为胡成?一人元良[5],万邦以贞[6]。君罔以辩言乱旧政[7],臣罔以宠利居成功。邦其永孚于休[8]。”

译文

“如果升高,一定要从下面开始;如果行远,一定要从近处开始。不要轻视人民的事务,要想到它的难处;不要苟安君位,要想到它的危险。慎终要从开头做起啊!

“有些话不顺你的心意,一定要从道义来考求;有些话顺从你的心意,一定要从不道义来考求。

“啊呀!不思考,怎么收获?不做事,怎么成功?天子大善,天下因此而得正。君主不要使用巧辩扰乱旧政,臣下不要凭仗骄宠和利禄而安居成功。这样,国家将永久保持在美好之中。”

注释 1 陟遐:陟,行。遐,远。 2 诸:之于。 3 逊:顺。 4 胡:何,怎么。 5 一人元良:一人,指天子。《孔疏》:“一则,天子自称一人,是为谦辞,言已是人中之一耳。一则,臣下谓天子为一人,是为尊称,言天下惟一人而已。”元,大。良,善、好。 6 贞:正,纯正。《孔传》:“天子有大善,则天下得其正。” 7 辩言:巧辩之言。 8 孚:保。《说文》:“古文孚,从杀。古文保保。保保亦声。”段注本段注:“古文以孚为保保也。”

以上第二段,伊尹阐明行德的具体办法。

咸有一德

导读 太甲被放居桐宫，伊尹主持政事。太甲后来回到亳都，又亲自主持政事。伊尹年老，将回到他的私邑，恐太甲二三其德，就向王进言，以一德勉励他。一德，谓纯一不杂之德。史官记录这件事，因篇中有“咸有一德”的话，所以便以“咸有一德”名篇。本篇是梅氏伪古文《尚书》之十。按《史记·殷本纪》叙述《咸有一德》在成汤之时，而本篇则以为作于太甲之日。即以时间而论，也可证明本篇是伪作。

原文

伊尹既复政厥辟，将告归，乃陈戒于德。

曰：“呜呼！天难谌[1]，命靡常。常厥德，保厥位；厥德匪常，九有以亡[2]。夏王弗克庸德，慢神虐民。皇天弗保，监于万方，启迪有命[3]，眷求一德，俾作神主[4]。惟尹躬暨汤咸有一德，克享天心[5]，受天明命，以有九有之师，爰革夏正[6]。非天私我有商，惟天佑于一德；非商求于下民，惟民归于一德。德惟一，动罔不吉；

译文

伊尹已经把政权归还给太甲，将要告老回到他的私邑，于是陈述修德的事，告诫太甲。

伊尹说：“唉！上天难信，天命无常。经常修德，可以保持君位；不能经常修德，就会因此失掉九州。夏桀不能经常修德，怠慢神明，虐待人民。皇天不安，观察万方，开导佑助天命的人，眷念寻求纯德的君，使他作为百神之主。只有我伊尹自己和成汤都有纯一之德，能合天心，接受上天的明教，因此拥有九州的民众，于是革除了夏王的虐政。这不是上天偏爱我们商家，而是上天佑助纯德的人；不是商家求请于民，而是人民归向纯德的人。德纯一，行动起来德二三，动罔不凶。惟吉凶不僭，在人；[7] 惟天降灾祥，在德！[8]

无不吉利；德不纯一，行动起来无不凶险。吉和凶不出差错，虽然在人；上天降灾降福，却在于德啊！

注释 1 谌：信。 2 九有：九州。 3 启迪：启，开。迪，导。有命：有，通“佑”，佑助。有命，帮助天命的人。 4 神主：百神之主。 5 享：当，合。《孔传》：“享，当也。” 6 爰：于是。正：通“政”。 7 僭：差错。在人：在于人的所行。 8 祥：福，灾之反。在德：孔疏：“在德，谓为德有一不一。”

以上第一段，伊尹阐明人君当有纯一之德。

原文

“今嗣王新服厥命[1]，惟新厥德；终始惟一，时乃日新。任官惟贤材，左右惟其人[2]。臣为上为德[3]，为下为民[4]；其难其慎[5]，惟和惟一[6]。德无常师，主善为师[7]；善无常主，协于克一[8]。俾万姓咸曰：大哉！王言。又曰：一哉！王心。克绥先王之禄[9]，永厎烝民之生[10]。

译文

“现在嗣王新受天命，要更新自己的德行；始终如一而不间断，这样就会日新。任命官吏当用贤才，任用左右大臣当用忠良。大臣协助君上施行德政，协助下属治理人民；对他们要重视，要慎重，当和谐，当专一。德没有不变之法，要以主善为法；善没有不变的准则，要协合于能一。要使万姓都说：重要呀！君王的话。又说：纯一呀！君王的心。这样，就能安享先王的福禄，长久安定众民的生活。

注释 1 服：受，接受。 2 左右惟其人：左右，指大臣。惟其人，指忠良的人。《孔传》：“选左右必忠良，不忠良，非其人。” 3 臣为上为德：大臣辅助君上施行德政。《战国策·魏策》注：“为，助也。”《广雅·释诂》：

"为，施也。" 4 为下为民：帮助下属治理人民。《左传·昭公元年》注："为，治也。" 5 其难其慎：其，尚、庶几，表祈使。《蔡传》："难者，难于任用。慎者，慎于听察。" 6 惟和惟一：惟，当。《蔡传》："和者，可否相济。一者，终始如一。" 7 主善：以善为主。《国语·周语》注："主，正也。" 8 协于克一：协，合。克，能。一，纯一。《孔传》："言以合于能一为常德。" 9 绥：安。禄：福禄。 10 底：安定。《舜典》"乃言底可绩"，马融注："底，定也。" 烝：众。

以上第二段，伊尹勉励嗣王勤于修德，纯一其心。

原文

"呜呼！七世之庙，可以观德；[1] 万夫之长，可以观政。[2] 后非民罔使，民非后罔事[3]。无自广以狭人[4]，匹夫匹妇不获自尽[5]，民主罔与成厥功。"

译文

"啊呀！供奉七世祖先的宗庙，可以看到功德；万夫的首长，可以看到行政才能。君主没有人民就无人任用，人民没有君主就无处尽力。不可自大而小视人，平民百姓如果不得各尽其力，人君就得不到人跟他建立功业。"

注释 1 七世之庙，可以观德：天子的宗庙供奉七代祖先，见到七世的宗庙，就可以看到他们的功德。 2 万夫之长，可以观政：《孔疏》："万夫之长，能使其整齐，可以观知其善政也。" 3 罔事：无处尽力。《小尔雅·广诂》："事，力也。" 4 狭人：小视人。小视人则不能尽人的心力。 5 匹夫匹妇：庶民百姓。自尽：自己尽其心意。

以上第三段，伊尹勉励嗣王依靠人民，尊重人民。

盘庚上

导读 盘庚，成汤的第十世孙，祖丁的儿子，继承他哥哥阳甲的帝位，是商朝的第二十位君王。他为了避免水患，抑制奢侈的恶习，想从山东曲阜奄迁往河南安阳殷，遭到了臣民的反对。盘庚先后三次告喻臣民，终于迁徙了。《史记·殷本记》说："帝盘庚崩，弟小辛立，是为帝小辛。帝小辛立，殷复衰。百姓思盘庚，乃作《盘庚》三篇。"司马迁认为《盘庚》是小辛时的史官所追记，应当可信。《史记》和晚出《孔传》本把《盘庚》分为上、中、下三篇，伏生本和《汉石经》则是一篇。这是分合的不同，其实并无区别。上篇记录盘庚迁殷之前告诫群臣的话。

原文

盘庚迁于殷[1]。民不适有居[2]，率吁众慼出，矢言。[3]曰："我王来[4]，即爰宅于兹[5]，重我民[6]，无尽刘[7]。不能胥匡以生[8]，卜稽[9]，曰其如台[10]？先王有服[11]，恪谨天命[12]，兹犹不常宁？不常厥邑，于今五邦[13]！今不承于古[14]，罔知天之断命[15]，矧曰其克从先王之烈[16]？若颠木之有由蘖[17]，天其

译文

盘庚将把都城迁到殷。臣民不愿往那个处所，相率呼吁一些贵戚大臣出来，向他们陈述意见。臣民说："我们的君王迁来，既已改居在这里，是看重我们臣民，不使我们受到伤害。现在我们不能互相救助，以求生存，用龟卜稽考一下，将怎么样呢？先王有事，敬慎地遵从天命。这里还不能长久安宁吗？不能长久住在一个地方，到现在已经五个国都了！现在不继承先王敬慎天命的传统，就不知道老天将断绝我们的命运，更何况说能继承先王的事业呢？好像倒伏的树又长出了新枝、被砍伐的残余又发出嫩芽

永我命于兹新邑[18],绍复先王之大业[19],厎绥四方[20]。"

一样,老天将使我们的国运在这个新都奄邑延续下去,继续复兴先王的大业,安定天下。"

注释 1 迁于殷:殷,今河南安阳。迁于殷,将迁于殷。句例与《甘誓》"大战于甘"相同。杨遇夫说:"此定计决迁之辞,实为未迁也。" 2 适:往。有居:住地。有,助词。 3 率吁众慼出:率,人民相率。从姚鼐、段玉裁说,见《尚书易解》。慼,音 qī,当从《说文》作"戚",贵戚大臣。矢:陈,陈述。 4 我王:指南庚。王船山说:"《盘庚》所谓我王来者,谓南庚来奄,非谓祖乙来耿也。"见《书经稗疏》卷三。 5 爰:易,改。宅:居住。兹:这里,指奄。 6 重:重视。江声说:"重,厚,厚待之也。" 7 刘:伤害。《尔雅·释诂》:"刘,杀也。" 8 胥:相。匡:救助。 9 卜稽:稽,考。卜稽,卜而考之。《周礼·大卜》:"国大迁,大师,则贞龟。" 10 曰:语首助词。其:将。如台:如何,怎样。台,音 yí。 11 服:事。见《释诂》。 12 恪:音 kè,恭敬。谨:慎。 13 五邦:杨遇夫说:"五邦,中丁迁嚣,一也;河亶甲迁相,二也;祖乙迁耿,三也;耿圮迁庇,四也;南庚迁奄,五也。中丁迁嚣,河亶甲迁相,祖乙居庇,南庚迁奄,并见古本《竹书纪年》,祖乙圮于耿,见《书序》。" 14 承:继承。古:指先王恪谨天命。 15 断命:断绝我命。 16 矧:音 shěn,况且。烈:事业。 17 颠:倒仆。由:倒木新生的枝条。蘖:音 niè,树被砍伐后长出的新芽。 18 新邑:指奄。杨遇夫说:"合计南庚、阳甲、盘庚三王居奄之时月,不过二十一二年,故殷民仍称奄为新邑也。"见《尚书说》。 19 绍:继续。复:兴复。 20 厎:定。绥:安。

原文

盘庚敩于民[1],由乃在位以常旧服、正法度[2]。曰:

译文

盘庚开导臣民,又教导在位的大臣遵守旧制、正视法度。他说:"不

“无或敢伏小人之攸箴[3]！”王命众[4]，悉至于廷。

允许有人敢凭借小民的谏诫，反对迁都！”于是，王命令众人，都来到朝廷。

注释 1 斅：音xiào。教，开导。 2 由：《方言》：“正也。”乃：《经传释词》：“乃，犹‘其’也。”常：遵守。《诗·閟宫》“鲁邦是常”，郑玄说：“常，守也。”旧服：旧制。正法度：以法度为正，正视法度。 3 或：有人。伏：凭借。见《西京赋》薛综注。攸：所。箴：规劝。小人所箴，即指上文所引不欲迁徙者之言。 4 众：群臣。王先谦说：“《经》言众，皆谓群臣。”

以上第一段，记叙殷民反对迁都的理由。

原文

王若曰：“格汝众[1]，予告汝训汝。猷黜乃心[2]，无傲从康[3]。古我先王，亦惟图任旧人共政[4]。王播告之修[5]，不匿厥指[6]，王用丕钦[7]。罔有逸言[8]，民用丕变。今汝聒聒[9]，起信险肤[10]，予弗知乃所讼[11]。

译文

王这样说：“来吧，你们各位，我要告诉你们，开导你们。可克制你们的私心，不要傲上求安。从前我们的先王，也只是谋求任用旧臣共同管理政事。施行先王的教令，他们不隐瞒教令的旨意，先王因此敬重他们。他们没有错误的言论，百姓们因此也大变了。现在你们拒绝我的好意，自以为是，起来申说危害虚浮的言论，我不知道你们争辩的意图。

注释 1 格：来。 2 猷：可。黄以周说：“猷，犹可也。”见《尚书启幪》。黜：降。乃：你们的。黜心，望群臣降心相从。 3 无：不要。傲：傲上。从康：从，追求。康，安乐。 4 旧人：长期在位的人。共政：共同管理政事。 5 王：先王。播告之修：播告，指教令。播告之修，黄式三说：“谓修明王之教令也。” 6 匿：隐瞒。指：通“旨”，意旨。 7 丕：大。钦：敬重。 8 逸：

过。见《尔雅·释言》。 9 聒聒:音 guō。马融说:“拒善自用之意。”是说拒绝好意而自以为是。 10 起:兴起。信:通“申”。申说。险:险恶。肤:虚浮。 11 讼:争辩。

原文

“非予自荒兹德[1],惟汝含德,不惕予一人。[2]予若观火,予亦拙谋作[3],乃逸[4]。若网在纲[5],有条而不紊[6];若农服田[7],力穑乃亦有秋[8]。汝克黜乃心[9],施实德于民[10],至于婚友[11],丕乃敢大言汝有积德[12]。乃不畏戎毒于远迩[13],惰农自安,不昏作劳[14],不服田亩,越其罔有黍稷[15]。

译文

“并不是我自己放弃了任用旧人的美德,而是你们包藏好意而不施给我。我对当前形势像看火一样地清楚,我如果又不善于谋划和行动,那就错了。好像把网结在纲上,才能有条理而不紊乱;好像农民从事田间劳动,努力耕种,才会大有收成。你们能克制私心,把实际的好处施给百姓,以至于亲戚朋友,于是才敢扬言你们有积德,如果你们不怕远近会出现大灾害,像懒惰的农民一样自求安逸,不努力操劳,不从事田间劳动,就会没有黍稷。

注释 1 荒:废弃。兹德:这种美德。指任用旧人的美德。 2 含:怀,藏。惕:通“施”。《白虎通》引作“施”。俞樾说。予一人:盘庚自称。 3 谋作:谋划和劳作。 4 乃:则。逸:过错。 5 纲:网的总绳。 6 紊:乱。 7 服:治,作。 8 穑:收获,泛指耕种。秋:收成。 9 黜:降,降低。乃心:你们的傲慢之心。 10 实德:曾运乾说:“不迁为顺民之虚名,迁则为惠民之实德也。” 11 婚:姻亲,指亲戚。 12 丕乃:《词诠》:“丕乃,犹言于是。” 13 乃:若,如果。戎毒:戎,大。毒,害。指大水的灾害。迩:近。 14 昏:加强。《尔雅·释诂》:“昏,强也。” 15 越其:于是就。《经传释词》:"越其,犹爰乃也。"

原文

"汝不和吉言于百姓[1],惟汝自生毒[2],乃败祸奸宄[3],以自灾于厥身。乃既先恶于民[4],乃奉其恫[5],汝悔身何及?相时憸民[6],犹胥顾于箴言,其发有逸口[7],矧予制乃短长之命[8]?汝曷弗告朕[9],而胥动以浮言,恐沈于众[10]?若火之燎于原,不可向迩,其犹可扑灭?则惟汝众自作弗靖[11],非予有咎。

译文

"你们不向老百姓宣布我的善言,这是你们自生祸害,即将发生灾祸邪恶,而自己害自己。假若已经引导人们做了坏事,而又承受那些痛苦,你们悔恨自己又怎么来得及?看看这些小人吧,他们尚且顾及规劝的话,顾及发出错误言论,何况我掌握着你们或短或长的生命呢?你们为什么不告诉我,却用些无稽之谈互相鼓动,恐吓煽动民众呢?好像大火在原野上燃烧一样,不能向它靠近,还能够扑灭吗?这都是你们众人自己做了不好的事,不是我有过错。"

注释 **1** 和:宣,宣布。俞樾说。 **2** 毒:祸害。 **3** 败:危败。祸:灾祸。奸:在外作恶。宄:在内作恶。 **4** 先:倡导。《礼记·郊特牲》注:"先谓倡导之也。" **5** 奉:承受。恫:痛苦。《尔雅·释言》:"恫,痛也。" **6** 相:看。时:通"是",这些。民:《蔡传》说:"小民也。" **7** 逸口:错误言论。《蔡传》说:"过言也。"黄式三说:"小人犹顾畏箴言之来于人,逸口之发于己。" **8** 制:掌握。短长之命:或短或长的生命。 **9** 曷:何,为什么。 **10** 恐:恐吓。沈:通"扰"。黄式三说:"沈、扰通。告言不正以惑之也。言恐吓扰惑乎众也。" **11** 靖:善。

以上第二段,记盘庚责备群臣不遵旧制。

原文

“迟任有言曰[1]:‘人惟求旧,器非求旧,惟新。’古我先王暨乃祖乃父胥及逸勤[2],予敢动用非罚[3]?世选尔劳[4],予不掩尔善[5]。兹予大享于先王[6],尔祖其从与享之[7]。作福作灾,予亦不敢动用非德[8]。

译文

“迟任说过:‘人要寻求旧的,器物不要寻求旧的,要新。’过去我们的先王同你们的祖辈父辈共同勤劳,共享安乐,我怎么敢对你们施行不恰当的刑罚呢?世世代代都会说到你们的功劳,我不会掩盖你们的好处。现在我要祭祀我们的先王,你们的祖先也将跟着享受祭祀。赐福降灾,我也不敢动用不恰当的赏赐或惩罚。

注释　1 迟任:郑玄说:“迟任,古之贤史。” 2 暨:与,和。胥:相。逸勤:安乐、勤劳。 3 非罚:不当的惩罚。 4 选:《孔传》说:“数也。”谓数说。劳:劳绩。 5 掩:掩蔽。 6 享:祭祀。 7 尔祖其从与享之:古代天子祭祀祖先,也让功臣的祖先同时享受祭祀。 8 非德:不当的恩惠。

原文

“予告汝于难,若射之有志[1]。汝无侮老成人[2],无弱孤有幼[3]。各长于厥居[4],勉出乃力,听予一人之作猷[5]。无有远迩,用罪伐厥死[6],用德彰厥善[7]。邦之臧[8],惟汝众;邦之不臧,惟予一人有

译文

“我在患难的时候告诉你们,要像射箭有箭靶一样,你们不能偏离我。你们不要轻视成年人,也不要看不起年幼的人。你们各人领导着自己的封地,要努力使出你们的力量,听从我一人的谋划。没有远和近的分别,我用刑罚惩处那些坏的,用赏赐表彰那些好的。国家治理得好,是你们众人的功劳;国家治

佚罚[9]。

“凡尔众，其惟致告[10]：自今至于后日，各恭尔事[11]，齐乃位[12]，度乃口[13]。罚及尔身，弗可悔。”

理得不好，是我有过有罪。

“你们众人，要思考我告诫的话：从今以后，各人履行你们的职务，摆正你们的职位，闭上你们的口，不许乱说。否则，惩罚到你们身上，后悔也不可能啊！”

注释　1 志：射箭的标志，即箭靶。　2 侮老：轻视。《唐石经》作“老侮”。　3 弱孤：王引之说：“弱孤连言，以为孤弱而轻忽之也。”有：助词。　4 长：为长，为领导。厥居：居住的地方，指各自的封邑。　5 作猷：所作所谋。江声说：“作，为。猷，谋也。”　6 罪：刑罚。死：恶。说见《尚书易解》。　7 德：罪罚之反，奖赏。彰：表彰。　8 臧：善。　9 佚罚：罪过。佚，《周语》作“逸”，韦昭注：“逸，过也。罚，犹罪也。”　10 惟：思。致告：致，传达。告，告诫。　11 恭尔事：履行你们的职务，戒毋从康。　12 齐乃位：齐，正，摆正。位，职位。正尔职位，言当若网在纲，戒毋傲上。　13 度乃口：度，通“敳”，闭也。闭乃口，闭住你们的口。

以上第三段，记盘庚对群臣申明赏罚。

盘庚中

导读 中篇是记录盘庚将迁时告诫臣民的话。

原文

盘庚作[1]，惟涉河以民迁[2]。乃话民之弗率[3]，诞告用亶[4]。其有众咸造[5]，勿亵在王庭[6]。盘庚乃登，进厥民。

译文

盘庚做了君主以后，计划渡过黄河带领臣民迁移。于是，集合了那些不服从的臣民，用至诚普告他们。那些臣民都来了，还没有靠近王庭。盘庚于是登上高处，招呼他们靠前一些。

注释 **1** 作：立为君。与《易》"神农氏作""黄帝尧舜氏作"同。黄式三说。 **2** 惟：谋。涉：渡。奄在河之南，殷在河之北，所以要渡河。 **3** 话：会合。《说文》："话，会合善言也。"率：循。 **4** 诞：大。亶：诚。 **5** 有：助词。咸：都。造：到。 **6** 勿亵：亵，近。孙星衍云："言未近在王廷。"

原文

曰："明听朕言，无荒失朕命[1]！呜呼！古我前后，罔不惟民之承保[2]。后胥慼鲜[3]，以不浮于天时[4]。殷降大虐[5]，先王不怀厥攸作[6]，视民利用迁[7]。汝曷弗念我古后之闻？承汝俾汝惟喜康

译文

盘庚说："你们要听清楚我的话，不要忽视我的命令！啊！从前我们的先王，没有谁不想顺承和安定人民。君王清楚大臣也明白，因此没有被天灾所惩罚。从前上天盛降大灾，先王不安于自己所作的都邑，考察臣民的利益而迁徙。你们为什么不想想我们先王的这些传闻呢？我顺从你们喜欢安乐和稳定的心

原文	译文
共[8]，非汝有咎比于罚[9]。予若吁怀兹新邑[10]，亦惟汝故，以丕从厥志？[11]	愿，反对你们有灾难而陷入刑罚。我若呼吁你们安居在这个新都，也是关心你们的祸灾，并且永遵先王的意愿吗？

注释 1 荒：废。失：通“佚”，《说文》：“佚，忽也。”轻忽的意思。2 罔不惟民之承保：江声说：“当读至‘保’字断句。保，安也。言前后无不承安其民也。” 3 胥：古“谞”字。章太炎《文始》五说：“凡古言谞者，今言清楚，或言清爽。”感：通“戚”。贵戚大臣。鲜：明。后胥戚鲜，言君主清楚、贵戚明白。 4 浮：《小尔雅·广言》：“浮，罚也。” 5 殷降：殷，盛。降，下。谓天盛降。虐：灾。指洪水的灾害。 6 怀：安。攸作：所作，指所作之居邑。 7 视民利用迁：言视民利所在以迁徙。用，以。 8 承：顺。俾：从。康：安康。共：通“拱”，《广雅》：“拱，固也。”俞樾说。 9 非：反对。咎：过错。比：入，陷入。 10 吁：呼吁。怀：安。新邑：指奄。 11 惟：思念。故：灾祸，见《周礼·宫正》注。丕：大。从：遵从。厥志：先王保民之志。按：“亦惟”九字，是反问句，省略了“乎”字。意思是，也是思念你们的灾祸而永遵先王保民之志吗？

以上第一段，盘庚说明迁都是继承先王保民的志愿。

原文	译文
“今予将试以汝迁，安定厥邦。汝不忧朕心之攸困，乃咸大不宣乃心[1]，钦念以忱动予一人[2]。尔惟自鞠自苦[3]，若乘舟，汝弗济，臭厥载[4]。尔忱不属[5]，惟胥	“现在我打算率领你们迁移，使国家安定。你们不忧虑我内心的困苦，你们的心竟然都很不和顺，很想用些不正确的话来动摇我。你们自己搞得走投无路，自寻烦恼，譬如坐在船上，你们不渡过去，这将会坏事。你们诚心不合作，那就只有一起沉下去。不能前进，只是自己

以沉[6]。不其或稽[7]，自怒曷瘳[8]？汝不谋长以思乃灾，汝诞劝忧[9]。今其有今罔后[10]，汝何生在上？

“今予命汝一[11]，无起秽以自臭[12]，恐人倚乃身，迂乃心[13]。予迓续乃命于天[14]，予岂汝威，用奉畜汝众[15]。

怨怒，又有什么好处呢？你们不作长久打算，不想想灾害，你们普遍安于忧患。这样下去，将会有今天而没有明天了，你们怎么能生活在这个世上呢？

“现在我命令你们同心同德，不要传播谣言来败坏自己，恐怕有人会使你们的身子不正，使你们心地歪邪。我向上天劝说延续你们的生命，我哪里是要虐待你们啊，我是要帮助你们、养育你们众人。

注释 1 宣：孙星衍读为“和”，和协。 2 钦：甚。见《尚书易解》。忱：读为“扰”，不正的话。庄述祖说。 3 鞠：穷困。 4 臭：朽。《广雅》：“朽，败也。”载：事。 5 忱：诚。属：合。《礼记·经解》注：“属，犹合也。” 6 胥以：相与。 7 不其或稽：其，助词。或，克。稽，当依汉石经作“迪”，进也。不其或迪，言不能前进。 8 曷：何，怎么。瘳：音chōu，病好了。 9 劝：乐，安于。《吕览·适威》注：“劝，乐也。” 10 其：将。有今罔后：罔，无。无后，言将死亡。 11 一：同心一志。 12 起秽：扬起污秽，比喻传播谣言。 13 倚乃身：使你们身子不正。倚，偏斜。迂乃心：使你们思想歪斜。迂，邪，歪斜。 14 迓：《匡谬正俗》引作“御”。《曲礼》注：“劝侑曰御。”这里是劝请的意思。 15 奉：助。畜：养。

以上第二段，盘庚说明迁都是为了拯救臣民，安定国家。

原文

“予念我先神后之劳尔先[1]，予丕克羞尔用怀

译文

“我想到我们神圣的先王曾经烦劳你们祖先，我不能使你们前进以安

尔[2],然失于政,陈于兹[3],高后丕乃崇降罪疾[4],曰:'曷虐朕民[5]?'汝万民乃不生生[6],暨予一人猷同心[7],先后丕降与汝罪疾,曰:'曷不暨朕幼孙有比[8]?'故有爽德[9],自上其罚汝[10],汝罔能迪[11]。

"古我先后既劳乃祖乃父,汝共作我畜民[12],汝有戕则在乃心[13]!我先后绥乃祖乃父[14],乃祖乃父乃断弃汝[15],不救乃死。兹予有乱政同位[16],具乃贝玉[17]。乃祖乃父丕乃告我高后曰:'作丕刑于朕孙!'迪高后丕乃崇降弗祥[18]。

定你们,而耽误政事,长久居住在这里,先王就会重重地降下罪疾,问道:'为什么虐待我的臣民?'你们万民如果不去谋生,不和我同心同德,先王也会对你们降下罪责,问道:'为什么不同我的幼孙亲近友好?'因此,有了过错,上天就将惩罚你们,你们不能长久。

"从前我们的先王已经烦劳你们的祖先和父辈,你们都作为我养育的臣民,你们内心却又怀着恶念!我们的先王将会告诉你们的祖先和父辈,你们的祖先和父辈就会断然抛弃你们,不会挽救你们的死亡。现在我有乱事的大臣,聚集财物。你们的祖先和父辈于是就会告诉我们的先王说:'对我们的子孙用大刑吧!'于是,先王就会重重地降下刑罚。

注释 1 神后:神圣的君主。 2 丕:当依汉石经作"不"。羞尔:羞,进也。羞尔,使你们前进。 3 陈:居处。《周礼·内宰》注:"陈,犹处也。" 4 丕乃:于是就。崇:重。 5 曷:何,为什么。虐:虐待。 6 乃:若。生生:营生。《庄子·大宗师》"生生者不生"崔注:"常营其生为生生。"孙星衍说。 7 猷:谋求。 8 幼孙:盘庚自指。有比:亲近。 9 爽:差错。 10 上:上天。 11 迪:读为"攸",长也。孙星衍说。 12 作:为。畜:养。 13 有:又。戕:残害。则:通"贼",害。 14 绥:曾运乾说:"绥,安也。引伸之,安人以言亦曰绥。下文'绥爰有众',即'告于有众'

也。” 15 断:断然。 16 乱政:乱政之臣。同位:同事。 17 乃:其。贝玉:贝和玉,指财物。 18 迪:语首助词。崇:重。

以上第三段,盘庚说明离心失德,将受到先祖的惩罚。

原文

“呜呼!今予告汝:不易[1]!永敬大恤[2],无胥绝远[3]!汝分猷念以相从[4],各设中于乃心[5]。乃有不吉不迪[6],颠越不恭[7],暂遇奸宄[8],我乃劓殄灭之[9],无遗育[10],无俾易种于兹新邑[11]。

“往哉生生!今予将试以汝迁,永建乃家。”

译文

“啊!现在我告诉你们:不要轻举妄动!要永远警惕大的忧患,不要互相疏远!你们应当考虑顺从我,各人心里都要和和善善。假如有人不善良,不走正道,违法不恭,欺诈奸邪,胡作非为,我就要断绝消灭他们,不留他们的后代,不让他们在这个新国都里延续种族。

“去吧,去谋生吧!现在我将率领你们迁徙,永久建立你们的家园。”

注释 1 易:轻易。 2 敬:警,警戒。庄述祖说:“敬,当读‘儆’,戒也。”恤:忧患。 3 胥:相。绝远:隔绝疏远。 4 分:当。见《文选·神女赋》注。猷:谋。 5 中:和。见《说文》。 6 乃:若。吉:善。迪:道,正路。 7 颠:陨,坠落。越:越轨,违法。 8 暂:王引之读为“渐”,欺诈。遇:王引之读为“隅”,奸邪。 9 劓:同“剿”。《广雅·释诂》:“剿,断也。”孙星衍说。殄:灭绝。 10 育:王引之读为“胄”,后代。 11 俾:使。易:延续。王引之说:“易,延也。”种:种族。

以上第四段,盘庚发布禁令。

盘庚下

导读　下篇是记录盘庚迁殷之后告诫臣民的话。

原文

盘庚既迁，奠厥攸居[1]，乃正厥位，绥爰有众[2]。

曰："无戏怠，懋建大命[3]！今予其敷心腹肾肠[4]，历告尔百姓于朕志[5]。罔罪尔众，尔无共怒，协比谗言予一人[6]。

译文

盘庚迁都以后，定好住的地方，才决定宗庙朝廷的位置，然后告诫众人。

盘庚说："不要戏乐、懒惰，努力传达我的教命吧！现在我将披肝沥胆把我的意思告诉你们各位官员。我不会惩罚你们众人，你们也不要一起发怒，联合起来，毁谤我一个人。

注释　1 奠：定。攸：所。　2 绥：告诉。爰：于。有：助词。　3 懋：勉力。建：布告。《周礼·天官冢宰·小宰》"掌建邦之宫刑"郑注："建，明布告之。"　4 敷：布。布心腹肾肠，即披肝沥胆的意思。　5 历：数说。百姓：百官。于：以。　6 协比：协同一致。

原文

"古我先王将多于前功[1]，适于山[2]。用降我凶[3]，德嘉绩于朕邦[4]。今我民用荡析离居[5]，罔有定极[6]，尔谓朕曷震动万民以迁[7]！肆上帝将

译文

"从前我们的先王想光大前人的功业，迁往山地。因此减少了洪水给我们的灾祸，在我国获得了好效果。现在我们的臣民由于洪水动荡奔腾而流离失所，没有固定的住处，你们反而问我为什么要惊动众人迁徙！现在上帝要兴复我们高祖的

复我高祖之德[8],乱越我家[9]。朕及笃敬[10],恭承民命[11],用永地于新邑[12]。肆予冲人[13],非废厥谋[14],吊由灵各[15];非敢违卜,用宏兹贲[16]。

美德,光大我们的国家。我急切、笃实、恭谨,奉命延续你们的生命,率领你们长远居住在新都。所以我这个年轻人,不是废弃你们的谋划,是要善于遵行上帝的考虑;不是敢于违背卜兆,是要发扬光大上帝这一美好的指示。

注释 1 将:欲。见《广雅·释诂》。多:读为"侈",光大的意思。吴汝纶说。前功:前人的功劳。 2 适:往,迁往。 3 用:因此。降:减少。凶:灾祸。 4 德:升。见《说文》。 5 荡析:荡泆。段玉裁说:"荡泆者,动荡奔突而出。" 6 极:止。 7 曷:何,为什么。震动:惊动。 8 肆:今。将:欲。 9 乱:助词。越:扬。《释言》:"越,扬也。" 10 及:汲汲。《公羊传·隐公元年》传云:"及,犹汲汲也。" 11 承:续,延续。 12 用:率领,见《词诠》。永地:永久居住。地字用作动词。 13 肆:故。冲人:年幼的人,盘庚自指。 14 厥谋:你们的谋划。 15 吊:善。灵各:灵,神,指上帝。各,读为格,《仓颉篇》:"格,量度也。"吊由灵各,谓善用上帝的谋度。见《尚书易解》。 16 宏:宏扬。贲:美。

以上第一段,解除臣民的疑惧心理。

原文

"呜呼!邦伯师长百执事之人[1],尚皆隐哉[2]!予其懋简相尔念敬我众[3]。朕不肩好货[4],敢恭生生[5]。鞠人谋人之保居[6],叙钦[7]。今我

译文

"啊!各位诸侯、各位官长以及全体官员,你们都要考虑考虑啊!我将要尽力考察你们惦念尊重我们民众的情况。我不会任用贪财的人,只任用经营民生的人。对于那些能养育民众并能谋求他们安居的人,我将依次敬重他们。现在

既羞告尔于朕志若否[8]，罔有弗钦！无总于货宝[9]，生生自庸[10]！式敷民德[11]，永肩一心[12]！”	我已经把我心里的好恶告诉你们了，不要有不敬慎的！不要聚敛财宝，要经营民生以自立功勋！应当把恩惠施给民众，永远能够与民众同心！”

注释 1 邦伯：邦国之长，指诸侯。师长：众位官长。百执事：执行政事的众位官员。 2 尚：庶几，表祈使。隐：度，考虑。 3 懋：勉力。简相：简，阅。相，视。简相，视察。 4 肩：任用。好货：喜好财货的官吏。 5 恭：举用。生生：营生的人。 6 鞠：养，抚养。保：安。 7 叙：次序。钦：敬。 8 羞：进。若否：顺与否。 9 总：聚敛。 10 庸：功，谓建功。 11 式：应当。 敷：施。德：恩惠。 12 肩：克，能够。

以上第二段，申明自己的好恶。

说命上

导读 《史记·殷本纪》记载:殷王武丁即位,想复兴殷国,没有得到贤相。他把政事交给冢宰,三年不言,以考察国家的风俗。一天夜间,武丁梦见一位圣人名叫说,于是将梦中所见的形象来对照群臣百官,都不像。又派遣官员到城外去寻找,终于在傅险之中找到了。这个人在傅险中筑土。于是领他进见武丁,武丁说,正是的。武丁同他谈论,果然是一位圣人。武丁用他做宰相,殷国大治。《说命》共三篇,记录的全是关于傅说的命辞或讲话,所以叫《说命》。本篇记叙武丁得到傅说后命他为相之辞和傅说的答辞。是梅氏伪古文《尚书》之十一。

原文

王宅忧[1],亮阴三祀[2]。既免丧,其惟弗言[3]。群臣咸谏于王曰:"呜呼!知之曰明哲,明哲实作则[4]。天子惟君万邦[5],百官承式。王言惟作命,不言,臣下罔攸禀令。"

王庸作书以诰曰[6]:"以台正于四方[7],惟恐德弗类[8],兹故弗言。恭默思道,梦帝赉予良弼[9],其代予言。"乃审厥象,俾以形旁求于天下[10]。说筑傅岩

译文

高宗居父丧,信任冢宰默默不言,已经三年。免丧以后,他还是不论政事。群臣都向王进谏说:"啊!通晓事理的叫做明哲,明哲的人实可制作法则。天子统治万邦,百官承受法式。王的话就是教命,王不说,臣下就无从接受教命。"

王因作书告喻群臣说:"要我做四方的表率,我惟恐德行不好,所以不发言。我恭敬沉默思考治国的办法,梦见上帝赐给我贤良的辅佐,他将代替我发言。"于是详细画出了他的形像,使人拿着图像到天下普遍寻找。傅说

之野[11],惟肖[12]。爰立作相[13],王置诸其左右[14]。

在傅岩之野筑土,同图像相似。于是立他为相,王把他设置在左右。

注释 1 王宅忧:王,指武丁。宅,居。忧,指父丧。武丁居父亲小乙之丧。 2 亮阴:信默,信任冢宰默而不言。马融说:"亮,信也。阴,默也。为听于冢宰,信默而不言。"《孔传》解释相同。郑玄读为"梁暗",解为居丧之庐。今从马说。祀:年。 3 其惟弗言:《孔传》:"犹不言政。" 4 则:法则。 5 君:用作动词,统治的意思。 6 庸:用。 7 台:音 yí,我。 8 类:善。 9 赉:音 lài,与。良弼:贤良的辅臣。 10 旁:普遍。 11 傅岩:地名。《孔传》:"傅氏之岩,在虞、虢之界。"按虞,今山西平陆县一带。虢,今河南三门峡市陕州区一带。 12 肖:相似。《孔传》:"肖,似。似所梦之形。" 13 爰:于是。 14 诸:之于。

以上第一段,叙述武丁请傅说为相的经过。

原文

命之曰:"朝夕纳诲[1],以辅台德[2]!若金[3],用汝作砺[4];若济巨川,用汝作舟楫[5];若岁大旱,用汝作霖雨[6]。启乃心[7],沃朕心[8]!若药弗瞑眩[9],厥疾弗瘳[10];若跣弗视地[11],厥足用伤。惟暨乃僚,罔不同心以匡乃辟,俾率先王,迪我高后[12],以康兆民[13]。

"呜呼!钦予时命[14],其

译文

王命令他说:"请早晚进谏,以帮助我修德吧!比如铁器,要用你作磨石;比如渡大河,要用你作船和桨;比如年岁大旱,要用你作霖雨。敞开你的心泉来灌溉我的心吧!比如药物不猛烈,疾病就不会好,比如赤脚而不看路,脚因此会受伤。希望你和你的同僚,无不同心来匡正你的君主,使我依从先王,追随成汤,来安定天下的人民。

"啊!重视我的这个命令,要考

惟有终[15]！”

虑取得成功！”

注释 1 朝夕纳诲：纳诲，进赐教诲之言。《蔡传》：“‘朝夕纳诲’者，无时不进善言也。” 2 台：音 yí，我。 3 金：金属工具，指铁器。 4 砺：磨石。《孔传》：“铁须砺以成利器。” 5 舟楫：楫，划船的桨。《孔传》：“渡大水待舟楫。” 6 霖：连续三天的雨。《孔传》：“霖，三日雨，霖以救旱。” 7 启乃心：启，开。乃，你的。敞开你的心。 8 沃：灌溉、滋润。 9 瞑眩：音 mián xuàn，眼睛昏花，服了药物，使眼睛昏花，形容药物猛烈。《孔疏》：“瞑眩者，令人愤闷之意也。” 10 瘳：音 chōu，病好了。 11 跣：音 xiǎn，赤脚。 12 迪：蹈，踏。这里作“追随”解。高后：指成汤。 13 康：安定。 14 钦：敬。时：通“是”，这。 15 其：表祈使。惟：思，考虑。有：取得。《玉篇》：“有，得也，取也。”终：成。

以上第二段，记武丁命相之辞。

原文

说复于王曰：“惟木从绳则正[1]，后从谏则圣。后克圣，臣不命其承[2]，畴敢不祗若王之休命[3]？”

译文

傅说向王答复说：“木依从绳墨砍削就会正直，君主依从谏言行事就会圣明。君主能够圣明受谏，臣下不待教命犹将承意进谏，谁敢不恭敬顺从我王的美好教导呢？”

注释 1 绳：指木工的绳墨。 2 不命其承：承，承意。不等待命令就会承意进行。《孔传》：“君能受谏，则臣不待命其承意而谏之。” 3 畴：谁。祗：敬。若：顺。

以上第三段，记傅说答武丁之辞。

说命中

【导读】 本篇记录了傅说对高宗的建议和他们之间的对话。傅说的建议是根据当时的政治情况，对症下药。他说：树立君臣上下，不是为了逸豫，而是为了治民。这真是医治天下君臣的良好药方。在对话中，傅说强调了"非知之艰，行之惟艰"的主张，对后人也富有指导意义。这是梅氏伪古文《尚书》之十二。

【原文】

惟说命总百官[1]，乃进于王曰："呜呼！明王奉若天道[2]，建邦设都，树后王君公[3]，承以大夫师长[4]，不惟逸豫，惟以乱民[5]。惟天聪明，惟圣时宪[6]，惟臣钦若[7]，惟民从乂。惟口起羞[8]，惟甲胄起戎[9]，惟衣裳在笥[10]，惟干戈省厥躬[11]。王惟戒兹！允兹克明，乃罔不休。

【译文】

傅说接受王命总理百官，于是向王进言说："啊！古代明王承顺天道，建立邦国，设置都城，树立侯王君公，又以大夫众长辅佐他们，这不是为了逸乐，而是用来治理人民。上天聪明公正，圣主效法它，臣下敬顺它，人民就顺从治理了。号令轻出会引起羞辱；甲胄轻用会引起战争；衣裳放在箱子里不用来奖励，会损害自己；干戈藏在府库里不用来讨伐，会伤害自身。王应该警戒这些！这些真能明白，政治就无不美好了。

【注释】 1 总百官：总理百官之职，指在冢宰之位。 2 奉若：奉，承受。若，顺从。 3 树：立。后王：侯王。君公：诸侯。 4 承：佐。《左传·哀公十八年》注："承，佐也。" 5 乱：治理。 6 时宪：时，通"是"，代词。宪，法。时宪,效法它。 7 钦若:钦,敬。若,顺。 8 惟口起羞:《孔疏》:“惟口出令不善以起羞辱。”言不可轻出号令。 9 惟甲胄起戎:甲,铠甲。胄,首铠,即头盔。《孔疏》:“惟甲胄伐非其罪以起戎兵。”此言不可轻易用兵。 10 衣裳在笥:笥,箱子。在笥,言不用来奖给功臣。此文未完,当是“衣裳在笥,省厥躬”,与下文互文见义。 11 干戈省厥躬:干戈,当谓干戈在库,与上文互文见义。省,通“眚”,《释文》:”一本作眚。”眚,灾祸、伤害。全句是说,干戈在库而不用来止暴禁兵,将伤害自身。参见《孔疏》。

以上第一段,傅说阐述治民要道。

原文

“惟治乱在庶官。官不及私昵[1],惟其能;爵罔及恶德[2],惟其贤。虑善以动,动惟厥时。有其善,丧厥善;矜其能,丧厥功。惟事事[3],乃其有备,有备无患。无启宠纳侮[4],无耻过作非[5]。惟厥攸居[6],政事惟醇[7]。

“黩于祭祀[8],时谓弗钦。礼烦则乱,事神则难。”

译文

“治和乱在于众官。官职不可授予亲近的人,当授予那些能者;爵位不可赐给坏人,当赐给那些贤人。考虑妥善而后行动,行动当把握好时机。夸自己美好,就会失掉其美好;夸自己能干,就会失去其事功。做事情,就要有准备,有准备才没有后患。不要开宠幸的途径而受侮辱;不要以改过为耻而形成大非。这样思考所担任的事,政事就不会杂乱。”

“轻慢对待祭祀,这叫不敬。礼神烦琐就会乱,这样,侍奉鬼神就难了。”

注释 1 昵:亲近。 2 爵:爵位。《礼记·王制》:“王者之制禄爵,公侯伯子男凡五等。” 3 惟事事:惟,语首助词。事事,动宾结构,做事情。 4 启宠纳侮:启,开。宠,宠幸。纳,受。侮,侮辱,《孔传》:“开宠非其人,则纳侮之道。” 5 耻过作非:耻过,以过错为耻。《孔传》:“耻过误而文之,遂成大非。” 6 攸居:攸,所。居,当、担任。 7 醇:不杂。 8 黩:轻忽,轻慢。

原文

王曰:“旨哉!说。乃言惟服[1]。乃不良于言,予罔闻于行[2]。”

说拜稽首,曰:“非知之艰,行之惟艰。王忱不艰[3],允协于先王成德[4],惟说不言,有厥咎。”

译文

王说:“好呀!傅说。你的话应当实行。你如果不善于进言,我就不能勉力去做了。”

傅说跪拜叩头,说道:“不是知道它艰难,而是实行它很难。王诚心不以实行为难,就真合于先王的盛德,我傅说如果不说,就有罪过了。”

注释 1 惟服:惟,当。服,行。 2 罔闻于行:罔,不。“闻于行”与“良于言”相对,“闻”当训为“勉”。闻于行,是说勉力于行。“闻”字的古文从昏得声,《西京赋》薛综注:“昏,勉也。”《尔雅·释诂》:“昏,强也。”强也是勉力的意思。 3 忱:诚,信。 4 成德:盛德。《释名》:“成,盛也。”

以上第二段,傅说和武丁谈论知与行。

说命下

导读　本篇记叙傅说和高宗讨论学习的问题，史官用对话的形式记录下来。傅说的讲话，谈到学习的目的在于建立事业，学习的态度要谦逊，学习的方法要常念于学，时时努力学，都有指导意义。这是梅氏伪古文《尚书》之十三。

原文

王曰："来！汝说。台小子旧学于甘盘[1]，既乃遁于荒野，入宅于河，[2]自河徂亳，暨厥终罔显[3]。尔惟训于朕志[4]，若作酒醴[5]，尔惟曲糵[6]；若作和羹[7]，尔惟盐梅。尔交修予[8]，罔予弃；予惟克迈乃训[9]。"

译文

王说："来呀！你傅说。我旧时候向甘盘学习过，不久就出巡到荒野，入居于河洲，又从河洲回到亳都，到后来学习没有显著进展。你当顺从我想学的志愿，比如做甜酒，你就做曲糵；比如做羹汤，你就做盐和梅。你要多方指正我，不要抛弃我；我当能够履行你的教导。"

注释　1 台：音 yí，我。甘盘：殷之贤臣。《孔传》："甘盘，殷贤臣，有道德者。"　2 遁：巡，出巡。见《匡谬正俗》。宅：居。河：河洲。《孔传》："其父欲使高宗知民之艰苦，故使居民间。"　3 徂亳：徂，往。亳，亳邑，商的国都。暨：到。　4 训：顺。《广雅·释诂》："训，顺也。"朕志：我的志愿，指要继续学习。　5 醴：甜酒。　6 曲糵：音 qū niè，酿酒的发酵剂，今称酒药子。　7 和羹：五味调和的羹汤。《孔传》："盐，咸；梅，醋。羹须咸醋以和之。"　8 交修：交，多次。修，治。《孔传》："交，非一之义。"　9 迈：行，履行。

原文

说曰:“王!人求多闻,时惟建事。学于古训乃有获;事不师古,以克永世,匪说攸闻[1]。惟学逊志[2],务时敏[3],厥修乃来[4]。允怀于兹,道积于厥躬。惟敩学半[5],念终始典于学[6],厥德修罔觉[7]。监于先王成宪[8],其永无愆[9]。惟说式克钦承[10],旁招俊乂[11],列于庶位。”

译文

傅说说:“王!人们要求增多知识,这是想建立事业。要学习古训,才会有得;建立事业不效法古训,而能长治久安的,这不是我傅说所知道的。学习要心志谦逊,务必时刻努力,所学才能增长。相信和记住这些,治道在自己身上将积累增多。教人是学习的一半,思念终和始常在于学习,道德不知不觉就会增长了。借鉴先王的成法,将永久没有失误,我傅说因此能够敬承你的意旨,广求贤俊,把他们安排在各种职位上。”

注释 1 攸闻:攸,所。闻,知。《广雅·释诂》:“闻,知也。” 2 逊志:逊,谦逊。言谦逊其志。 3 时敏:时时努力。 4 来:通“徕”。伸展,增长。《广雅·释诂》:“徕,伸也。” 5 敩学半:教是学之半。敩,音 xiào,教。 6 典:常。 7 德修:德的增长。 8 监:察,审察,借鉴。 9 愆:过失。 10 式:用,因。 11 旁:广,普遍。俊乂:材能过人的人。

以上第一段,傅说与高宗讨论学习问题。

原文

王曰:“呜呼!说。四海之内咸仰朕德[1],时乃风[2]。股肱惟人[3],良臣惟圣。昔先正保衡作我先

译文

王说:“啊!傅说。天下的人都敬仰我的德行,是你的教化所致。手足完备就是成人,良臣具备就是圣君。从前先正伊尹使我的先王兴起,他这

王[4]，乃曰：予弗克俾厥后惟尧舜，其心愧耻，若挞于市[5]。’一夫不获[6]，则曰：‘时予之辜。’佑我烈祖[7]，格于皇天[8]。尔尚明保予[9]，罔俾阿衡专美有商[10]。惟后非贤不乂，惟贤非后不食[11]。其尔克绍乃辟于先王，永绥民[12]。”

说拜稽首[13]，曰：“敢对扬天子之休命[14]！”

样说：‘我不能使我的君王做尧舜，我心惭愧耻辱，好比在闹市受到鞭打一样。’一人不得其所，他就说：‘这是我的罪过。’他辅助我的烈祖成汤受到皇天赞美。你要勉力扶持我，不要让伊尹专美于我商家！君主得不到贤人就不会治理，贤人得不到君主就不会被录用。你要能让你的君主继承先王，长久安定人民。”

傅说跪拜叩头，说：“请让我报答、宣扬天子的美好教导！”

注释　1 咸仰：咸，都。仰，敬仰。　2 风：教化。　3 股肱：股，指足。肱，指手。《孔传》：“手足具乃成人，有良臣乃成圣。”　4 先正：先世的长官。保衡：指伊尹。作：兴起。这里用为使动词，使兴起的意思。　5 挞：鞭打。市：指闹市。　6 不获：获，得。不获，不得其所。　7 烈祖：烈，功业。有功业之祖，指成汤。　8 格：通“假”。嘉许，赞美。　9 明保：明，勉力。保，持，扶持。　10 阿衡：伊尹。　11 食：用，录用。《易象下传》“井泥不食”虞注：“食，用也。”　12 绥：安。　13 稽首：拜跪而叩头至地。现在叫做叩头。　14 敢：表敬之辞。对扬：答扬。休命：美命，美好教导。《孔传》：“对，答也。答受美命而称扬之。”

以上第二段，高宗勉励傅说效法伊尹。

高宗肜日

【导读】 高宗，指殷王武丁。他是盘庚的侄子，殷商的二十三代君主。他在商王朝的发展中，起着重要作用。肜，音融，又祭叫肜。肜日，又祭之日。祭谁呢？旧说以为高宗又祭成汤。金履祥说："似是祖庚绎于高宗之庙。"近人研究甲骨卜辞的记载，发现肜日上的人名是受祭的祖先，因此认为高宗肜日确是祖庚又祭高宗，证实了金履祥的预见。后说依据卜辞，大约接近真实。高宗的儿子祖庚在又祭高宗的时候，忽有一只野鸡飞到鼎耳上鸣叫，祖庚为此恐惧，他的大臣祖己趁此机会开导祖庚改革当时的祭祀制度。史官记录了这件事，名叫《高宗肜日》。

【原文】

高宗肜日[1]，越有雊雉[2]。祖己曰[3]："惟先格王[4]，正厥事[5]。"乃训于王。

【译文】

又祭高宗的那一天，有一只野鸡在鼎耳上鸣叫。祖己说："要先宽解君王的心，然后纠正他祭祀的事。"于是开导祖庚。

【注释】 1 高宗肜日：祖庚又祭高宗之日。肜，音róng。 2 越：语首助词。雊：音gòu，野鸡叫。雉：野鸡。 3 祖己：祖庚的贤臣。 4 格：当作"假"。《汉书·五行志》引作"假"。假，通"暇"，宽暇，宽解。 5 正：纠正。事：政事，指祭祀之事。

以上一段，史官记事之辞。

【原文】

曰："惟天监下民[1]，典厥义[2]。降年有永有

【译文】

祖己说："上天监视下民，赞美他们合宜行事。上天赐给人的年寿有长有

不永[3]，非天夭民[4]，民中绝命[5]。民有不若德[6]，不听罪[7]。天既孚命正厥德[8]，乃曰：'其如台[9]？'

"呜呼！王司敬民[10]，罔非天胤[11]，典祀无丰于昵[12]！"

短，并不是上天使人夭折，而是有些人自己断绝自己的性命。有些人有不好的品德，有不顺从天意的罪过。上天已经发出命令纠正他们的品德，您说：'要怎么样呢？'

"啊！先王继承帝位被百姓敬重，无非都是老天的后代，常祭的时候，近亲中的祭品不要过于丰厚啦！"

注释 **1** 监：视。 **2** 典：通"腆"，善，以为善。义：宜，指行事合宜。《淮南子·齐俗训》说："义者，循理而行宜也。" **3** 永：长。指寿命长久。**4** 夭：夭折。 **5** 中：身，自己。《礼记·檀弓下》"文子其中退然如不胜衣"注："中，身也。" **6** 若：《尔雅·释诂》："善也。" **7** 听：顺从。 **8** 孚：通"付"，交付，给予。《汉石经》《汉书·孔光传》都作"付"。 **9** 乃：汝。见《词诠》。如台：如何。台，音 yí。 **10** 王：泛指先王。司：嗣，嗣位。**11** 胤：后代。 **12** 典：常。昵：近亲。《孔传》说："昵，近也。祭祀有常，不当特丰于近庙。"

以上一段，祖己劝导祖庚之辞。

西伯戡黎

导读　西伯，指周文王。戡，胜。黎，殷的属国，又写作"耆"或"饥"，在今山西省长治市西南。据《史记·周本纪》记载，西伯在讨伐犬戎、密须之后，第二年，又打败了黎国。纣的大臣祖伊听说这事，很恐惧，于是往谏纣王。纣王说："不有天命吗？"史官记录了这件事，写成《西伯戡黎》。《竹书纪年》说："帝辛二十四年，周师取耆及邗。"则以为是周武王时事，西伯也指武王。这是传闻的不同。纣王说我有命在天。祖伊反对说：您的失误很多，而又懒惰在上，能向上天祈求福命吗？这里明显地表现了祖伊的非命思想。祖伊接着说：殷商行将灭亡，要指示它的政事，不可不为您的国家而努力啊！他勉励纣王振作，挽救殷国的危亡，这里又显示了他光辉的爱国思想。

原文

西伯既戡黎[1]，祖伊恐[2]，奔告于王。

曰："天子！天既讫我殷命[3]。格人元龟[4]，罔敢知吉[5]。非先王不相我后人[6]，惟王淫戏用自绝[7]。故天弃我，不有康食[8]。不虞天性[9]，不迪率典[10]。今我民罔弗欲丧[11]，曰：'天曷不降威[12]？'大命不挚[13]，今王其如台[14]？"

译文

周文王打败了黎国以后，祖伊恐慌，跑来告诉纣王。

祖伊说："天子，天意恐怕要终止我们殷商的国运了！贤人和神龟都不能觉察出吉兆。不是先王不扶助我们后人，而是大王淫荡嬉戏自绝于天。所以上天将抛弃我们，不让我们得到糟糠之食。大王不揣度天性，不遵循法律。如今百姓没有谁不希望大王灭亡，他们说：'老天为什么不降威罚呢？'天命不再归向我们了，现在大王将要怎么办呢？"

注释 1 西伯:周文王。《史记·周本纪》说:“公季卒,子昌立,是为西伯。西伯曰文王。”文王居岐山,封为雍州伯,雍州在西,因称西伯。戡:战胜。黎:殷的诸侯国,在今山西黎城县,一说在长治市西南。 2 祖伊:祖己的后代,商纣王的贤臣。 3 既:通“其”,恐怕。俞樾说:“古书‘既’与‘其’每通用……‘天既讫我殷命’,当作‘天其讫我殷命’。盖以‘格人元龟,罔敢知吉’,故推度天意如此也。”讫:终止。殷命:殷商的国运。 4 格人:能知天地吉凶的至人、贤人。《孔疏》:“格,训为‘至’。至人谓至道之人,有所识解者也。”元龟:大龟。 5 罔敢:不能。知:觉察。 6 相:辅佐。7 淫戏:淫荡嬉戏。李斯说:“放弃《诗》《书》,极意声色,祖伊所以惧也。”用:以。自绝:《孔疏》说:“纣既自绝于先王,亦自绝于天。” 8 康食:糟糠之食,指低劣生活。章太炎说。 9 虞:度。天性:上天安民之性。《左传·襄公十四年》说:“天之爱民甚矣,岂其使一人肆于民上以从其淫而弃天地之性?必不然矣。”可以互证。 10 迪:由,遵行。率典:法典。11 罔弗欲丧:没有人不希望纣灭亡。 12 曷:何,为什么。降威:降下威罚。 13 挚:至,到来。 14 如台:如何。台,音 yí。

以上第一段,祖伊忧虑天命将终,望纣王改悔。

原文

王曰:“呜呼!我生不有命在天?”

祖伊反曰[1]:“呜呼!乃罪多[2],参在上[3],乃能责命于天[4]?殷之即丧,指乃功[5],不无戮于尔邦[6]!”

译文

纣王说:“啊哈!我的一生不有福命在天吗?”

祖伊反驳说:“唉!您的过失很多,又懒惰懈怠,高高在上,难道还能向上天祈求福命吗?殷商行将灭亡,要指示它的政事,不可不为您的国家努力啊!”

注释 1 反:反对。 2 罪:过错,失误。 3 参:当作“絫”,《汗简》《古文四声韵》作“絫”。絫,读作傫。懒惰懈怠。《说文解字注》:“傫,垂貌。从人,絫声。一曰懒懈。”见《尚书易解》。 4 乃:宁,难道。见《经传释词》。责命于天:向上天祈求好运。 5 指乃功:指示其政事。乃,《经传释词》:“乃,犹‘其’也。”功,事,政事。 6 戮:通“勠”。并力,努力。见《尚书易解》。

以上第二段,祖伊勉王振作,挽救殷邦。

微子

导读　微子名启，因封在微，爵位属子这一级，所以叫做微子。他是帝乙的长子，纣王的同母庶兄。据《史记·殷本纪》和《宋微子世家》记载：周武王向东方进军，到了孟津之后，又回去了。纣王更加淫乱。微子屡次进谏，纣王不听。微子认为纣王不可谏阻了，想死或者出走，拿不定主意，于是同太师和少师商量。太师劝微子离开。事在公元前1068年。史官记录了微子和太师、少师的问答，写成《微子》。文中揭露纣王沉醉，大小臣民无不抢夺偷盗，犯法作乱，官员们违反法度，百姓与政府结成仇敌。这些都是了解纣王暴政的第一手材料。

原文

微子若曰[1]："父师、少师[2]！殷其弗或乱正四方[3]。我祖厎遂陈于上[4]，我用沉酗于酒[5]，用乱败厥德于下[6]。殷罔不小大好草窃奸宄[7]，卿士师师非度[8]。凡有罪辜，乃罔恒获[9]，小民方兴[10]，相为敌雠[11]。今殷其沦丧[12]，若涉大水[13]，其无津涯[14]。殷遂丧，越至于今[15]！"

译文

微子这样说："父师、少师！殷商恐怕不能治理好天下了。我们的先祖成汤制定了常法在先，而纣王沉醉在酒中，因淫乱而败坏成汤的美德在后。殷商的大小臣民无不喜爱抢夺偷盗、犯法作乱，官员们都违反法度。凡是有罪的人，竟不用常法，小百姓一齐起来，同我们结成仇敌。现在殷商恐怕要灭亡了，就好像要渡过大河，几乎找不到渡口和河岸。殷商法度丧亡，竟到了这个地步！"

注释　**1** 若：这样。　**2** 父师、少师：官名。　**3** 其：大概，表测度。或：克，能。乱：治。　**4** 我祖：指成汤。厎遂：厎，定。遂，法。"遂"与"术"通。

黄式三说。陈:陈列。 5 我:指纣。用,由于。沉酗:沉醉。酗,醉酒发怒。 6 用:因。乱:淫乱。厥德:成汤之德。下:后世。 7 小:指小民。大:指群臣。草:读为“抄”,掠取。奸宄:犯法作乱。 8 师师:众长。度:法度。 9 乃:却。恒:常。获:通“矱”,法。恒矱,常法。 10 方:并。兴:兴起。 11 雠:仇敌。 12 其:或许,表测度。沦丧:灭亡。 13 若:好像。涉:徒步渡水。 14 其:殆,几乎。津:渡口。涯:水岸。 15 越:语首助词。今:此。

原文

曰:“父师、少师,我其发出狂[1]?吾家耄逊于荒[2]?今尔无指告[3],予颠跻[4],若之何其[5]?”

译文

微子说:“父师、少师,我将被废弃而出亡在外呢?还是住在家中安然避居荒野呢?现在你们不指点我,我殷商就会灭亡,怎么办啊!”

注释 1 我其发出狂:狂,《史记·宋世家》作“往”,当从之。发,孙诒让读为“废”,甚当。此言我其废弃而出亡。 2 家:住在家。耄:通保,安。逊:遁,回避。荒:荒野。 3 指告:指点告诉。 4 颠:颠覆。跻:音jī,坠落。 5 若之何:如之何,怎么办。其:语气助词。

以上第一段,微子忧虑殷将危亡,向父师少师询问去留问题。

原文

父师若曰:“王子[1]!天毒降灾荒殷邦[2],方兴沉酗于酒[3],乃罔畏畏[4],咈其耇长旧有位人[5]。今殷民乃

译文

父师这样说:“王子!老天重降大灾空虚了我们殷商,而君臣都喜沉醉在酒中,却不惧怕老天的威力,违背年高德劭的旧时大臣的教诲。现在,臣民竟然偷盗祭祀天地神灵的牺牲和祭器,把

攘窃神祇之牺牷牲用以容[6]，将食无灾[7]。降监殷民[8]，用乂雠敛[9]，召敌雠不怠[10]。罪合于一[11]，多瘠罔诏[12]。

"商今其有灾[13]，我兴受其败[14]；商其沦丧，我罔为臣仆[15]。诏王子出迪[16]。我旧云刻子、王子弗出[17]，我乃颠隮[18]。自靖[19]！人自献于先王，我不顾，行遁[20]。"

它们藏起来，或是饲养，或是吃掉，都没有受到惩罚。再向下看看殷民，他们用杀戮和重刑横征暴敛，招致民怨也不放宽。罪人聚合在一起，众多的受害者无处申诉。

"殷商现在或许会有灾祸呢，我们起来承受灾难；殷商或许会灭亡呢，我不做敌人的奴隶。我劝告王子出去，我早就说过，箕子和王子不出去，我们殷商就会灭亡。自己拿定主意吧！人人各自去对先王做出贡献，我不再顾虑了，将要出走。"

注释 **1** 王子：微子。他是帝乙的长子，所以称他为王子。 **2** 毒：厚，重。 荒：虚。见《诗·桑柔》传。 **3** 方：并。兴：喜。 **4** 乃：却。畏畏：读为"畏威"。"畏"和"威"古通用。 **5** 咈：音 fú，违背。耇：音 gǒu，老。 **6** 攘：顺手拿取。窃：偷盗。牺：毛色纯一的牲畜。牷：纯色的全牲。牲：牛羊猪。容：隐。 **7** 将：养。《诗·小雅·四牡》传："将，养也。" **8** 降：下。监：监视。 **9** 乂：杀。雠：通"稠"，多。马融本作"稠"。敛：赋敛。 **10** 召：招致。怠：宽缓。 **11** 罪：罪人。 **12** 瘠：病。指受害的人。诏：告。 **13** 其：或许。 **14** 败：灾祸。 **15** 臣仆：奴隶。 **16** 迪：行。 **17** 旧：久。刻子：焦循说："刻子即箕子也。" **18** 我：指殷商。 **19** 靖：谋划。 **20** 顾：顾虑。遁：逃去。

以上第二段，父师劝微子去国以救殷的危亡。

尚书

周书

泰誓上

导读 泰,《史记》作“太”。太是极大。武王伐纣,大会诸侯。武王向广大诸侯誓师,所以叫做《泰誓》。

先秦百篇尚书中,原有《泰誓》。汉初伏生二十八篇没有《泰誓》。汉武帝时,河内女子献上《泰誓》,后汉马融等大家疑它是伪作,所以未传下来。这三篇《泰誓》都是梅氏所献的伪古文。《泰誓上》是梅氏伪古文《尚书》之十四。本篇是记叙周武王十三年诸侯大会于孟津,武王告诫友邦诸侯和治事大臣的话。

原文

惟十有三年春[1],大会于孟津[2]。

王曰:“嗟!我友邦冢君[3],越我御事庶士[4],明听誓。惟天地万物父母,惟人万物之灵。亶聪明作元后[5],元后作民父母。今商王受弗敬上天[6],降灾下民。沉湎冒色[7],敢行暴虐,罪人以族,官人以世[8]。惟宫室、台榭、陂池、侈服[9],以残害于尔万姓。焚炙忠良[10],刳剔孕妇[11]。皇天震怒,命我文考肃将天威[12],大勋未

译文

周武王十三年春天,诸侯大会于孟津。

武王说:“啊!我的友邦大君和我的治事大臣、众士们,请清楚地听取我的誓言。天地是万物的父母,人是万物中的灵秀。真聪明的人就做大君,大君做人民的父母。现在商王纣不尊敬上天,降祸灾给下民。他嗜酒贪色,敢于施行暴虐,用灭族的严刑惩罚人,凭世袭的方法任用人。宫室呀,台榭呀,陂池呀,奢侈的衣服呀,他用这些东西来残害你们万姓人民。他烧杀忠良,解剖孕妇。皇天动了怒,命令我的文考文王严肃进行上天的惩罚,可惜

集[13]。肆予小子发[14]，以尔友邦冢君观政于商[15]，惟受罔有悛心[16]，乃夷居[17]，弗事上帝神祇[18]，遗厥先宗庙弗祀。牺牲粢盛[19]，既于凶盗[20]。乃曰：'吾有民有命！'罔惩其侮[21]。

大功没有完成。从前我小子姬发和你们友邦大君到商邦考察政治，商纣没有悔改的心，他竟然傲慢不恭，不祭祀上帝神祇，遗弃他的祖先宗庙而不祭祀。牺牲和粢盛等祭物，也被凶恶盗窃的人吃尽了。他却说：'我有人民有天命！'不改变他侮慢的心意。

注释 1 十有三年：有，又。十又三年，当指周武王十三年。详见《蔡传》。 2 孟津：地名，一名盟津。在今河南孟津县东北，孟州市西南。 3 冢君：大君。 4 越：与。御事：治理大臣。 5 亶：诚。元后：大君。《孔传》："人诚聪明则为大君。" 6 商王受：受，纣王名。 7 沉湎：沉醉于酒中。冒色：冒，贪。色，女色。 8 世：世袭。 9 台榭、陂池：都是游乐的地方。台，高台。榭，台上的厅屋。陂，堵住泽水的堤障。池，停水之处。 10 焚炙：焚烧。《孔疏》："焚炙，俱烧也。"焚炙忠良，指炮烙之刑。 11 刳剔：割剥，解剖。《孔疏》："刳剔，谓割剥也。"刳，音 kū。 12 文考：指周文王。将：行。 13 集：成。 14 小子发：武王名发。 15 观政：考察政事。《孔传》："谓十一年自孟津还时。"言"观政"者，这是婉曲的说法。 16 悛：音 quān，改悔。 17 夷居：蹲着，形容傲慢不恭。《论语·宪问》马融注："夷，踞也。"《说文》："居，蹲也。" 18 神祇：天神地神。 19 牺牲：指牛羊等祭品。粢盛：粢，音 zī。黍稷叫粢。祭品装在器皿中叫盛，音 chéng。 20 既：尽。 21 罔惩其侮：惩，改变。侮，轻慢。

以上第一段，周武王宣布纣王的罪行。

原文

"天佑下民，作之

译文

"上天帮助下民，为人民建立君主和

君，作之师，惟其克相上帝，宠绥四方。有罪无罪，予曷敢有越厥志[1]？同力度德[2]，同德度义。受有臣亿万[3]，惟亿万心；予有臣三千，惟一心。商罪贯盈[4]，天命诛之；予弗顺天，厥罪惟钧[5]。

“予小子夙夜祗惧[6]。受命文考，类于上帝[7]，宜于冢土[8]，以尔有众，底天之罚[9]。天矜于民[10]，民之所欲，天必从之。尔尚弼予一人[11]，永清四海。时哉，弗可失！”

师长，应当能够辅助上帝，爱护和安定天下。对待有罪和无罪的人，我怎么敢违反上天的意志呢？力量相同就衡量德，德相同就衡量义。商纣有臣亿万，是亿万条心；我有臣子三千，只是一条心。商纣的罪恶，像穿物的串子已经穿满了，上天命令我讨伐他；我如果不顺从上天，我的罪恶就会跟商纣相等。

“我小子早夜敬慎忧惧。在文考庙接受了伐商的命令，我又祭告上帝，祭祀大社，于是率领你们众位，进行上天的惩罚。上天怜悯人民，人民的愿望，上天一定会依从的。你们辅助我吧！要使四海之内永远清明。这个时机啊，不可失去呀！”

注释　1 越：失。厥志：指天的意志。　2 度：量度，衡量。　3 亿：十万。　4 贯盈：贯，串，穿物之串。盈，满。贯盈，像串之满，形容极多。　5 钧：平，等。　6 夙夜：早夜。指夜未明的时候。　7 类：祭天。以事类祭天，就叫类。　8 宜：祭社。《孔传》：“祭社曰宜。”《王制》：“天子将出，类乎上帝，宜乎社。”冢土：大社。《毛传》：“冢土，大社也。”　9 厎：音 dǐ，致，行。　10 矜：怜悯。　11 尚：表祈使语气。弼：辅佐。

以上第二段，周武王勉励诸侯顺天行罚。

泰誓中

导读 本篇记叙一月戊午这天周武王誓告西方诸侯的话，是梅氏伪古文《尚书》之十五。

原文

惟戊午，王次于河朔[1]，群后以师毕会。王乃徇师而誓[2]。

曰："呜呼！西土有众[3]，咸听朕言。我闻吉人为善，惟日不足[4]；凶人为不善，亦惟日不足。今商王受力行无度[5]，播弃犁老[6]，昵比罪人[7]，淫酗肆虐[8]。臣下化之，朋家作仇，胁权相灭[9]。无辜吁天，秽德彰闻。

译文

一月二十八日戊午，周武王驻兵在黄河之北，诸侯率领他们的军队都会合了。武王于是巡视军队并且告诫他们。

武王说："啊！西方各位诸侯，请都听我的话。我听说好人做好事，整天地做还是时间不够；坏人做坏事，也是整天地做还是时间不够。现在商王纣，力行不合法度的事，放弃年老的大臣，亲近有罪的人，过度嗜酒，放肆暴虐。臣下也受到他的影响，各结朋党，互为仇敌；挟持权柄，互相诛杀。无罪的人呼天告冤，秽恶的行为公开传闻。

注释 1 次：驻扎。河朔：黄河之北。《孔传》："止于河之北。" 2 徇：巡行。 3 西土有众：《蔡传》："周都丰镐，其地在西。从武王渡河者，皆西方诸侯，故曰'西土有众'。" 4 惟日不足：《蔡传》："言终日为之而犹为不足也。" 5 商王受：受，纣王之名。 6 犁老：犁，一作"黎"，通"耆"。耆，老。犁老，就是耆老。 7 昵比：昵，亲近。比，近。 8 淫酗：淫，过度。酗，醉酒发怒。 9 胁权：胁，挟持。《释名》："胁，挟也。"胁权，挟持权柄。

以上第一段,周武王数说商纣君臣的罪行。

原文

“惟天惠民,惟辟奉天[1]。有夏桀弗克若天,流毒下国。天乃佑命成汤,降黜夏命。惟受罪浮于桀[2],剥丧元良,贼虐谏辅[3],谓己有天命,谓敬不足行,谓祭无益,谓暴无伤。厥监惟不远[4],在彼夏王。天其以予乂民,朕梦协朕卜[5],袭于休祥[6],戎商必克[7]。受有亿兆夷人[8],离心离德;予有乱臣十人[9],同心同德。虽有周亲[10],不如仁人。

译文

“上天惠爱人民,君主遵奉上天。夏桀不能顺从天意,流毒于天下。上天于是佑助和命令成汤,使他降下废黜夏桀的命令。纣的罪恶超过了夏桀,他伤害善良的大臣,杀戮谏诤的辅佐,说自己有天命,说敬天不值得实行,说祭祀没有益处,说暴虐没有害处。他的鉴戒并不远,就在夏桀身上。上天该使我治理人民,我的梦符合我的卜兆,吉庆重叠出现,讨伐商国一定会胜利。商纣有亿兆平民,都离心离德;我有拨乱的大臣十人,都同心同德。纣虽有至亲的臣子,比不上我周家的仁人。

注释 1 辟:君。奉:承受。 2 浮:超过。 3 谏辅:谏议之大臣。 4 监:鉴戒。 5 协:符合。 6 袭:重复。休祥:吉庆。 7 戎商:戎,兵,引申为伐。戎商,讨伐殷商。 8 夷人:夷,平。《孔传》:“平人,凡人也。”服虔和杜预解为夷狄之人。见《孔疏》。 9 乱臣:治臣,拨乱之臣。 10 周亲:周,至。周亲,至亲的人。

以上第二段,周武王说明伐商必定胜利。

原文

“天视自我民视，天听自我民听。百姓有过，在予一人，[1]今朕必往。

“我武惟扬，侵于之疆[2]，取彼凶残；我伐用张[3]，于汤有光！

“勖哉夫子！罔或无畏[4]，宁执非敌[5]。百姓懔懔，若崩厥角[6]。呜呼！乃一德一心，立定厥功，惟克永世[7]。”

译文

“上天的看法，出自我们人民的看法，上天的听闻，出自我们人民的听闻。老百姓对我有所责难，今天我一定要前往讨伐。

“我们的武力要发扬，要攻到商国的疆土上，捉到那些豺狼；我们的讨伐要进行，这比成汤的事业还辉煌！

“努力吧！将士们。不可出现不威武的情况，宁愿你们保持没有对手的思想。百姓危惧不安，他们向我们叩头就像山崩一样呀！啊！你们一心一德建功立业，就能够长久安定人民。”

注释　1 百姓有过，在予一人：过，责怪。《广雅·释诂》：“过，责也。”《蔡传》：“今民皆有责于我，谓我不正商罪。”　2 侵于之疆：侵，攻入。之，其，指商国。　3 用张：要进行。《广雅·释诂》：“张，施也。”　4 罔或无畏：罔，通“毋”。或，有。无，不。畏，通“威”，威武。言不要有不威武的情况。《孔传》解为“无敢有无畏之心”，与文情不合。　5 宁执非敌：宁，愿。执，持，保持。非，无。言宁愿保持无敌之心。《孔传》解为“宁执非敌之志”，《孔疏》解释说：“非己能敌之志。”这样解释，也与文情不合。　6 若崩厥角：厥，顿下。角，额角、头角。厥角，谓顿首、叩头。若崩厥角，就是厥角若崩，叩头像山崩一样，形容人民希望的迫切。《汉书·诸侯王表》“厥角稽首”，应劭注：“厥者，顿也。角者，额角也。”　7 惟克永世：《孔传》：“汝同心立功，则能长世以安民。”

以上第三段，周武王勉励将士建立辉煌的事业。

泰誓下

导读　这是梅氏伪古文《尚书》之十六。本篇记叙己未日周武王巡视讨伐大军时告诫将士的话。

原文

时厥明[1]，王乃大巡六师[2]，明誓众士。

王曰："呜呼！我西土君子。天有显道，厥类惟彰[3]。今商王受狎侮五常[4]，荒怠弗敬，自绝于天，结怨于民。斮朝涉之胫[5]，剖贤人之心，作威杀戮，毒痛四海[6]。崇信奸回[7]，放黜师保[8]，屏弃典刑[9]，囚奴正士。郊社不修[10]，宗庙不享，作奇技淫巧以悦妇人。上帝弗顺，祝降时丧[11]。尔其孜孜奉予一人[12]，恭行天罚！

译文

时间是戊午的后一天，周武王大规模巡视六军，明告众将士。

王说："啊！我们西方的将士。上天有明显的常理，它的法则应当显扬。现在商王纣轻慢五常，荒废怠惰无所敬畏，自己弃绝于上天，结怨于人民。砍掉冬天清晨涉水者的脚胫，剖开贤人的心，作威作恶，杀戮无罪的人，毒害天下。崇信奸邪的人，逐退师保大臣，废除常法，囚禁和奴役正士。不举行祭天祭社的大礼，宗庙也不享祀。造作奇技荒淫新巧的事物来取悦妇人。上帝不依，断然降下这种丧亡的诛罚。你们要努力帮助我，奉行上天的惩罚！

注释　**1** 厥明：戊午的后一日。　**2** 六师：六军。这里指会合河北的讨伐大军。　**3** 厥类惟彰：类，法则。《方言》："类，法也。"惟，当。彰，彰明，使彰明。　**4** 狎侮：轻慢。五常：指父义、母慈、兄友、弟恭、子孝五种常教。 5 斮：音 zhuó，斫。《孔传》言纣王受“冬月见朝涉水者，谓其胫耐寒，斩而视之”。 6 痡：音 pū，伤害。《尔雅·释诂》：“痡，病也。” 7 回：邪。 8 黜：退。师保：太师、太保。 9 屏：音 bǐng，除去。典刑：常法。10 郊社：郊，祭天。社，祭地。 11 祝：断，这里作“断然”解。《孔传》：“祝，断也。” 12 奉：帮助。《淮南子·说林训》注：“奉，助也。”

以上第一段，周武王号召全军将士顺天行罚。

原文

“古人有言曰：‘抚我则后，虐我则仇。’独夫受洪惟作威[1]，乃汝世仇[2]。树德务滋，除恶务本，肆予小子诞以尔众士，殄歼乃仇。尔众士其尚迪果毅以登乃辟[3]！功多有厚赏，不迪有显戮[4]。

“呜呼！惟我文考若日月之照临[5]，光于四方，显于西土，惟我有周诞受多方[6]。予克受，非予武，惟朕文考无罪；受克予，非朕文考有罪，惟予小子无良。”

译文

“古人有言说：‘抚爱我的就是君主，虐待我的就是仇敌。’独夫商纣大行威虐，是你们的大仇。建立美德务求滋长，去掉邪恶务求除根，所以我小子率领你们众将士去歼灭你们的仇人。你们众将士要用果敢坚毅的精神来成就你们的君主！功劳多的将有重赏，不用命的将有明显的惩罚。

“啊！我文考文王的明德，像日月的照临一样，光被于四方，彰明在西土，因此我们周国广泛亲近了众方诸侯。这次如果我战胜了纣，不是我勇武，是因为我的文考没有过失；如果纣战胜了我，不是我的文考有过失，是因为我这小子不好。”

注释 1 独夫：众叛亲离，孤独一人。受：纣王名。 2 世仇：大仇。《左传·桓公九年》经注“故使其子来朝”疏：“古者‘世’之与‘大’，字义通也。”

3 尚迪果毅:尚,庶几。迪,用。果,果敢。毅,坚决。登乃辟:登,成就。乃,你的。辟,君。《孔传》:"登,成也。成汝君之功。" **4** 迪:用,指用命。**5** 文考:指文王。 **6** 诞受多方:诞,大。受,亲近。《广雅·释诂》:"受,亲也。"这句是说,广泛亲近了多方诸侯。《孔传》:"言文王德大,故受众方之国,三分天下而有其二。"

以上第二段,周武王号召全军将士歼灭世仇,发扬文王的明德。

牧誓

导读　牧，指牧野，商都郊区地名，在商都朝歌南七十里，今河南淇县南。公元前1066年2月，周武王带领兵车三百辆，勇士三千人，甲士四万多，还有诸侯的兵车四千辆，同纣王的军队进行决战。纣王也发兵七十万抵抗武王。战前，武王勉励诸侯和军士勇往直前，史官记录武王这次誓师的话，写成《牧誓》。这次大战，由于纣王失去了民心，纣王的军队背叛，倒戈迎接周王的军队，武王大胜，一举消灭了殷王朝。新兴力量战胜了腐朽力量。这是历史上的一次著名的大革命。

原文

时甲子昧爽[1]，王朝至于商郊牧野[2]，乃誓。王左杖黄钺[3]，右秉白旄以麾[4]，曰："逖矣[5]，西土之人！"王曰："嗟！我友邦冢君御事[6]，司徒、司马、司空[7]，亚旅、师氏[8]，千夫长、百夫长[9]，及庸、蜀、羌、髳、微、卢、彭、濮人[10]。称尔戈[11]，比尔干[12]，立尔矛[13]，予其誓。"

译文

在甲子日的黎明时刻，周武王率领军队来到商国都城郊外的牧野，于是誓师。武王左手拿着黄色大斧，右手拿着白色旄牛尾指挥，说："远劳了，西方的人们！"武王说："啊！我们友邦的国君和办事的大臣，司徒、司马、司空，亚旅、师氏，千夫长、百夫长，以及庸、蜀、羌、髳、微、卢、彭、濮的人们，举起你们的戈，排列好你们的盾，竖起你们的矛，我要宣誓了。"

注释　**1** 甲子：甲子日。昧爽：日未出时。　**2** 商郊：商都朝歌的远郊。　**3** 杖：拿着。《说文》："杖，持也。"钺：大斧。　**4** 秉：执持。旄：旄牛尾。麾：指挥。　**5** 逖：音 tì，远。　**6** 冢君：大君，邦国的君主。御事：邦国的治事大臣。　**7** 司徒、司马、司空：官名。《孔传》说："治事三卿，司徒主民,司马主兵,司空主土。” **8** 亚旅、师氏:官名。亚旅,上大夫。师氏,中大夫。 **9** 千夫长、百夫长:官名。郑玄说:“千夫长,师帅。百夫长,旅帅。” **10** 庸、蜀、羌、髳、微、卢、彭、濮:当时西南方的八个诸侯国。庸,在今湖北房县境内。蜀,在今四川省西部地区。羌,在今甘肃省东南地区。髳,音 máo,在今甘肃四川交界地区。微,在今陕西郿县境。本王国维《散氏盘考释》说。卢,在今湖北南漳县境。彭,在今甘肃镇原县东。濮,音 pú,在今湖北省,具体地区不详。 **11** 称:举。尔:你们。戈:戟。 **12** 比:排列。干:盾牌。 **13** 矛:兵器。

以上第一段,记誓师之时地和部署。

原文

王曰:“古人有言曰:‘牝鸡无晨[1];牝鸡之晨,惟家之索[2]。’今商王受惟妇言是用[3],昏弃厥肆祀弗答[4],昏弃厥遗王父母弟不迪[5]。乃惟四方之多罪逋逃[6],是崇是长[7],是信是使[8],是以为大夫卿士[9]。俾暴虐于百姓[10],以奸宄于商邑[11]。今予发惟恭行天之罚[12]。今日之事,不愆于六步、七步[13],乃止齐焉[14]。夫子勖哉[15]!不愆于四伐、五伐、六伐、七伐[16],乃止齐焉。勖哉

译文

武王说:“古人有话说:‘母鸡没有早晨啼叫的;如果母鸡在早晨啼叫,这个人家就会衰落。’现在商王纣只是听信妇人的话,轻视对祖宗的祭祀不问,轻视并遗弃他的同祖的兄弟不用。竟然只对四方重罪逃亡的人,就推崇,就尊敬,就信任,就使用,用他们做大夫、卿士的官。使他们残暴对待老百姓,在商国作乱。现在,我姬发奉行老天的惩罚。今天的战事,行军时,不超过六步、七步,就要停下来整齐一下。将士们,要努力啊!刺击时,不超过四次、五次、六次、七次,就要停下来整齐一下。努力吧,将士们!希望你们威武雄壮,像虎、貔、熊、罴一样,前往商

夫子！尚桓桓[17]，如虎如貔[18]，如熊如罴[19]，于商郊[20]。弗迓克奔以役西土[21]，勖哉夫子！尔所弗勖[22]，其于尔躬有戮[23]！”

都的郊外。不要禁止能够跑来投降的人，以便帮助我们周国。努力吧，将士们！你们如果不努力，对你们自身就会有惩罚！”

注释 1 晨：晨鸣。 2 索：空，衰落。惟家之索，惟空其家。 3 妇：指妲己。《史记·殷本纪》：“纣嬖于妇人，爱妲己，惟妲己之言是从。” 4 昏：轻蔑，轻视。见《经义述闻》。祀：祭名。答：问。 5 厥遗：据《史记》当作“遗厥”。王父母弟：同祖父母的从弟。迪：用。 6 逋：逃亡。 7 是：就。《经传释词》：“是，犹‘则’也。”崇：尊重。 8 信：信任。使：使用。 9 大夫卿士：均是官名。 10 俾：使。 11 奸宄：犯法作乱。宄，音 guǐ。 12 发：武王名。恭行：奉行。 13 愆：过音 qiān，指超过。 14 止齐：止而齐，整顿队伍。郑玄说：“好整好暇，用兵之术。” 15 夫子：敬称将士。勖：勉力。 16 伐：郑玄说：“伐谓击刺也。一击一刺曰一伐。始前就敌，六步七步当止齐，正行列。及兵相接，少者四伐，多者五伐，又当止齐，正行列也。” 17 尚：副词，表命令语气。桓桓：威武的样子。 18 貔：音 pí，豹类猛兽。 19 罴：熊的一种。 20 于：往。 21 迓：通“御”，禁止。《史记》和马融本作“禦”。役：帮助。西土：指周。 22 所：若。见《经传释词》。 23 躬：身。戮：罪。见《广雅》。

以上第二段，宣布纣王的罪行和战时的纪律。

武成

[导读] 武，武功。成，成就。本篇记叙周武王伐殷归来向祖庙、上天、山川以及诸侯百官报告伐殷武功的成就，因此名叫《武成》，是梅氏伪古文《尚书》之十七。本篇共分三段，条理清楚，宋代蔡沈认为“编简错乱，先后失序”，另加编排，写成《今考定武成》一篇。盖以不乱为乱，自不足信。

[原文]

惟一月壬辰，旁死魄[1]。越翼日癸巳[2]，王朝步自周，于征伐商。[3]厥四月哉生明[4]，王来自商，至于丰[5]。乃偃武修文[6]，归马于华山之阳[7]，放牛于桃林之野[8]，示天下弗服[9]。

丁未，祀于周庙，邦甸侯卫骏奔走[10]，执豆、笾[11]。越三日庚戌，柴望[12]，大告武成。

[译文]

一月壬辰日，月亮大部分无光。到第二天癸巳日，武王早晨从周京出发，前往征伐殷国。四月间，月亮开始放出光辉，武王从商国归来，到了丰邑。于是停止武备，施行文教，把战马放归华山的南面，把牛放回桃林的旷野，向天下表示不再用它们。

四月丁未日，武王在周庙举行祭祀，建国于甸服、侯服、卫服的诸侯都忙于奔走，陈设木豆、竹笾等祭器。到第三天庚戌日，举行柴祭来祭天，举行望祭来祭山川，大力宣告伐商武功的成就。

[注释] 1 旁死魄：旁，广大。魄，也作“霸”，月光。旁死魄，月亮大部分无光。古代用作阴历每月二十五日的代称。 2 越：及，到。翼：明。 3 周：

指镐京。于:往。 4 哉生明:哉,始。哉生明,月亮开始发光。《孔传》:"哉,始也。始生明,月三日。" 5 丰:文王时的都城。 6 偃武修文:偃,停止。修,修治。言停止武备,修治文事。 7 华山:旧说是西岳华山。阎若璩以为是商州洛南县东之阳华山,与桃林之野南北相望,壤地相接。阳:山的南面。 8 桃林:地名。阎若璩以为是今河南灵宝市西至潼关广围三百里地。 9 服:使用。 10 甸、侯、卫:甸服、侯服、卫服。这里指甸服、侯服、卫服的诸侯。 11 豆、笾:古代的两种祭器。 12 柴望:柴,烧柴祭天。望,望祭山川之称。

以上第一段,记叙武王伐殷归来谋求偃武修文和祭祀之事。

原文

既生魄[1],庶邦冢君暨百工,受命于周。

王若曰:"呜呼!群后。惟先王建邦启土,公刘克笃前烈[2]。至于大王,肇基王迹。[3]王季其勤王家[4]。我文考文王,克成厥勋,诞膺天命[5],以抚方夏[6]。大邦畏其力,小邦怀其德。惟九年,大统未集[7]。予小子其承厥志。厎商之罪[8],告于皇天后土、所过名山大川,曰:'惟有道曾孙周王发[9],将有大正于

译文

月亮已经生出光辉的时候,众国诸侯和百官都到了周京接受王命。

武王这样说:"啊!众位君侯。我的先王建立国家开辟疆土,公刘能修前人的功业。到了太王,开始经营王事。王季勤劳王家。我文考文王能够成就其功勋,大受天命,安抚四方和中夏。大国畏惧他的威力,小国怀念他的恩德。诸侯归附九年而卒,大业没有完成。我小子将继承他的意愿。我把商纣的罪恶,曾经向皇天后土以及所经过的名山大川禀告说:'有道的曾孙周王姬发,对商国将有大事。现在商王纣残暴无道,弃绝天下百物,虐待

商[10]。今商王受无道，暴殄天物[11]，害虐烝民[12]。为天下逋逃主，萃渊薮[13]。予小子既获仁人，敢祗承上帝，以遏乱略。华夏蛮貊罔不率俾[14]。恭天成命[15]，肆予东征，绥厥士女。惟其士女篚厥玄黄[16]，昭我周王[17]。天休震动，用附我大邑周！惟尔有神，尚克相予以济兆民，无作神羞！'

众民。他是天下逃亡罪人的主人和他们聚集的渊薮。我小子得到了仁人志士以后，冒昧地敬承上帝的意旨，以制止乱谋。华夏各族和蛮貊的人民，无不遵从。我奉了上天的美命，所以我向东征讨，安定那里的士女。那里的士女，用竹筐装着他们的黑色黄色的丝绸，求见我周王。他们被上天的休美震动了，因而归附了我大国周啊！你等神明庶几能够帮助我，来救助亿万老百姓，不要发生神明羞恶的事！'

注释 1 既生魄：魄，一作"霸"，已经生出月光。《白虎通·日月》："三日成魄，八日成光。" 2 笃：理。《广雅·释诂》："笃，理也。"《史记·周本纪》："公刘虽在戎狄之间，复修后稷之业……百姓怀之，多徙而保归焉。" 3 大王：古公亶父，王季的父亲，文王的祖父。肇基：经营。肇，开始。《释言》："基，经也。"肇基王迹，指大王迁居周原，深得民心。 4 王季：文王的父亲。 5 膺：受。 6 方夏：《孔传》："四方中夏。" 7 集：成。 8 厎：致。致，用。见《淮南子·修务训》注。 9 有道：伐纣是为民除害，故自称有道。曾孙：祭祀时诸侯自称曾孙。 10 正：同"政"。大政，大事，指军事。 11 天物：各种天然物资。 12 烝民：众民。 13 萃渊薮：萃，聚集。渊薮，鱼和兽聚居的地方。深水叫渊。薮，无水的泽。 14 华夏：指中原地区各国。蛮：古代泛指南方少数民族。貊 mò：古代泛指北方少数民族。俾：从。《尔雅·释诂》："俾，从也。" 15 恭：奉行。 16 篚：竹筐，这里用作动词。玄黄：玄、黄二色的丝绸。 17 昭：见。《尔雅·释诂》："昭，见也。"

原文

"既戊午,师逾孟津。癸亥,陈于商郊,俟天休命。甲子昧爽[1],受率其旅若林[2],会于牧野。罔有敌于我师,前徒倒戈,攻于后以北[3],血流漂杵。一戎衣[4],天下大定。乃反商政,政由旧。释箕子囚[5],封比干墓[6],式商容闾[7]。散鹿台之财,发钜桥之粟,大赉于四海[8],而万姓悦服。"

译文

"到了戊午日,军队渡过孟津。癸亥日,在商郊布好军阵,等待上天的美命。甲子日清早,商纣率领他如林的军队,来到牧野会战。他的军队对我军没有抵抗,前面的士卒反戈向后面攻击,因而大败,血流之多简直可以漂起木杵。一举讨伐殷商,而天下大安了。我于是反掉商王的恶政,政策由旧。解除箕子的囚禁,修治比干的坟墓,致敬于商容的里门。散发鹿台的财货,发放钜桥的粟,向四海施行大赏,天下万民都心悦诚服。"

注释 1 昧爽:天将明未明的时候。 2 旅:军队。 3 北:败走。 4 戎:兵,引申为征伐。《中庸》注:"戎,兵也。"衣:通"殷",指殷商。戎衣,讨伐殷商。 5 箕子:纣王的叔父。曾进谏不听,便披发佯狂,降为奴隶。 6 比干:纣王的叔父,力谏纣王,纣王说我听说圣人的心有七个孔,便剖开了他的心。 7 式:致敬。《孔疏》:"式者,车上之横木。男子立乘,有所敬则俯而凭式,遂以式为敬名。"商容:商之贤人。 8 赉:赏赐。

以上第二段,记叙武王克殷后在周京接见诸侯和百官的讲话。

原文

列爵惟五[1],分土惟三[2]。建官惟贤,位事惟能[3]。重民五教,

译文

武王设立爵位为五等,区分封地为三等。建立官长依据贤良,安置众吏依据才能。注重人民的五常之教和民食、丧葬、

惟食丧祭[4]。惇信明义，崇德报功。垂拱而天下治[5]。	祭祀。重视诚信，讲明道义；崇重有德的，报答有功的。于是武王垂衣拱手而天下安治了。

注释 **1** 五：指公、侯、伯、子、男五等爵位。 **2** 分土惟三：《孔传》："列地封国，公、侯方百里，伯七十里，子、男五十里，为三品。" **3** 位事：安置官吏。 **4** 五教：指父义、母慈、兄友、弟恭、子孝五种常教。惟：与，和。 **5** 垂拱：垂衣拱手。《孔传》："言武王所修皆是，所任得人，故垂拱而天下治。"

以上第三段，记叙武王克殷后的政治措施。

洪范

导读　洪，大；范，法。洪范，就是大法。这篇大法是箕子传下来的。箕子是殷纣王的亲属和大臣。纣王荒淫，不理国事。箕子进谏，不被接受，于是佯狂为奴。周克商的前一年，纣王杀王子比干，囚禁箕子。公元前1066年，武王克商，封纣王的儿子禄父于殷，又命召公释放箕子。后二年，武王访问箕子，问殷为什么灭亡，箕子不忍说殷的恶政。于是武王改问上天安定下民的常道，箕子便告以洪范九畴，也就是大法九类。史官记录箕子的这篇话，写成《洪范》。这篇文章很重要，历代受到重视。它是研究我国古代政治史和思想史的重要文献。

原文

惟十有三祀[1]，王访于箕子。王乃言曰："呜呼！箕子，惟天阴骘下民[2]，相协厥居[3]，我不知其彝伦攸叙[4]。"

箕子乃言曰："我闻在昔，鲧陻洪水[5]，汩陈其五行[6]。帝乃震怒，不畀洪范九畴[7]，彝伦攸斁[8]。鲧则殛死[9]，禹乃嗣兴，天乃锡禹洪范九畴[10]，彝伦攸叙[11]。

译文

周文王十三年，武王询问箕子。武王就说道："啊！箕子，上帝庇荫安定下民，使他们和睦相处，我不知道那治国常道的制定方法。"

箕子就回答说："我听说从前，鲧堵塞洪水，胡乱处理了水、火、木、金、土五种用物。上帝震怒，不赐给鲧九种大法，治国的常道因此败坏了。后来，鲧被流放死了，禹于是继承兴起。上帝就把九种大法赐给了禹，治国的常道因此定了下来。

注释　**1** 有：又。祀：年。　**2** 阴骘：马融说："阴，覆也。"骘，音zhì，《孔传》说："定也。"阴骘，就是庇荫安定，保护。　**3** 相：使。见《吕览·诚廉》

注。协:和。厥:其。 4 彝伦:常理。攸:所以。见《经传释词》。叙:次序,引申为制定、规定。 5 鲧:音 gǔn,夏禹的父亲。陻:音 yīn,堵塞。 6 汩:音 gǔ,乱。陈:列。五行:指水、火、木、金、土五种常用物质。《尚书大传》说:"水火者,百姓之所饮食也;金木者,百姓之所兴作也;土者,万物之所资生也。是为人用。" 7 畀:音 bì,给予。洪:大。范:法。九畴:九类,就是下文初一至次九的九种治国大法。 8 攸:由此。斁:音 dù,败坏。 9 殛:诛。指流放。 10 锡:通"赐",给予。 11 叙:次序,制定。

原文

"初一曰五行,次二曰敬用五事[1],次三曰农用八政[2],次四曰协用五纪[3],次五曰建用皇极[4],次六曰乂用三德[5],次七曰明用稽疑[6],次八曰念用庶征[7],次九曰向用五福[8],威用六极[9]。

译文

"第一是五行。第二是认真做好五事。第三是努力施行八种政务。第四是合用五种记时方法。第五是建事依据皇极。第六是治理使用三德。第七是尊用以卜考疑的方法。第八是审察政事利用各种征兆。第九是凭五福鼓励臣民,凭六极警戒臣民。

注释 1 五事:指貌、言、视、听、思五件事。 2 农:努力。《广雅·释诂》:"农,勉也。"八政:八种政事。 3 协:合。五纪:五种记时的方法。 4 建:建立。皇:君王。极:中,指中道。法则。 5 乂:治,指治民。《孔传》说:"治民必用刚、柔、正直之三德。" 6 稽:通"卟",《说文》:"卟,卜以问疑也。读与'稽'同。" 7 念:审察。《仪礼·聘礼记》"将授志趋"注:"志,犹'念'也。念趋,谓审行步也。"庶:众。征:征兆。 8 向:读为"飨",劝勉,《汉书·谷永传》引作"飨"。 9 威:畏惧,警戒。段玉裁说:"古'威''畏'同音通用,畏之曰畏,可畏亦曰畏。"

以上第一段，概述人君治国的大法。

原文

"一、五行：一曰水，二曰火，三曰木，四曰金，五曰土。水曰润下[1]，火曰炎上，木曰曲直[2]，金曰从革[3]，土爰稼穑[4]。润下作咸[5]，炎上作苦[6]，曲直作酸[7]，从革作辛[8]，稼穑作甘[9]。

译文

"一、五行：一是水，二是火，三是木，四是金，五是土。水向下润湿，火向上燃烧，木可以弯曲、伸直。金属可以顺从人意改变形状，土壤可以种植百谷。向下润湿的水产生咸味，向上燃烧的火产生苦味，可曲可直的木产生酸味，顺从人意而改变形状的金属产生辛味，种植的百谷产生甜味。

注释 1 曰：语中助词。润：润湿。 2 曲直：可曲可直。 3 从：顺从。革：变革。 4 爰：《史记》作"曰"，也是语中助词。稼穑：播种和收获。 5 润下：指水。作：产生。《诗·周颂·天作》传："作，生也。" 6 炎上：指火。 7 曲直：指木。 8 从革：指金。 9 稼穑：指稼穑的作物。

以上第二段第一节，解释五行。

原文

"二、五事：一曰貌[1]，二曰言，三曰视，四曰听，五曰思。貌曰恭，言曰从[2]，视曰明，听曰聪[3]，思曰睿[4]。恭作肃[5]，从作乂[6]，明作哲[7]，聪作谋[8]，睿作圣[9]。

译文

"二、五事：一是容仪，二是言论，三是观察，四是听闻，五是思考。容仪要恭敬，言论要正当，观察要明白，听闻要广远，思考要通达。容仪恭敬就能严肃，言论正当就能治理，观察明白就能昭哲，听闻广远就能善谋，思考通达就能圣明。

注释　1 貌:容仪。　2 从:正当合宜。《汉书·五行志》注:"言正曰从。"　3 聪:听得广远。《楚辞·涉江》注:"远听曰聪。"　4 睿:音 ruì,通达。　5 作:则,就。肃:敬。《孔疏》说:"貌能恭则心肃敬。"　6 乂:治。《孔疏》说:"言可从则政必治。"　7 哲:音 zhé,昭哲。《孔疏》说:"视能明则所见照哲。"　8 谋:谋划。听能广远则能善谋。　9 圣:圣明。思虑通达则圣明。

以上第二段第二节,解释五事。

原文

"三、八政[1]:一曰食[2],二曰货[3],三曰祀[4],四曰司空[5],五曰司徒[6],六曰司寇[7],七曰宾[8],八曰师[9]。

译文

"三、八种政务:一是管理民食,二是管理财货,三是管理祭祀,四是管理居民,五是管理教育,六是治理盗贼,七是管理朝觐,八是管理军事。

注释　1 八政:八种政务。　2 食:管民食。　3 货:管货财。　4 祀:管祭祀。　5 司空:管理居民。　6 司徒:管教育。　7 司寇:治理盗贼。　8 宾:管理朝觐。　9 师:管理军事。

以上第二段第三节,解释八政。

原文

"四、五纪:一曰岁,二曰月,三曰日,四曰星辰[1],五曰历数[2]。

译文

"四、五种记时方法:一是年,二是月,三是日,四是星辰的出现情况,五是日月运行所经历的周天度数。

注释　1 星辰:星,指二十八宿。辰,指十二辰。《孔传》说:"二十八宿迭见,以叙节气。十二辰以纪日月所会。"　2 历数:日月运行经历周天的度数。计算它们的历数,可以确定闰月,调和季节。

以上第二段第四节，解释五纪。

原文

“五、皇极：皇建其有极[1]。敛时五福[2]，用敷锡厥庶民[3]，惟时厥庶民于汝极[4]。锡汝保极[5]：凡厥庶民，无有淫朋[6]，人无有比德[7]，惟皇作极。凡厥庶民，有猷有为有守[8]，汝则念之[9]。不协于极，不罹于咎[10]，皇则受之[11]。而康而色[12]，曰：‘予攸好德[13]。’汝则锡之福，时人斯其惟皇之极[14]。无虐茕独而畏高明[15]，人之有能有为，使羞其行[16]，而邦其昌。凡厥正人[17]，既富方谷[18]，汝弗能使有好于而家[19]，时人斯其辜[20]。于其无好德，汝虽锡之福：其作汝用咎[21]。无偏无陂[22]，遵王之义[23]；无有作好[24]，遵王之道；无有作恶，遵王之路；无偏无党，王道荡荡[25]；

译文

“五、君王的中道：君王建立政事要有中道。采取这五福以为教导，用来普遍施给臣民，这样，庶民就会尊重您的中道。贡献您保持中道的方法：凡是庶民没有邪党，臣下没有私相比附的行为，只有君王执行中道。凡是臣下有计谋、有作为、有操守的，您就审察他们。行为不合法则，但没有陷入罪恶的人，您就成就他们；你和颜悦色地说：‘我任用美德。’然后，您就赐爵禄给他们，于是，臣民就会思念君王的中道了。不虐待鳏寡而又不畏显贵的人，和臣下有才能、有作为的人，让他献出他的才能，国家就会繁荣昌盛。凡那些百官之长，既然富有经常的俸禄，您若不能使他们对国家有好处，于是臣民就要责怪您了。对于那些没有好德行的人，您即便赐给他们爵禄，也将会使您受到危害。不要不平，不要不正，要遵守王令；不要作私好，要遵守王道；不要作威恶，要遵行正路；不要行偏，不要结党，王道坦荡；不要结无党无偏，王道平平[26]；无反无侧[27]，王道正直。会其有极[28]，归其有极。曰[29]：皇，极之敷言，是彝是训[30]，于帝其训[31]。凡厥庶民，极之敷言，是训是行，以近天子之光。曰：天子作民父母，以为天下王。

党，不要行偏，王道平平；不要违反，不要倾侧，王道正直。团结那些中道之臣，归附那个中道之君。君王，对于皇极所陈之言，要宣扬教导，天帝就顺心了。凡是庶民，对于皇极所陈之言，要遵守实行，用来接近天子的光辉。天子作臣民的父母，因此成为天下的君王。

注释 1 建：立。指建立政事。极：中道，法则。 2 敛：采取。时：这。五福：五种幸福，曾运乾氏谓即下文第九条所说之内容。《孔传》："敛是五福之道以为教。" 3 敷：普遍。锡：施予。 4 于：重视。《方言》说："于，大也。"见《尚书易解》。 5 锡：赐，贡献。保：保持。 6 淫朋：邪党。 7 人：指百官。比德：私相比附的行为。 8 猷：计谋。为：作为。守：操守。有猷有为有守，谓庶人之贤者。 9 念：审察。《仪礼·聘礼记》"将授志趋"注："志，犹'念'也。念趋，谓审行步也。" 10 罹：陷入。咎：罪恶。 11 受：成。见《吕览·诬徒》注。黄式三说："受，就也。"谓成就。 12 康：安和。《孔传》："汝当安汝颜色以谦下人。" 13 攸：行。《说文》："攸，行水也。""行"又训"用"，指任用。 14 福：爵禄。斯：《经传释词》："犹'乃'也。"惟：思。 15 茕独：孤独。泛指鳏寡孤独的人。茕，音 qióng，孤。高明：马融说："高明，显宠者，不枉法畏之。" 16 羞：贡献。行：善行。 17 正人：官员。 18 方谷：常禄。江声说："方，犹常也。谷，禄也。" 19 好：善。家：家国。 20 辜：罪，责备。 21 作：使。用：施行。咎：恶。 22 无：不要。陂：音 pō，不正。 23 义：法。 24 好：马融说："私好也。" 25 荡荡：宽广。 26 平平：平坦。 27 无反无侧：马融说："反，反道也。侧，倾侧也。" 28 会：聚合。 29 曰：《尚书正读》说:“更端之词。” 30 敷:陈述。极之敷言,极所陈述之言。彝:《史记》作“夷”,陈列。训:教导。 31 于:句首语气词。《尔雅》:“于,曰也。”训:顺从。下文“是训”之训,义同。

以上第二段第五节,解释皇极。

原文

“六、三德:一曰正直,二曰刚克[1],三曰柔克[2]。平康正直[3],强弗友刚克[4],燮友柔克[5]。沉潜刚克[6],高明柔克[7]。惟辟作福,惟辟作威,惟辟玉食[8]。臣无有作福作威玉食。臣之有作福作威玉食,其害于而家,凶于而国。人用侧颇僻,民用僭忒[9]。

译文

“六、三种治德:一是正直,二是刚克,三是柔克。和平安顺的人,就用正直对待;强不可亲的人,就用刚克制;和顺可亲的人,就用柔克制。乱臣贼子,就用刚克制;显贵大臣,就用柔克制。只有君王才能作福,只有君王才能作威,只有君王才能享用美物。臣子不许有作福、作威、美食的情况。假若臣子有作福、作威、美食的情况,就会害及您的家,乱及您的国。百官将因此倾侧不正,百姓也将因此发生差错和疑惑。

注释 1 刚克:克,制。刚克,以刚强克制之。 2 柔克:以柔顺克制之。 3 平康:和平安顺的人。 4 友:亲。强弗友,刚强不可亲的人。 5 燮:音 xiè,和。燮友,和而可亲的人。 6 沉潜:马融说:“沉,阴也。潜,伏也。阴伏之谋,谓乱臣贼子非一朝一夕之渐,君亲无将,将而诛。” 7 高明:谓显贵大臣。 8 玉食:美食。 9 僭:越轨。忒:作恶。

以上第二段第六节,解释三德。

原文

“七、稽疑：择建立卜筮人[1]，乃命卜筮[2]。曰雨，曰霁，曰蒙，曰驿，曰克，[3]曰贞，曰悔，[4]凡七。卜五，占用二，衍忒[5]。立时人作卜筮[6]。三人占，则从二人之言。汝则有大疑[7]，谋及乃心，谋及卿士，谋及庶人，谋及卜筮。汝则从，龟从，筮从，卿士从，庶民从，是之谓大同。身其康强，子孙其逢[8]。吉。汝则从，龟从，筮从，卿士逆，庶民逆，吉。卿士从，龟从，筮从，汝则逆，庶民逆，吉。庶民从，龟从，筮从，汝则逆，卿士逆，吉。汝则从，龟从，筮逆，卿士逆，庶民逆，作内吉[9]，作外凶[10]。龟筮共违于人，用静吉，用作凶。

译文

“七、用卜决疑：选择建立掌管卜筮的官员，教导他们卜筮的方法。龟兆有的叫做雨，有的叫做霁，有的叫做蒙，有的叫做驿，有的叫做克；卦象有的叫做贞，有的叫做悔，共计有七种。龟兆用前五种，占筮用后两种，根据这些推演变化，决定吉凶。设立这种官员进行卜筮。三个人占卜，就听从两个人的说法。你若有重大的疑难，你自己要考虑，再与卿士商量，再与庶民商量，再与卜筮官员商量。你赞同，龟卜赞同，蓍筮赞同，卿士赞同，庶民赞同，这叫大同。这样，自身会康强，子孙会昌盛，很吉利。你赞同，龟卜赞同，蓍筮赞同，而卿士反对，庶民反对，也吉利。卿士赞同，龟卜赞同，蓍筮赞同，你反对，庶民反对，也吉利。庶民赞同，龟卜赞同，蓍筮赞同，你反对，卿士反对，也吉利。你赞同，龟卜赞同，蓍筮反对，卿士反对，庶民反对，在国内行事就吉利，在国外行事就不吉利。龟卜、蓍筮都与人意相违，不做事就吉利，做事就凶险。

注释　**1** 卜筮：卜，用龟甲占吉凶；筮，用蓍草占吉凶。　**2** 命：教。命卜筮，教以卜筮之法。 3 雨、霁、蒙、驿、克：雨，兆之体气如雨。霁，如雨止而云气在上。蒙，气郁郁冥冥。驿，色泽而光明。克，如祲气之色相犯。本郑玄说。 4 贞：内卦。悔：外卦。 5 衍：推演。忒：变化。 6 时人：这种人，指卜筮官员。 7 则：假若。见《经传释词》。 8 逢：昌盛。马融说："逢，大也。" 9 作内：作于境内。 10 作外：作于境外。

以上第二段第七节，解释稽疑。

原文

"八、庶征：曰雨，曰旸[1]，曰燠[2]，曰寒，曰风。曰时五者来备，各以其叙[3]，庶草蕃庑[4]。一极备[5]，凶；一极无[6]，凶。曰休征：曰肃，时雨若；[7]曰乂，时旸若；曰晢，时燠若；曰谋，时寒若；曰圣，时风若。曰咎征：曰狂[8]，恒雨若；曰僭[9]，恒旸若；曰豫[10]，恒燠若；曰急[11]，恒寒若；曰蒙[12]，恒风若。曰王省惟岁[13]，卿士惟月，师尹惟日。岁月日时无易[14]，百谷用成[15]，乂用明，俊民用章[16]，家用

译文

"八、一些征兆：一叫雨，一叫晴，一叫暖，一叫寒，一叫风。一年中这五种天气齐备，各根据时序发生，百草就茂盛。一种天气过多就不好；一种天气过少，也不好。君王行为美好的征兆：一叫肃敬，就像及时降雨的喜人；一叫修治，就像及时晴朗的喜人；一叫明智，就像及时温暖的喜人；一叫善谋，就像及时寒冷的喜人；一叫通圣，就像及时刮风的喜人。君王行为坏的征兆：一叫狂妄，就像久雨的愁人；一叫不信，就像久晴的愁人；一叫逸豫，就像久暖的愁人；一叫严急，就像久寒的愁人；一叫昏昧，就像久风的愁人。君王视察的职责，就像一年包括四时；卿士就像月，统属于岁；众尹就像日，统属于月。假若岁、月、日、时的关系没有改变，百谷就因此成熟，政治就因此清明，杰出的人才因此显

平康。日月岁时既易，百谷用不成，乂用昏不明，俊民用微[17]，家用不宁。庶民惟星，星有好风[18]，星有好雨[19]。日月之行，则有冬有夏[20]。月之从星，则以风雨[21]。

扬，国家因此太平安宁。假若日、月、岁、时的关系全都改变，百谷就因此不能成熟。政治就因此昏暗不明，杰出的人才因此不能重用，国家因此不得安定。百姓好比星星，有的星喜欢风，有的星喜欢雨。太阳和月亮的运行，就有冬天和夏天以成岁功。月亮顺从星星，就要用风和雨润泽人民。

注释 1 旸：音yáng，晴天。 2 燠：音yù，暖和。 3 叙：次序，指时序。 4 蕃：滋多。庑：茂盛。 5 一：五者之一。极备：极多。 6 极无：极缺。 7 若：像。时雨若，像时雨。《尚书正读》说："若，譬况之词，位在句末。如《易·离卦》'出涕沱若，戚嗟若'，言出涕若沱，戚若嗟也。《诗·氓》'桑之未落，其叶沃若'，言其叶若沃也。本文'曰肃，时雨若'，犹《孟子》言'若时雨降'也。下均仿此。" 8 狂：狂妄。 9 僭：不信。 10 豫：逸豫。 11 急：严急。 12 蒙：昏昧。 13 省：音xǐng，视察，此指视察的职责。 14 岁月日时无易：岁月日时的统属关系不变，比喻君臣各顺其常。易，改变。 15 用：因。 16 俊民：有才能的人。章：显扬。 17 微："章"之反，谓不显扬。 18 星有好风：马融说："箕星好风。" 19 星有好雨：马融说："毕星好雨。" 20 日月之行，则有冬有夏：郭嵩焘《史记札记》："冬夏者，天之所以成岁功也，而日月之行循乎黄道以佐成岁功，以喻臣奉君命而布之风。"按比喻群臣须成王功。 21 以：用。郭嵩焘说："月入箕则风，入毕则雨。风雨者，天之所以发生万物也，而月从星之好以施行之，以喻倡导百姓之欲以达之君。"按比喻群臣之从民欲，须润泽斯民。

以上第二段第八节，解释庶征。

原文

"九、五福:一曰寿,二曰富,三曰康宁,四曰攸好德[1],五曰考终命[2]。六极:一曰凶、短、折[3],二曰疾,三曰忧,四曰贫,五曰恶[4],六曰弱[5]。"

译文

"九、五种幸福:一是长寿,二是富,三是健康安宁,四是遵行美德,五是高寿善终。六种不幸的事:一是早死,二是疾病,三是忧愁,四是贫穷,五是邪恶,六是不壮毅。"

注释 **1** 攸好德:攸,行。《说文》:"攸,行水也。"引申为"行"。 **2** 考:老。考终命,老而善终。 **3** 凶、短、折:早死。未到换牙就死了叫凶,未到成年就死了叫短,未到结婚就死了叫折。此郑玄的分析。 **4** 恶:邪恶。攸好德之反,谓为奸为宄,不行好德。 **5** 弱:郑玄说:"愚儒不壮毅曰弱。"

以上第二段第九节,解释五福六极。

旅獒

导读　旅，西旅，西方远国。獒，大犬，高四尺。周武王克殷后，西旅国来献大犬。召公认为不可接受，劝武王慎德，重视贤能，安定国家，保护百姓。史官记录召公的话，名曰《旅獒》。《孔疏》引郑玄说："獒读曰'豪'，西戎无君，名强大有政者为酋豪。国人遣其酋豪来献，见于周。"可证汉代《旅獒》篇与本篇不同。这是梅氏伪古文《尚书》之十八。

原文

惟克商，遂通道于九夷八蛮[1]。西旅厎贡厥獒[2]，太保乃作《旅獒》[3]，用训于王。

曰："呜呼！明王慎德，四夷咸宾[4]。无有远迩，毕献方物[5]，惟服食器用。王乃昭德之致于异姓之邦[6]，无替厥服[7]；分宝玉于伯叔之国，时庸展亲[8]。人不易物[9]，惟德其物[10]。

译文

武王胜商以后，便向众多的民族国家开通了道路。西方旅国来贡献那里的大犬，太保召公于是写了《旅獒》，用来劝谏武王。

召公说："啊！圣明的王敬重德行，所以四周的民族都来归顺。不论远近，都贡献些各方的物产，只是些可供衣食器用的东西。明王于是昭示这些贡品给异姓的国家，使他们不要荒废职事；分赐宝玉给同姓的国家，用这些东西展示亲爱之情。人们并不轻视那些物品，只以德意看待那些物品。

注释　**1** 九夷八蛮：夷，指古代东方各民族。蛮，指古代南方各民族。九和八，都是形容它的多。　**2** 西旅：西方的旅国。厎：音 zhǐ，至，来。　**3** 太保：官名，这里指召公。　**4** 宾：服从，归顺。　**5** 方物：《孔传》：

“方土所生之物。” 6 德之致：指贡品。《孔传》：“德之所致，谓远夷之贡。” 7 替：废弃。服：职务。 8 展亲：展示亲爱之情。 9 人不易物：易，轻易。人不轻视那些物品。 10 惟德其物：德，动词，看作德。只以德意看待那些物品。《蔡传》说：“故诸侯亦不敢轻易其物，而以德视其物也。”

以上第一段，说明明王慎德不事奢华。

原文

“德盛不狎侮[1]。狎侮君子，罔以尽人心；狎侮小人，罔以尽其力。不役耳目，百度惟贞[2]。玩人丧德，玩物丧志。志以道宁，言以道接。不作无益害有益，功乃成；不贵异物贱用物，民乃足。犬马非其土性不畜[3]，珍禽奇兽，不育于国。不宝远物，则远人格[4]；所宝惟贤，则迩人安。

译文

“德盛的人不轻易侮慢。轻易侮慢官员，就不可以使人尽心；轻易侮慢百姓，就不可以使人尽力。不被歌舞女色所役使，百事的处理就会适当。戏弄人就丧德，戏弄物就丧志。意志要依道来安宁；言论要依道来接物。不做无益的事来妨害有益的事，事就能成；不重视珍奇物品，百姓的用物就能充足。犬马不是土生土长的不养，珍禽奇兽不收养于国。不宝爱远方的物品，远人就会来；所重的是贤才，近人就安了。

注释 1 狎侮：狎，轻易。侮，侮慢。 2 百度：《左传·昭公元年》杜预注：“百度，百事之节也。”贞：正，适当。 3 土性：土生，土产。性，通“生”。 4 格：来。

以上第二段，说明盛德之主不可玩人玩物。

原文

“呜呼！夙夜罔或

译文

“啊！早晚不可有不勤德的时候。

不勤[1]。不矜细行[2]。终累大德，为山九仞，功亏一篑。允迪兹[3]，生民保厥居[4]，惟乃世王。”

不注重细行，终究会损害大德，比如筑九仞高的土山，工作未完只在于一筐土。真能实行这些诫言，则人民就安其居，而周家就可以世代为王了。”

注释 1 夙夜：早晚。罔：不可。或：有。 2 矜：慎。 3 允迪兹：允，信。迪，施行。兹，指诫言。 4 保：安。

以上第三段，劝勉武王不可因细行而累大德。

金縢

导读 武王胜商后二年,得了重病。当时天下尚未安定,殷民心怀不服。武王一身关系天下的安危,所以周公亲自请于太王、王季和文王,求以自己代替武王去死。祝告的册书收藏在金属束着的匮中。武王死后,成王年幼,周公代理政事,管叔、蔡叔放出流言说周公将不利于成王。因此成王也怀疑周公,骨肉之间发生了隔阂。周公东征,取得辉煌的胜利,又写了《鸱鸮》诗,想感动成王,成王仍然没有醒悟,可见隔阂之深。后来因一次偶然的天灾,成王打开金縢之匮,发现了周公请求代替武王死的册书,深深受到感动,隔阂终于消除了。史官看到金縢匮中的册书作用这样重大,于是记录了这件事来表彰周公的忠诚。为了突出金縢中册书的作用,于是名叫《金縢》。

原文

既克商二年,王有疾,弗豫[1]。二公曰:"我其为王穆卜[2]。"周公曰:"未可以戚我先王[3]?"公乃自以为功[4],为三坛同墠[5]。为坛于南方,北面,周公立焉。植璧秉珪[6],乃告太王、王季、文王[7]。

译文

周战胜商后的第二年,武王生了重病,身体不安。太公、召公说:"我们为王恭敬地卜问吉凶吧!"周公说:"不可以向我们先王祷告吗?"周公就把自身作为抵押,清除一块土地,在上面筑起三座祭坛。又在三坛的南方筑起一座台子,周公面向北方站在台上。放着玉,拿着圭,就向太王、王季、文王祷告。

注释 1 豫:安。黄式三说:"疾曰弗豫,犹言身不快也。" 2 二公:指太公和召公。穆:恭敬。 3 戚:读为"祷",告事求福。未可以戚我先王,是反问句。见《尚书易解》。 4 功:质,今言抵押。自以为功,即以身作抵押。 5 三坛:太王、王季、文王各为一坛。墠:音 shàn,祭祀的场地。6 植:郑玄说:"古'置'字。"璧:圆形的玉。珪:上圆下方的玉。古代祈祷要用圭、璧等。 7 太王:武王的曾祖。王季:武王的祖父。文王:武王的父亲。

原文

史乃册[1],祝曰:"惟尔元孙某[2],遘厉虐疾[3]。若尔三王是有丕子之责于天[4],以旦代某之身!予仁若考能[5],多材多艺[6],能事鬼神。乃元孙不若旦多材多艺[7],不能事鬼神。乃命于帝庭[8],敷佑四方[9],用能定尔子孙于下地[10]。四方之民罔不祗畏[11]。呜呼!无坠天之降宝命[12],我先王亦永有依归。今我即命于元龟[13],尔之许我,我其以璧与圭归俟尔命[14];尔不许我,我乃屏璧与圭[15]。"

译文

史官就写了策书,祝告说:"你们的长孙姬发,遇到险恶的病。假若你们三位先王这时在天上有助祭的职责,就用我姬旦代替他的身子吧!我柔顺巧能,多才多艺,能奉事鬼神。你们的长孙不如我多才多艺,不能奉事鬼神。而且他在天帝那里接受了任命,普遍取得了四方,因此能够在人间安定你们的子孙。天下的老百姓也无不敬畏他。唉!不要丧失上帝降给的宝贵使命,我们的先王也就永远有所归依。现在,我来听命于大龟,你们允许我,我就拿着璧和圭归向你们,等待你们的命令;你们不允许我,我就收藏璧和圭,不敢再请了。"

注释 1 史:史官。册:写册书。 2 惟:语气助词。元:长。某:指周武王姬发。 3 遘:遇到。厉:危。虐:恶。 4 是:这时。丕子:读为"布兹"。兹是席名,布兹就是布席。举行祭祀,先须布席,所以布席就是助祭。说见《尚书正读》。丕子之责,即助祭的职责。 5 仁若:柔顺。考:巧。《史记》作“巧”。 6 材、艺:都指技术。 7 乃元孙:你们的长孙。 8 乃:犹“而”也。见《经传释词》。命:见命,被命。 9 敷:普遍。佑:读为“有”。王国维说。 10 下地:人间。 11 祇:敬。 12 坠:丧失。宝命:指命于帝庭敷佑四方的使命。 13 即命:就而听命。 14 归:归于三王之所。 15 屏:音 bǐng,收藏。

原文

乃卜三龟,一习吉[1]。启籥见书[2],乃并是吉。公曰:“体[3]!王其罔害。予小子新命于三王[4],惟永终是图;兹攸俟[5],能念予一人[6]。”公归,乃纳册于金縢之匮中。王翼日乃瘳[7]。

译文

于是卜问三龟,都重复出现吉兆。打开竹简看书,竟然都是吉利。周公说:“根据兆形,王会没有危险。我新向三位先王祷告,只图国运长远;现在期待的,是先王能够俯念我谋国长远的诚心。”周公回去,把册书放进金属束着的匣子中。第二天,周武王的病就好了。

注释 1 一:都。习:重复。 2 启:开。籥:音 yuè,写兆书的竹简。书:占卜的书。 3 体:兆形。 4 命:告。《尔雅·释诂》:“命,告也。” 5 攸:所。俟:期待。 6 予一人:周公自称。念予一人,念我永终是图的至意。 7 翼日:明日。瘳:音 chōu。病好了。

以上第一段,记周公祈求先王让他代替武王之死,以安定周邦。

原文

武王既丧[1],管叔及其群弟乃流言于国[2],曰:“公将不利于孺子[3]。”周公乃告二公

译文

武王死后,管叔和他的几个弟弟就在国内散布谣言。说:“周公将会对成王不利。”周公就告诉太公、

曰:"我之弗辟[4],我无以告我先王。"周公居东二年[5],则罪人斯得[6]。于后,公乃为诗以贻王,名之曰《鸱鸮》[7]。王亦未敢诮公[8]。

召公说:"我不摄政,我将无辞告我先王。"周公留在东方两年,罪人就被捕获了。后来,周公写了一首诗送给成王,叫它为《鸱鸮》。成王只是不敢责备周公。

注释 1 丧:死。《史记·封禅书》:"武王克殷二年,天下未宁而崩。" 2 管叔:名鲜。郑玄说:"周公兄,武王弟,封于管。"群弟:指蔡叔、霍叔。《逸周书·作雒解》说:"武王克殷,乃立王子禄父俾守商祀,建管叔于东,建蔡叔、霍叔于殷,俾监殷臣。" 3 孺子:年幼的人,指成王。 4 辟:音 bì,摄政为君。 5 居东:居在东土,指东征。 6 罪人:指武庚和三叔等。斯:乃。见《经传释词》。 7 鸱鸮:今存《诗·豳风》中。《诗序》说:"《鸱鸮》,周公救乱也。成王未知周公之志,公乃为诗以遗王,名之曰《鸱鸮》焉。" 8 亦:只,只是。诮:音 qiào,责备。

以上第二段,记成王因流言而怀疑周公。

原文

秋[1],大熟,未获,天大雷电以风[2]。禾尽偃[3],大木斯拔[4],邦人大恐。王与大夫尽弁以启金縢之书[5],乃得周公所自以为功代武王之说[6]。二公及王乃问诸史与百执事[7]。对曰:"信[8]。噫[9]!公命我勿敢言。"

译文

秋天,百谷成熟,还没有收获,天空出现雷电与大风。庄稼都倒伏了,大树都被拔起,国人非常恐慌。周成王和大夫们都戴上礼帽,打开金属束着的匣子,于是得到了周公以自身为质请代武王的祝辞。太公、召公和成王就询问众史官以及众多办事官员。他们回答说:"确实。唉!周公告诫我们不能说出来。"

王执书以泣，曰："其勿穆卜！昔公勤劳王家，惟予冲人弗及知[10]。今天动威以彰周公之德，惟朕小子其新逆[11]，我国家礼亦宜之。"王出郊，天乃雨，反风，禾则尽起[12]。二公命邦人凡大木所偃，尽起而筑之[13]。岁则大熟。

成王拿着册书哭泣，说："不要等待卜了！过去，周公勤劳王室，我这年轻人来不及了解。现在上天动怒来表彰周公的功德，我小子要亲自去迎接，我们国家的礼制也应该这样。"成王走出郊外，天就下着雨，风向也反转了，倒伏的庄稼又全部伸起来。太公、召公命令国人，凡大树所压的庄稼，要全部扶起来，又培好根。这一年于是获得大丰收。

注释 1 秋：指"周公居东二年，罪人斯得"以后的秋天。 2 以：与，和。 3 偃：倒伏。 4 斯：尽。见《吕览》注。 5 弁：礼帽，这里是戴上礼帽的意思。 6 说：祷告的祝词。 7 百执事：众多办事官员。 8 信：确实。 9 噫：唉。叹词。 10 冲人：年幼的人。 11 新：当作"亲"。马融本作"亲"。逆：迎接。 12 起：立起，伸起。 13 筑：用土培根。

以上第三段，记成王得金縢之书而悔悟，亲自迎接周公。

大诰

导读　周武王逝世，成王年幼，周公摄政。元年公元前1063年，管叔、蔡叔、武庚联合淮夷反叛周王朝。周公忠诚为国，决计出兵平定叛乱。讨伐叛乱的军队还没有出发，诸侯国的国君和众位大臣认为此举困难很大，劝周公违背龟卜的指示，停止出征。周公于是大诰各诸侯国的国君和众位大臣，驳斥他们关于出征困难很大和违背龟卜的说法，劝导他们同心协力去平定叛乱。史官记录周公这篇诰辞，名叫《大诰》。周公这次东征，平定了叛乱，巩固了周王朝的统治，天下复归统一。周公东征是周代初年的重大事件，因此，这篇诰辞具有很高的史料价值。

原文

王若曰："猷[1]！大诰尔多邦越尔御事[2]。弗吊[3]！天降割于我家[4]，不少延[5]。洪惟我幼冲人[6]，嗣无疆大历服[7]。弗造哲[8]，迪民康[9]，矧曰其有能格知天命[10]？

译文

王这样说："哟！遍告你们众国君主和你们的办事大臣。不幸啊！上帝给我们国家降下灾祸，不稍间断。我这个幼稚的人继承了远大悠久的王业。没有遇到明哲的人，指导老百姓安定下来，何况说会有能度知天命的人呢？

注释　**1** 王：指摄政王周公。若：如此，这样。猷：哟。叹词。　**2** 多邦：众诸侯国。越：与，和。《广雅》："越，与也。"御事：治事大臣。　**3** 吊：善。弗吊，犹言不幸。　**4** 割：通"害"，灾害。《经典释文》："割，马本作'害'。"　**5** 延：间断。《尔雅·释诂》："延，间也。"　**6** 洪惟：句首语气助词。王引之说。幼冲人：年轻人。冲，稚。　**7** 大历服：历，久。服，事。大历服，伟大久远的事业。指王业。　**8** 造：遭遇。哲：明智的人。　**9** 迪：引导。

康:安。 10 矧:音 shěn,况且。格:度量。江声说。

原文

"已[1]!予惟小子,若涉渊水,予惟往求朕攸济[2]。敷贲敷前人受命[3],兹不忘大功。予不敢闭于天降威[4],用宁王遗我大宝龟[5],绍天明[6]。即命曰[7]:'有大艰于西土,西土人亦不静,越兹蠢[8]。殷小腆诞敢纪其叙[9]。天降威[10],知我国有疵[11],民不康,曰:予复!反鄙我周邦[12],今蠢今翼[13]。日民献有十夫予翼[14],以于敉宁、武图功[15]。我有大事,休?[16]'朕卜并吉。

译文

"唉!我小子像渡过深渊,我应当前往寻求我渡过去的办法。大宝龟帮助前人接受天命,至今不能忘记它的大功。在上天降下灾难的时刻我不敢把它闭藏着,用文王留给我们的大宝龟,卜问天命。我向大龟祷告说:'在西方有大灾难,西方人也不安静,现在也蠢动了。殷商的小主竟敢组织他的残余力量。天帝降下灾祸,他们知道我们国家有困难,民不安定。他们说:我们要复国!反而图谋我们周国,现在他们动起来、飞起来了。这些天有十位贤者来帮助我,我要和他们前往完成文王、武王所谋求的功业。我们将有战事,会吉利吗!'我的卜兆全都吉利。

注释 1 已:唉,叹词。 2 攸济:攸,所以。济,渡。攸济,所以济渡。见《经传释词》。 3 敷贲:大龟。"敷"训"大",见《诗·常武》释文引《韩诗》。敷前人:辅佐前人。敷,通"辅"。详见《尚书易解》。 4 闭:藏着。威:可畏的事,指灾难。 5 宁王:文王。古字"宁"和"文"形近,因而致误。 6 绍:卜问。天明:即天命。杨树达说,"明"是"命"之假借字。 7 即命:即,就。命,告。就龟而告。 8 越:在。兹:这时。蠢:动。 9 腆:主。小主,谓武庚。黄式三说。纪其叙:纪,组织。叙,余。组织他们的残余。

10 天降威:威,通“畏”,可畏的事。天降可畏的事,指武王死了。 **11** 疵:病,困难。指成王年幼,周公被疑。 **12** 鄙:图谋。王先谦说:“古文‘啚’为‘鄙’,与‘图’字形近,其义当为‘图’。”按王说可从。 **13** 今蠢今翼:蠢,动。翼,通“翌”,“翌”即“翊”字,《说文》:“翊,飞貌。”今蠢今翼,现在动起来、飞起来了,形容形势危急。此俞樾说。 **14** 日:近日。献:贤,指贤人。翼:助。予翼,即翼予。 **15** 敉:音mǐ。通“弥”,终。黄式三说。图功:图,大。功,业。王引之说。 **16** 大事:兵事,战事。休:好吗?曾运乾说:“犹言休否,问辞也。”

原文

“肆予告我友邦君越尹氏、庶士、御事[1],曰:‘予得吉卜,予惟以尔庶邦于伐殷逋播臣[2]。’尔庶邦君越庶士、御事罔不反曰:‘艰大,民不静,亦惟在王宫邦君室[3]。越予小子考翼[4],不可征,王害不违卜[5]?’

译文

“所以我告诉我的友邦国君和各位大臣说:‘我现在得到了吉卜,打算和你们众国去讨伐殷商那些叛乱的罪人。’你们各位国君和各位大臣没有不反对说:‘困难很大,老百姓不安宁,也有在王室和邦君室的人。我们这些小子考虑,不可征讨吧!大王为什么不违背龟卜呢?’

注释 **1** 肆:所以。越:与。尹氏:史官。庶士:众士。 **2** 惟:谋。以:与。于:往。逋播臣:逋,逃亡。播,散。逋播臣,指禄父。 **3** 惟:有。王宫邦君室:指管叔、蔡叔等。 **4** 越:句首语气词。予小子:庶邦君自称。考翼:曾运乾说:“考翼,犹言考慎也”。又引《谥法》曰:“大虑行节曰考,思虑深远曰翼。” **5** 害:通“曷”。何,为什么。

原文

“肆予冲人永思艰[1]，曰：呜呼！允蠢鳏寡[2]，哀哉！予造天役[3]，遗大投艰于朕身[4]。越予冲人不卬自恤[5]。义尔邦君越尔多士、尹氏、御事绥予曰[6]：‘无毖于恤[7]，不可不成乃宁考图功[8]。’

“已！予惟小子，不敢替上帝命[9]。天休于宁王[10]，兴我小邦周，宁王惟卜用，克绥受兹命[11]。今天其相民，矧亦惟卜用？呜呼！天明畏，弼我丕丕基[12]！”

译文

“现在我深深地考虑着艰难，我说：‘唉！确实惊扰了苦难的人民，真痛心啊！我受天命的役使，天帝把艰难的事重托给我，我无暇只为自身忧虑。你们众位邦君与各位大臣应该安慰我说：‘不要被忧患吓倒，不可不完成您文王的大业！’

“唉！我小子不敢废弃天命。天帝嘉惠文王，振兴我们小小的周国，当年文王只使用龟卜，能够承受这天命。现在天帝要帮助老百姓，何况也是使用龟卜呢？啊！天命可畏，请辅助我们伟大的事业吧！”

注释 1 肆：今。 2 允：信，真的。蠢：动，惊动。鳏寡：指苦难的人。 3 役：役使。 4 遗：当读为“惟”，《诗》“其鱼唯唯”，《韩诗》作“遗遗”，可证“惟”与“遗”相通。见《尚书易解》。投：掷。付予。艰：难事。 5 越：句首语气词。卬：我。恤：忧虑。 6 义：宜，应当。绥：安慰。 7 无：不要。毖：畏慎，恐惧。 8 宁考：文考。图功：大业。 9 替：废弃。不敢替上帝命：《孔传》说：“不敢废天命，言卜吉当必征之。” 10 休：嘉惠。 11 绥：安。 12 丕：大。基：事业。

以上第一段，宣布得了吉卜，劝导众国服从天命参加东征。

原文

王曰："尔惟旧人[1]，尔丕克远省[2]，尔知宁王若勤哉[3]！天閟毖我成功所[4]，予不敢不极卒宁王图事[5]。肆予大化诱我友邦君[6]：天棐忱辞[7]，其考我民[8]，予曷其不于前宁人图功攸终[9]？天亦惟用勤毖我民[10]，若有疾，予曷敢不于前宁人攸受休毕[11]？"

译文

王说："你们是老臣，你们多能远知往事，你们知道文王是如何勤劳的啊！天帝慎重地告诉我们成功的办法，我不敢不快速完成文王的大业。现在我劝导我们友邦的君主：天帝用诚信的话帮助我们，要成全我们的百姓，我们为什么不谋求完成前文王的大业呢？天帝也许要使我们的臣民勤劳，好像有疾病，我们怎敢不对前文王所受的疾病好好攘除呢？"

注释 1 惟：是。旧人：老臣。 2 省：省识。 3 若：《尚书正读》："若，如何也。" 4 閟：音 bì，慎重。毖：告诉。所：道，办法。《礼记·哀公问》注："所，犹道也。" 5 极：通"亟"。快速。王引之说。 6 化诱：教导。 7 棐：音 fěi，辅助。忱辞：诚信的话。指宝龟所示的吉兆。 8 考：成就。 9 于：往。攸：通"猷"，谋求。终：完成。 10 毖：劳心。 11 休毕：休，善。毕，消除疾病。孙诒让说。

原文

王曰："若昔朕其逝[1]，朕言艰日思[2]。若考作室，既厎法[3]，厥子乃弗肯堂，矧肯构？[4]厥父菑[5]，厥子乃弗肯

译文

王说："像往日讨伐纣王一样，我将要前往，我想说些艰难日子里的想法。好像父亲建屋，已经确定了办法，他的儿子却不愿意打地基，又愿意盖屋吗？他的父亲新开垦了田地，他的儿子却不愿

播[6],矧肯获?厥考翼其肯曰[7]:予有后弗弃基?肆予曷敢不越卬敉宁王大命[8]?若兄考[9],乃有友伐厥子[10],民养其劝弗救[11]?”

意播种,又愿意收获吗?这样,他的父亲考虑以后,难道愿意说,我们有后人不会废弃我的基业吗?所以我怎敢不在我自己身上完成文王伟大的使命呢?又好比兄长死了,却有人群起攻击他的儿子,为民长上的难道能够相劝不救吗?”

注释 1 若昔:黄式三说:“如前也。”其:将要。逝:往。 2 艰日思:艰难日子里的想法。 3 厎:定。 4 堂:基,打基础。矧:又。下文“矧肯获”,同。构:盖,盖屋。 5 菑:音 zī,新垦土地。 6 播:播种。 7 考翼:考虑。其:岂,难道。 8 越卬:越,在。越卬,在我自己。敉:音 mǐ,终,完成。 9 考:终,死。 10 友:群,成群。 11 养:长,长官。民养:人民之长,指诸侯和官员。

以上第二段,说明文王的大业必须完成,驳斥众国东征“艰大”的说法。

原文

王曰:“呜呼!肆哉[1],尔庶邦君越尔御事。爽邦由哲[2],亦惟十人迪知上帝命越天棐忱[3],尔时罔敢易法[4]!矧今天降戾于周邦[5]?惟大艰人诞邻胥伐于厥室[6],尔亦不知天命不易?

“予永念曰:天惟丧

译文

王说:“啊!努力吧,你们诸位邦君和各位官员。使国家清明要用明智的人,现在也有十个人引导我们知道天命和天帝辅助诚信的道理,你们不能轻视这些!何况现在天帝已经给周国降下了定命呢?那些发动叛乱的大罪人,勾结邻国,同室操戈,你们也不知天命不可改变吗?

“我长时间考虑着:天帝要灭亡殷

殷，若穑夫[7]，予曷敢不终朕亩？天亦惟休于前宁人[8]，予曷其极卜[9]？敢弗于从率宁人有指疆土[10]？矧今卜并吉？肆朕诞以尔东征[11]。天命不僭[12]，卜陈惟若兹[13]！”

国，好像农夫一样，我怎敢不完成我的田亩工作呢？天帝也想嘉惠我们先辈文王，我们怎能放弃吉卜呢？怎敢不前去重新巡视文王美好的疆土呢？更何况今天的占卜都是吉兆呢？所以我要率领你们东征，天命不可不信，卜兆的指示应当遵从呀！”

注释 1 肆：尽力。《尔雅·释诂》：“肆，力也。” 2 爽：明，清明。哲：哲人。 3 惟：有。十人：《孔传》说：“谓民献十夫来佐周。”迪：引导。越：与。棐忱：辅助诚信的人。 4 时：是，代词。易法：即易废，怠弃的意思。法，通“废”。金文“废”多作“法”。尔时罔敢易法，即尔罔敢怠慢是，否定句的代词宾语前置了。 5 矧：况且。戾：定。指定命。 6 大艰人：大发难的人，指三监和武庚。诞：通“延”，延请。邻：邻国。胥：相。 7 穑夫：农夫。 8 休：嘉惠。 9 极：放弃。《仪礼·大射仪》注：“极，犹放也。” 10 于：往。从：重，再。率：循行，行视。指：旨，美。有指即美好。 11 诞：语中助词。见《经传释词》。以：率领。 12 僭：不信。 13 陈：示。若：顺从。兹：哉，语末助词。见《词诠》。

以上第三段，说明天命不可懈怠，驳斥众国“违卜”的要求。

微子之命

导读　微子，名启，纣王的同母长兄，帝乙的长子。命，诰命。周成王杀了纣王的儿子武庚，于是命令微子启代替武庚为殷之后裔，封他于宋国，以奉行成汤的祭祀。史官记录成王封微子的诰命，叫做《微子之命》。这是梅氏伪古文《尚书》之十九。

原文

王若曰："猷！殷王元子[1]。惟稽古，崇德象贤[2]，统承先王，修其礼物，作宾于王家，与国咸休，永世无穷。

"呜呼！乃祖成汤克齐圣广渊[3]，皇天眷佑，诞受厥命。抚民以宽，除其邪虐。功加于时，德垂后裔[4]。

"尔惟践修厥猷[5]，旧有令闻。恪慎克孝，肃恭神人。予嘉乃德，曰笃不忘[6]。上帝时歆[7]，下民祗协，庸建尔于上公，尹兹东夏[8]。

译文

成王这样说："哟！殷王的长子。稽考古代，尊崇盛德、效法先贤的人，继承先王的传统，施行他的礼制文物，作王家的贵宾，跟王家同样美好，世代绵长，无穷无尽。

"啊呀！你的祖先成汤，能够肃敬、圣明、广大、深远，被皇天顾念佑助，承受了天命。他用宽和的办法安治臣民，除掉邪恶暴虐之徒。功绩施展于当时，德泽流传于后裔。

"你履行成汤的治道，老早有美名。谨慎能孝，恭敬神和人。我赞美你的美德，以为纯厚而不可忘。上帝对这种美德很欣喜。下民对你敬爱和睦，因此立你为上公，治理这块东夏地区。

注释 1 猷:叹词。表赞美,相当“哟”。殷王元子:元子,长子。微子是殷王帝乙的长子,纣的庶兄,所以称他为殷王长子。 2 崇德:崇重有德。象贤:效法先贤。崇德象贤,谓崇德象贤的人。 3 齐圣广渊:齐,肃敬。圣,明通。广,广大。渊,深远。《蔡传》说:“齐,肃也。齐则无不敬,圣则无不通。广,言其大。渊,言其深也。” 4 垂:流传。 5 践修:履行。古代履叫践,行叫修。猷:道。 6 曰笃不忘:曰,谓。笃,纯厚。《孔传》说:“谓厚不可忘。” 7 歆:欣然。《国语·周语》“民歆而德之”注:“歆,犹欣欣。”时歆,对此欣欣。时,是、此。 8 东夏:东夏地区,指宋国。《孔传》说:“东方华夏之国,宋在京师东。”

以上第一段,说明册命微子治理宋国的原因。

原文

“钦哉!往敷乃训。慎乃服命[1],率由典常,以蕃王室[2]。弘乃烈祖[3],律乃有民[4],永绥厥位,毗予一人[5]。世世享德,万邦作式,俾我有周无斁[6]。

“呜呼!往哉惟休[7]!无替朕命[8]。”

译文

“要敬重呀!前去发布你的政令。真诚对待你的上公职位与使命,遵循常法,以保卫周王室。弘扬你烈祖的治道,规范你的人民,长久安居上公之位,辅助我一人。这样,你的世世子孙会享受你的功德,万邦诸侯会以你为榜样,服从我周王室而不厌倦。

“啊!前去吧,要好好地干!不要废弃我的诰命。”

注释 1 慎:《尔雅·释诂》:“慎,诚也。”服命:服,职位。命,使命。这里指上公的职位和使命。 2 蕃:通“藩”,屏障,保卫。 3 烈祖:烈,功业。烈祖,有功烈之祖,指成汤。 4 律:规律,规范。 5 毗:音 pí,辅助。

6 俾:服从。《尔雅·释诂》:"俾,从也。"斁:音 yì,厌倦。 7 往哉惟休:《蔡传》说:"叹息言汝往之国,当休美其政。" 8 替:废弃。

以上第二段,勉励微子遵守常法以保卫周王室。

康诰

【导读】 本篇是周公告诫康叔治理殷民的诰辞。《史记·卫世家》记载：康叔名封，是周武王的同母幼弟。周公带领军队东征，杀了纣王的儿子武庚，杀了参加叛乱的管叔，放逐了蔡叔。把先前由武庚统治的殷民封给康叔。立康叔为卫君，居住在黄河和淇水之间的故殷地。周公忧虑康叔年轻，于是反复告诫他，要他寻求殷的贤人君子和长者，向他们请教关于先前殷王朝兴盛和灭亡的原因，要他努力爱护殷民。史官记录周公告诫康叔的这次讲话，写成《康诰》。《尚书大传》说："四年，建侯卫而封康叔。"四年，是指成王四年，也就是公元前1059年。这篇诰词阐明了尚德慎刑、敬天爱民的道理，具体规定了施刑的准则和刑律的条目，强调用德政教化殷民，巩固周王朝的统治。它反映了周公的统治思想和司法制度，是一篇重要文献。

【原文】

惟三月哉生魄[1]，周公初基作新大邑于东国洛[2]，四方民大和会，侯甸男邦、采卫百工、播民和见[3]，士于周[4]。周公咸勤[5]，乃洪大诰治[6]。

【译文】

三月间月光初生，周公开始计划在东方的洛水旁边建造一个新的大城市，四方的臣民都同心来会。侯甸男的邦君、采卫的百官、殷商的遗民都来会见，为周王室服务。周公普遍慰劳他们，于是代替成王大诰治殷的方法。

【注释】 **1** 三月：周公摄政第四年的三月。哉生魄：哉，始。魄，通"霸"。月初生之明。哉生魄，月亮初出现光明。指阴历每月二、三日。 **2** 基：经营。新大邑：指王城。 **3** 侯甸男邦：侯服、甸服、男服的邦君。采卫百工：采服、卫服的百官。工，官。播民：播迁之民，指殷民。和见：会见。《周书·谥法》:“和,会也。” 4 士:事,服务。 5 咸:都。勤:慰劳。 6 洪:代替。郑玄说:“洪,代也。言周公代成王诰。”治:治道。治理殷国的法则。

以上第一段,记作诰的时地和有关人物。

原文

王若曰[1]:“孟侯[2],朕其弟,小子封。[3]惟乃丕显考文王[4],克明德慎罚[5];不敢侮鳏寡,庸庸[6],祗祗[7],威威[8],显民[9],用肇造我区夏[10],越我一、二邦以修我西土[11]。惟时怙冒[12],闻于上帝,帝休[13],天乃大命文王。殪戎殷[14],诞受厥命越厥邦厥民[15],惟时叙[16],乃寡兄勖[17]。肆汝小子封在兹东土[18]。”

译文

王这样说:“诸侯之长,我的弟弟,年轻的封啊!你的伟大光明的父亲文王,能够崇尚德教,慎用刑罚;不敢欺侮无依无靠的人,任用当用的人,尊敬当敬的人,威慑应当威慑的人,用这些显示于人民,因而开始造就了我们小夏,和我们的几个友邦共同治理我们西方。文王这种重大努力,被上帝知道了,上帝很高兴,就降大命给文王。灭亡大国殷,接受上帝的大命和殷国殷民,继承文王的基业,是长兄武王努力所致,所以你这年轻人才封在这东土。”

注释 1 王:指周公。若:如此,这样。 2 孟侯:指康叔。孟,长。为诸侯之长。 3 其:之。《经传释词》:“其,犹‘之’也。”封:康叔名。 4 乃:你的。丕显考:伟大光明的父亲。 5 克:能够。明德:尊尚德教。慎罚:慎用刑罚。 6 庸:用。庸庸,任用可用的人。 7 祗:敬。祗祗,尊敬可敬的人。 8 威:威慑。威威,威慑可威慑的人。 9 显:显著。显民,显示于民。 10 用:因此。肇:开始。造:造就,建立。区夏:小夏。周邦自称夏,《君奭》:“惟文王尚克修和我有夏”可证。区,《广雅·释诂》“小也”。周邦原居陕西西部,地域不广,所以称为小夏。 **11** 越:与,和。修:治理。 **12** 时:这样。怙:大。王引之说。冒:通“勖”,勉力。 **13** 休:高兴。《广雅·释诂》:“休,喜也。” **14** 殪:音yì,死,这里指灭亡。戎殷:大殷。 **15** 越:与,和。 **16** 时叙:时,承。叙,绪。承绪,承文王之绪。**17** 寡兄:大兄。指周武王。详《尚书正读》。 **18** 东土:卫国在东方河、淇之间,所以说东土。

以上第二段,说明文王武王施行明德慎罚的政策而得天下。

原文

王曰:“呜呼!封,汝念哉!今民将在祗遹乃文考[1],绍闻衣德言[2]。往敷求于殷先哲王用保乂民[3],汝丕远惟商耇成人宅心知训[4]。别求闻由古先哲王用康保民[5]。弘于天[6],若德裕乃身[7],不废在王命[8]!”

译文

王说:“啊!封,你要考虑啊!现在殷民将观察你恭敬追随文王,努力听取殷人的好意见。你去殷地,要遍求殷代圣明先王用来保养百姓的方法,你还要深长思考殷商长者安定民心的明智教导。还要另求遗闻于古时圣明帝王以安保百姓。要比天还宏大,用和顺的美德指导自己,不停地去完成王命!”

注释 **1** 在:观察。《尔雅·释诂》:“在,察也。”遹:音yù,遵循,义见《尔雅》。 **2** 绍:通“劭”,尽力。闻:听取。衣:即“殷”。《中庸》注:“齐人言‘殷’声如‘衣’。” **3** 敷:普遍。乂:养。 **4** 惟:思。耇:音gǒu,老。老成人,德高望重的长者。宅:安,安定。宅心,与下文“康乃心”同意。知训:明智教训。 **5** 别:另外。由:于。康:安。 **6** 弘:大。 **7** 若德:顺从之德。裕:指导。《广雅·释诂》:“裕,道也。” **8** 废:止,停止。在:完成。《尔雅·释诂》:“在,终也。”

原文

王曰："呜呼！小子封，恫瘝乃身[1]，敬哉！天畏棐忱[2]；民情大可见，小人难保。往尽乃心，无康好逸豫[3]，乃其乂民。我闻曰：'怨不在大，亦不在小；惠不惠[4]，懋不懋[5]。'已！汝惟小子，乃服惟弘王应保殷民[6]，亦惟助王宅天命[7]，作新民[8]。"

译文

王说："啊！年轻的封，治理国家像病痛在你的身上，要认真啊！天道辅助诚信的人，民情大致可以看出，百姓难于安定。你去殷地要尽你的心意，不要苟安贪图逸乐，才会治理好百姓。我听说：'民怨不在于大，也不在于小。要使不顺从的顺从，不努力的努力。'啊！你是个年轻人，你的职责就是宽大对待王家所接受保护的殷民，也是辅佐王家确定天命，革新殷民。"

注释 1 恫：音 tōng，痛。瘝：音 guān，病。 2 畏：通"威"。《广雅·释言》："威，德也。"忱：辅诚。 3 豫：乐。 4 惠：顺从。 5 懋：勉。 6 服：职责。弘：大，宽大。应保：《经义述闻》："应保，犹'受保'也。" 7 宅：黄式三说："宅，定也。" 8 作：振作。新：革新。

以上第三段，告诫康叔尽心讲求治道、爱护人民。

原文

王曰："呜呼！封，敬明乃罚[1]。人有小罪，非眚[2]，乃惟终[3]；自作不典[4]，式尔[5]，有厥罪小[6]，乃不可不杀。乃有大罪，非终，乃惟眚灾[7]；适尔，既道极厥

译文

王说："啊！封，要认真通晓那些刑罚。人有小罪，不是过失，而是经常；自作不法，因此这样，即使他的罪行小，却不可不杀。若有大罪，不是经常，而是过失；偶然这样，他已经说尽了他的罪过，这个人就不可杀。"

辜，[8]时乃不可杀。”

王曰：“呜呼！封，有叙时[9]，乃大明服[10]，惟民其敕懋和[11]。若有疾，惟民其毕弃咎[12]；若保赤子[13]，惟民其康乂。

“非汝封刑人杀人，无或刑人杀人。非汝封又曰劓刵人[14]，无或劓刵人。”

王说：“啊！封。能够顺从这样去做，就都会明晓上意而心悦诚服；人民就会互相告诫，努力和顺相处。好像自己有病一样，看待臣民犯罪，臣民就会完全抛弃咎恶；好像保护小孩一样，保护臣民，臣民就会康乐安定。

“不是你姬封刑人杀人，没有人敢刑人杀人；不是你姬封有令要割鼻断耳，没有人敢施行割鼻断耳的刑罚。”

注释 1 明：明晓。 2 眚：音 shěng，过失。 3 终：常。 4 典：法。 5 式：用。尔：如此。 6 有：虽然。《尔雅·释训》：“有，虽也。” 7 眚灾：因过失而造成的灾害。 8 适：适然、偶然。道：说。极：尽。 9 叙：顺从。时：是，这。指代上述“杀终赦眚”的方法。 10 服：诚服。 11 敕：告诫。和：顺。 12 咎：罪恶。 13 赤子：小孩。 14 又：有。劓：音 yì，割鼻之刑。刵：音 èr，断耳的刑。

原文

王曰：“外事[1]，汝陈时臬司师[2]，兹殷罚有伦[3]。”又曰：“要囚[4]，服念五、六日至于旬时[5]，丕蔽要囚[6]。”

王曰：“汝陈时臬事罚[7]。蔽殷彝[8]，用其义刑义杀[9]，勿庸以次汝封[10]。

译文

王说：“判断案件，你要宣布这些法则管理狱官，这样，殷人的刑罚就会有条理。”王又说：“囚禁的犯人，必须考虑五、六天，至于十天，才判决他们。”

王说：“你宣布这些法律进行惩罚。判断案件，要依据殷人的常法，采用适宜的刑杀条律，不要顺从你的心乃汝尽逊曰时叙[11]，惟曰未有逊事[12]。已！汝惟小子，未其有若汝封之心[13]。朕心朕德，惟乃知。

“凡民自得罪[14]：寇攘奸宄[15]，杀越人于货[16]，暋不畏死[17]，罔弗憝[18]。”

意。假如完全顺从你的意志断案才叫承顺，应当说不会有承顺的事。唉！你是年轻人，不可顺从你姬封的心意。我的心意，请你理解。

“老百姓凡因这些行为犯罪：偷窃、抢夺、内外作乱、杀远人取财货，强横不怕死，这些罪行没有人不怨恨。”

注释　**1** 外事：判断狱讼的事。江声说：“外事，听狱之事也。听狱在外朝，故云外事。”　**2** 陈：列，列举。臬：法。司：管理。师：士师，狱官。　**3** 兹：此，这样。有伦：有条理。　**4** 要囚：幽囚，囚禁犯人。　**5** 服念：思考。《诗·关雎》传：“服，思之也。”　**6** 丕：乃。训见《经传释词》。蔽：判断。　**7** 事罚：施行刑罚。　**8** 彝：法。蔽殷彝：蔽以殷法，用殷法判断案件。　**9** 义：宜，合理。《孔传》：“义，宜也。”　**10** 庸：用。次：通“恣”。顺从，见《吕览》注。次汝封，顺从汝姬封的心意。　**11** 乃：若，假若。汝尽逊：尽顺汝。逊，顺。时叙：承顺。　**12** 惟：宜，应当。《吕览·知分》注：“惟，宜也。”　**13** 未：无。其：句中语气助词。若：顺从。　**14** 自得罪：由此得罪。自，由。　**15** 奸：在内作乱。宄：在外作乱。　**16** 越：远。见《广雅·释诂》。于：江声说：“于，犹‘取’也。”　**17** 暋：音 mǐn，强横。　**18** 憝：音 duì，怨恨。罔弗憝，没有人不怨恨。江声说：“凡人无不怨之，此言不待教而诛者也。”

原文

王曰：“封，元恶大憝[1]，矧惟不孝不友[2]。子弗祗服厥父事[3]，大伤厥考

译文

王说：“封啊，首恶招人大怨，也有些是不孝顺不友爱的。儿子不认真治理他父亲的事，大伤他父亲的心；父亲

心;于父不能字厥子[4],乃疾厥子[5];于弟弗念天显[6],乃弗克恭厥兄;兄亦不念鞠子哀[7],大不友于弟。惟吊兹[8],不于我政人得罪[9],天惟与我民彝大泯乱[10]。曰:乃其速由文王作罚[11],刑兹无赦。

不能爱怜他的儿子,反而厌恶儿子;弟弟不顾天伦,不尊敬他的哥哥;哥哥也不顾念小弟弟的痛苦,对小弟弟极不友爱。父子兄弟之间竟然到了这种地步,不由行政人员去惩罚他们,上帝赋予老百姓的常法就会大混乱。我说,就要赶快使用文王制定的刑罚,惩罚这些人,不要赦免。

注释 1 元:大。大憝:被人大恨。 2 矧:也。见《经传释词》。孝:善事父母。友:善事兄弟。 3 祇:恭敬。服:治理。 4 于:为。见《仪礼·士冠礼》注。字:爱。 5 疾:恶。 6 天显:指天伦。 7 鞠子:幼子。《释言》:"鞠,稚也。"哀:痛苦。 8 吊:至。兹:这。指上述情况。 9 于:《孔疏》说:"于,犹'由'也。"政人:行政人员。 10 泯:音 mǐn,混乱。 11 由:用。

原文

"不率大戛[1],矧惟外庶子、训人惟厥正人越小臣、诸节[2]。乃别播敷造民[3],大誉弗念弗庸,瘝厥君[4];时乃引恶[5],惟朕憝。已!汝乃其速由兹义率杀[6]。

"亦惟君惟长[7],不能厥家人越厥小臣、外正;惟威惟虐,大放王命[8];乃非德用乂。

译文

"不遵守国家大法的,也有诸侯国的庶子、训人和正人、小臣、诸节等官员。竟然另外发布政令,告谕百姓,大大称誉不考虑不执行国家法令的人,危害国君;这就助长了恶人,我怨恨他们。唉!你就要迅速根据这些条例捕杀他们。

"又诸侯不能教育好他们的家人和内外官员,作威肆虐,完全放弃王命;这些人就不可用德惠去治理。

"汝亦罔不克敬典[9],乃由裕民[10],惟文王之敬忌[11];乃裕民曰:'我惟有及[12]。'则予一人以怿[13]。"

"你也不要不能崇重法令。前往教导臣民,要思念文王的赏善罚恶;前往教导臣民说:'我们只求继承文王。'那么,我就高兴了。"

注释 1 率:遵循。戛:音 jiá,法。《蔡传》:"戛,法也。" 2 庶子:官名。训人:官名。越:与。小臣:江声说:"掌君之小命者。"诸节:官名,掌符节。3 播敷:播布,传播。造:告。 4 瘝:音 guān,病,伤害。 5 引:增长。6 率:捕捉。《说文》"率,捕鸟毕也。" 7 君、长:指诸侯。 8 放:放弃。9 典:法。 10 乃:往。见《广雅·释诂》。由裕:教导。由,通"猷"。《方言》:"裕、猷,道也。""道"与"导"通。王引之说。 11 敬忌:敬和忌,谓赏善罚恶。 12 及:继承,谓继承文王。 13 怿:音 yì,高兴。

以上第四段,告诫康叔用刑的准则和刑律。

原文

王曰:"封,爽惟民迪吉康[1],我时其惟殷先哲王德[2],用康乂民作求[3]。矧今民罔迪,不适[4];不迪,则罔政在厥邦[5]。"

王曰:"封,予惟不可不监[6],告汝德之说于罚之行[7]。今惟民不静,未戾厥心[8],迪屡未同[9],爽惟天其罚殛我[10],我其不怨。惟厥罪无在大,亦

译文

王说:"封啊,老百姓受到教化才会善良安定,我们时时要思念着殷代圣明先王的德政,用来安治殷民,作为法则。并且现在的殷民不加教导,就不会善良;不加教导,就没有善政保存殷国。"

王说:"封啊,我们不可不看清这些,我要告诉你施行德政的意见和招致责罚的道理。现在老百姓不安静,没有安定他们的心,教导屡屡,仍然不曾和同,上天将要责罚我们,我们不可怨恨。他们的罪过不在于大,也不在于多,何

无在多,矧曰其尚显闻于天[11]?"

况还被上天明显地听到呢?"

王曰:"呜呼!封,敬哉!无作怨[12],勿用非谋非彝蔽时忱[13]。丕则敏德[14],用康乃心[15],顾乃德,远乃猷[16],裕乃以[17];民宁,不汝瑕殄[18]。"

王说:"唉!封,要谨慎啊!不要制造怨恨,不要使用不好的计谋,不要采取不合法的措施,以蔽塞你的诚心。于是努力施行德政,以安定殷民的心,顾念他们的善德,宽缓他们的徭役,丰足他们的衣食;人民安宁了,上天就不会责备和抛弃你了。"

[注释] 1 爽惟:句首语气词。说见《经传释词》。迪:教导。吉:善。 2 时:时时。惟:思念。 3 求:通"捄",法则。《广雅·释诂》:"捄,法也。" 4 适:善。 5 罔政:无善政。在:存在。 6 监:视。 7 于:与。行:道。 8 戾:定,安定。 9 屡:屡次。同:和。 10 殛:音jí,诛责。 11 曰:通"聿",句中语气助词。 12 作:造作。 13 蔽:蔽塞。忱:诚。 14 丕则:于是。敏:勉力,努力。《中庸》郑注:"敏,犹'勉'也。"敏德,谓勉行德政。 15 乃:其,指殷民。 16 猷:通"徭",徭役。《诗·巧言》"秩秩大猷",《汉书·叙传》注作"秩秩大徭。"远乃徭,谓宽缓其徭役。见《尚书易解》。 17 以:用。裕乃用,即丰足其衣食。见《尚书易解》。 18 瑕:病,指责。殄:绝,弃绝。

以上第五段,告诫康叔要用德政感化殷民。

[原文]

王曰:"呜呼!肆!汝小子封[1]。惟命不于常[2],汝念哉!无我殄享[3],明乃服命[4],高乃听[5],用康乂民。"

[译文]

王说:"啊,努力吧!你这年轻的姬封。天命不只帮助一家,你要记住啊!不要抛弃我的教导。要明确你的职责和使命,敬慎对待你的听闻,用来安治老百姓。"

王若曰:"往哉!封,勿替敬,典听朕告[6],汝乃以殷民世享[7]。"

王这样说:"去吧!姬封啊,不要放弃警惕,经常听取我的教导,你就可以和殷民世世代代享有殷国。"

注释 1 肆:肆哉,努力呀。 2 命:天命。郑玄说:"命,天命也。天命不于常,言不专佑一家也。" 3 享:通"向",劝告。 4 明:明确。乃:你的。服命:职责和使命。 5 高:敬。见《广雅·释诂》。 6 典:常。 7 以:与。世享:世世享有殷国。

以上第六段,告诫康叔要听从教命。

酒诰

导读　本篇是周公命令康叔在卫国宣布禁酒的诰辞。周公平定武庚的叛乱以后,把幼弟康叔封为卫君,统治殷民。卫国处在黄河和淇水之间,是殷商的故居。殷人酗酒乱德,周公害怕这种恶劣习俗会酿成大乱,所以命令康叔在卫国宣布戒酒令,不许酗酒。又把戒酒的重要性和禁止官员饮酒的条例详细告诉康叔。史官记录周公的这篇诰辞,写成《酒诰》。本篇反映了周公改造恶俗的伟大思想,值得高度重视。

原文

王若曰:"明大命于妹邦[1]。乃穆考文王,肇国在西土。[2]厥诰毖庶邦庶士越少正御事朝夕曰[3]:'祀兹酒[4]。'惟天降命[5]。肇我民[6],惟元祀[7]。天降威[8],我民用大乱丧德[9],亦罔非酒惟行[10];越小大邦用丧,亦罔非酒惟辜[11]。

译文

王这样说:"要在卫国宣布一项重大教命。当初,穆考文王在西方创立国家。他早晚告诫各国诸侯、各位卿士和各级官员说:'祭祀时才饮酒。'上帝降下福命,劝勉我们臣民,只在大祭时才饮酒。上帝降下惩罚,我们臣民所以大乱失德,也没有不是以酗酒为辞的;大小国家所以灭亡,也没有不是以酗酒为罪的。

注释　**1** 王:指周公。明:昭告。妹邦:指卫国。　**2** 乃:当初。穆考:指文王。文王世次当穆,所以称穆考。肇:通"肁",创建。《说文》:"肁,始开也。"西土:西方。文王作邑于丰,丰在今陕西咸阳市南。　**3** 厥:其,指文王。诰毖:告诫。毖,通"必"。《广雅》:"必,敕也。"庶邦:各国诸侯。庶士:众卿士。少正:副长官。御事:办事官员。　**4** 兹:则。曾运乾说:"兹,则也,声之转。祀兹酒,犹云祀则酒,即下文诰教小子饮惟祀也。"　**5** 惟:

语首助词。命:福命,与下文“威”相对。 6 肇:敏,劝勉。《尔雅·释言》:“肇,敏也。” 7 惟元祀:言惟大祀之时可以饮酒。惟,只是。元祀,大祀。 8 威:罚。 9 用:以,所以。 10 惟:为。行:言辞。《尔雅·释诂》:“行,言也。” 11 辜:罪过。

原文

“文王诰教小子有正有事[1],无彝酒[2];越庶国[3],饮惟祀,德将无醉[4]。惟曰我民迪小子惟土物爱[5],厥心臧[6]。聪听祖考之彝训[7],越小大德[8]!

“小子惟一妹土[9],嗣尔股肱[10],纯其艺黍稷[11],奔走事厥考厥长[12]。肇牵车牛[13],远服贾用[14],孝养厥父母;厥父母庆[15],自洗腆[16],致用酒[17]。

译文

“文王还告诫在王朝担任大小官职的子孙,不要经常饮酒。告诫在诸侯国任职的子孙,只在祭祀时饮酒,要用德扶持,不要喝醉了。还告诫我们的臣民要教导子孙珍惜粮食,使他们的思想善良。我们要听清祖考的常训,发扬大大小小的美德!

“殷民要专心住在卫国,用你们的手足,专心种植黍稷,勤劳奉事你们的父兄。农事完毕以后,勉力牵牛赶车,到外地去从事贸易,孝顺赡养父母;父母高兴,自己办了丰盛的膳食,可以饮酒。

注释 1 小子:指文王的子孙。有正有事:大臣和小臣,指任职于王朝的。 2 无:不要。彝酒:经常喝酒。 3 越:于。庶国:指在诸侯国任职的。 4 德将:以德自助。将,扶助。 5 曰:谓。迪:指导。小子:指臣民的子孙。土物:农作物,指粮食。爱:爱惜。 6 臧:善。 7 聪听:明听。 8 越:发扬。《尔雅·释诂》:“越,扬也。” 9 小子:卫国的老百姓,与下文“庶士有正”相对。 10 嗣:用。股肱:脚手。 11 纯:专一。其:助词。艺:种植。 12 事:服务。 13 肇:敏,勉力。 14 服:从事。贾用:贸易。

15 庆:高兴。 **16** 洗腆:洁治膳食。洗,洁;腆,丰盛的膳食。 **17** 致:得。

原文

"庶士有正越庶伯君子[1]。其尔典听朕教[2]!尔大克羞耇惟君[3],尔乃饮食醉饱。丕惟曰尔克永观省[4],作稽中德[5],尔尚克羞馈祀[6]。尔乃自介用逸[7],兹乃允惟王正事之臣[8]。兹亦惟天若元德[9],永不忘在王家[10]。"

译文

"各级官员们,要经常听从我的教导!你们大都能进献酒食给老人和君主,你们就能醉饱。我想,你们能够长久地观察自己,行动符合中正的美德,你们还能够参加国君举行的祭祀。你们如果自己限制行乐饮酒,这样就能长期成为王家的治事官员。这就是上帝所赞赏的大德,在王家将永远不会失去禄位。"

注释 **1** 伯:邦伯。君子:在位官员。 **2** 其:希望。表祈使语气。 **3** 羞:进献。耇:老人。惟:与。 **4** 丕:语气助词。惟:思。省:省察。 **5** 作:行动。稽:符合。《周礼·小宰》郑众注:"稽,合也。"中德:中正之德。 **6** 羞:进,进入。馈祀:郑玄说:"助祭于君。" **7** 乃:若。介:通"界",限制。《后汉书·马融传》注:"界,犹限也。"用逸:行逸,指饮酒。 **8** 允:长。见杨氏《尚书说》。惟:是。正事:政事。 **9** 若:善,赞美。元德:善德。 **10** 忘:读为"亡",失。王引之说。

以上第一段,教导卫国臣民戒酒的大命。

原文

王曰:"封,我西土棐徂邦君御事小子[1],尚克用文王教,不腆于酒[2],故我至于

译文

王说:"封啊,我们西土辅助诸侯和官员,常常能够遵从文王的教导,不多饮酒,所以我们到今天,能

今，克受殷之命。”

王曰：“封，我闻惟曰[3]：‘在昔殷先哲王迪畏天显小民[4]，经德秉哲[5]。自成汤咸至于帝乙[6]，成王畏相惟御事[7]，厥棐有恭[8]，不敢自暇自逸，矧曰其敢崇饮[9]？越在外服[10]，侯甸男卫邦伯；越在内服，百僚庶尹惟亚惟服、宗工越百姓里居[11]，罔敢湎于酒。不惟不敢，亦不暇，惟助成王德显越[12]，尹人祗辟[13]。’

够接受治殷的使命。”

王说：“封啊，我听到有人说：‘过去，殷的先人明王畏惧天命和百姓，施行德政，保持恭敬。从成汤延续到帝乙，明君贤相都考虑着治理国事。他们的辅臣很敬慎，不敢自己安闲逸乐，何况敢聚众饮酒呢？在外地的侯、甸、男、卫的诸侯，在朝中的各级官员、宗室贵族以及退住在家的官员，没有人敢酣乐在酒中。不但不敢，他们也没有闲暇，他们只想助成王德显扬，助成长官重视法令。’

注释 1 棐徂：辅助。黄式三说：“棐，辅也。”徂，通“助”。 2 腆：厚，丰厚。 3 惟：有。 4 迪：句中助词。天显：天明。孙诒让说：“天显，犹《大诰》云‘天明’。” 5 经德：行德。秉哲：持敬。“哲”与“悊”通。《说文》：“悊，敬也。” 6 成汤：殷商开国之君。咸：通“覃”，延续。帝乙：商纣王的父亲。 7 成王：有成就的王。畏相：可敬畏的辅臣。 8 棐：辅，谓辅臣。有恭：恭敬。 9 崇：聚会。 10 外服：外官，指诸侯。 11 百僚：百官。庶尹：众长。亚：次，副官。服：任事的官。宗工：宗室官员。百姓里居：住在家里的退休官员。王国维谓“里居”即“里君”，可备参考。 12 显越：显扬。《尔雅·释言》：“越，扬也。” 13 祗辟：敬法。

原文

“我闻亦惟曰：‘在今

译文

“我听到也有人说：‘在近世的商

后嗣王[1],酣[2],身厥命[3],罔显于民祇[4],保越怨不易[5]。诞惟厥纵[6],淫泆于非彝[7],用燕丧威仪[8],民罔不衋伤心[9]。惟荒腆于酒,不惟自息乃逸[10]。厥心疾很[11],不克畏死[12]。辜在商邑[13],越殷国灭,无罹[14]。弗惟德馨香祀[15],登闻于天[16],诞惟民怨[17],庶群自酒[18],腥闻在上。故天降丧于殷[19],罔爱于殷,惟逸。天非虐,惟民自速辜[20]。'"

纣王,好酒,以为有命在天,不明白臣民的痛苦,安于怨恨而不改。他大作淫乱,游乐在违反常法的活动之中,因宴乐而丧失了威仪,臣民没有不悲痛伤心的。他只想放纵于酒,不想自己制止其淫乐。他心地狠恶,不能以死来使他感到畏惧。他在商都作恶,对于殷国的灭亡,没有忧虑过。没有明德芳香的祭祀升闻于上天;只有臣民的怨气、只有群臣私自饮酒的腥气升闻于上。所以,上帝对殷邦降下了灾祸,不喜欢殷国,就是淫乐的缘故。上帝并不暴虐,是殷民自己招来了罪罚。'"

注释 1 后嗣王:指纣王。 2 酣:乐酒。《说文》:"酣,酒乐也。" 3 身:通"伸"。《说文》:"伸,神也。"神厥命,以其命为神,谓我有命在天。 4 显:明。民祇:臣民的痛苦。祇,通"疧",病,痛苦。 5 保:安。越:于。 6 诞:大。惟:为。纵:乱。 7 泆:通"佚",乐。 8 燕:通"宴",宴饮。江声说:"纣为酒池肉林,使男女裸而相逐其间,故言大放纵淫泆于非法,以燕饮丧其威仪。" 9 衋:音 xì。伤痛。 10 乃:他的。逸:过失。 11 很:狠。 12 不克畏死:不能畏之以死。 13 辜:罪过,这里是"作恶"的意思。商邑:商之国都。 14 罹:忧虑。无罹,不忧。 15 弗惟:不有。馨香:远闻的芳香。 16 登:升。 17 诞:语首助词。 18 自酒:私自饮酒。 19 丧:丧亡之祸。 20 速:招致。

以上第二段,告诉康叔关于饮酒的历史教训。

原文

王曰:"封,予不惟若兹多诰[1]。古人有言曰:'人无于水监[2],当于民监。'今惟殷坠厥命,我其可不大监抚于时[3]!予惟曰汝劼毖殷献臣[4],侯甸男卫,矧太史友、内史友[5]、越献臣百宗工[6],矧惟尔事[7]、服休服采[8],矧惟若畴[9],圻父薄违[10]、农父若保[11]、宏父定辟[12]:'矧汝刚制于酒[13]!'

译文

王说:"封啊,我不想如此详告了。古人有话说:'人不要只从水中察看,应当从民情上察看。'现在殷商已丧失了他的福命,我们难道可以不特地省察这个事实!我想告诉你要慎重告诫殷国的贤臣,侯、甸、男、卫的诸侯,又朝中记事记言的史官,贤良的大臣和许多尊贵的官员,还有你的治事官员,管理游宴休息和祭祀的近臣,还有你的三卿,讨伐叛乱的圻父,顺保百姓的农父,制定法度的宏父,向他们说:'你们要强行断绝饮酒!'

注释 **1** 惟:思。若兹:如此。 **2** 无:不要。监:察看。 **3** 其:难道。监抚:察看。抚,览。见《文选·神女赋序》注。 **4** 曰:谓。劼:音 jié,谨慎。毖:告。献:贤。"殷献臣"至"宏父定辟":这四十四字都是"劼毖"的宾语。 **5** 矧:又。下文二"矧"字同。太史、内史:都是史官。太史记事,内史记言。友:同僚。 **6** 越:与。百宗工:许多尊贵的官员。 **7** 尔事:你的治事官员。 **8** 服休:管理游宴的官员。服采:管理朝祭的官员。 **9** 若畴:你的三卿。曾运乾说:"若畴者,汝之三卿,司马、司徒、司空也。畴,读如'寿'。《诗·閟宫》'三寿作朋'《笺》:'三寿,三卿也。'" **10** 圻父:司马,管理军事。薄:讨伐。违:违抗不顺。 **11** 农父:司徒,管理农业。若:顺。保:养。 **12** 宏父:司空,管理土地。辟:法度。 **13** 矧:句首语气助词。刚:强。制:断绝,制止。

原文

“厥或诰曰[1]:‘群饮。’汝勿佚[2],尽执拘以归于周[3],予其杀[4]。又惟殷之迪诸臣惟工[5],乃湎于酒,勿庸杀之[6],姑惟教之[7]。有斯明享[8],乃不用我教辞,惟我一人弗恤弗蠲[9],乃事时同于杀[10]。”

王曰:“封,汝典听朕毖[11],勿辩乃司民湎于酒[12]。”

译文

“假若有人报告说:‘有人群聚饮酒。’你不要放纵他们,要全部逮捕起来送到周京,我将杀掉他们。又殷商的辅臣百官酣乐在酒中,不用杀他们,暂且先教育他们。有这样明显的劝戒,若还有人不遵从我的教令,我不会怜惜,不会赦免,处治这类人,要与杀戮相同。”

王说:“封啊,你要经常听从我的告诫,不要使你的官员酣乐在酒中。”

注释 1 或:有。诰:同“告”。 2 佚:放纵。 3 执拘:逮捕。 4 其:将要。杀:周初严禁群饮,违者杀。《周礼·地官》:“司暴掌宪市之禁令,禁其斗嚣者与暴乱者、以属游饮食于市者,若不可禁,则搏而戮之。” 5 迪:通“由”,辅佐。《方言》:“由,辅也。”惟:与。 6 勿庸:不用。 7 姑:暂且。 8 明享:明显劝奖。孙诒让说。 9 恤:怜惜。蠲:音juān,免除罪过。 10 事时:治理这些人。事,治。时,是,这些。 11 典:常。毖:告。 12 辩:使。司民:治民的官员。

以上第三段,教导康叔要强制官员戒酒。

梓材

导读　本篇也是周公告诫康叔治理殷民的诰辞。文中周公制定了治理卫国的一些具体政策,并且阐明了制定这些政策的理由,勉励康叔施行明德,和睦殷民,努力去完成先王未竟的大业。篇中周公用“若作梓材”来比喻治国要继续努力的道理,比喻鲜明,所以史官便用“梓材”二字作为篇名。本篇记录的周初治理殷民的宽大政策,对安定殷民起了重要作用,是研究周初统治殷民的重要文献。

原文

王曰[1]:“封,以厥庶民暨厥臣达大家[2],以厥臣达王惟邦君,汝若恒。[3]

“越曰我有师师[4]、司徒、司马、司空[5]、尹旅[6]。曰:‘予罔厉杀人[7]。’亦厥君先敬劳[8],肆徂厥敬劳[9]!

译文

王说:“封啊,从殷的庶民和它的臣子到卿大夫,从它的臣子到诸侯和国君,你要顺从常典。

“告诉我们的各位官长、司徒、司马、司空、大夫和众士说:‘我们不滥杀无罪的人。’也要各邦君长以敬劳为先,努力去帮助他们施行敬劳的事吧!

注释　**1** 王:指周公。　**2** 以:由。达:至。按《潜夫论·遏利篇》:“上以天子,下至庶人。”因知“以……至……”当与“以……达……”句式相同。暨:与。大家:指卿大夫。　**3** 王:侯王。王国维说:“古时天泽之分未严,诸侯在其国自有称王之俗。”惟:与。邦君:国君。若恒:顺从常典,就是不要变动。　**4** 越:语首助词。曰:谓。师师:众位官长。　**5** 司徒、司马、司空:都是官名。　**6** 尹:正,指大夫。旅:众,指众士。　**7** 厉:杀戮无罪的人叫厉。见《逸周书·谥法解》。　**7** 敬劳:尊敬慰劳。　**8** 肆:

努力。《尔雅·释诂》:"肆,力也。"徂:助。黄式三曰:"'徂''助'通。君矜劳民,故臣亦助以矜劳。"

原文

"肆往,奸宄、杀人、历人,[1]宥[2];肆亦见厥君事[3]、戕败人[4],宥。

"王启监[5],厥乱为民[6]。曰[7]:'无胥戕[8],无胥虐,至于敬寡[9],至于属妇[10],合由以容[11]。'王其效邦君越御事[12],厥命曷以[13]?'引养引恬[14]。'自古王若兹监,罔攸辟[15]!

译文

"往日,内外作乱的罪犯、杀人的罪犯、虏人的罪犯,要宽宥;往日,泄露国君大事的罪犯、残坏人体的罪犯,也要宽宥。

"王者建立诸侯,大率是为人民。他说:'不要残害他们,不要暴虐他们,至于鳏夫寡妇,至于孕妇,要同样教导和宽容。'王者教导诸侯和诸侯国的官员,他的诰命是用什么呢?就是'长养百姓,长安百姓'。自古君王都像这样监督,不要有所偏差!

注释 1 肆往:往日,以往的事。《释诂》:"肆,故也。"奸宄:犯法作乱。历:俘虏。《逸周书·世俘解》作"磿lì"。 2 宥:宽恕,赦免。 3 见:泄露。《广韵》:"见,露也。" 4 戕:残害。 5 王:泛指君王。启:建立。监:诸侯。公侯伯子男各监一国,所以诸侯称为监。 6 乱:读为"率",《论衡·效力篇》引作"率"。率,大都。厥乱为民,大都为民。 7 曰:以下是王者建监的诰辞。 8 胥:相。 9 敬寡:就是鳏寡。无依无靠的人。敬,通"鳏"。 10 属妇:《说文》引作"嫣妇",即孕妇。《说文》:"嫣,妇人妊身也。" 11 合由以容:同样教导和宽容。合,同。由,教导。《方言》:"由,道也。"以,和。容,宽容。《荀子·非十二子》:"遇贱而少者,则修告导宽容之义。"见《尚书易解》。 12 效:曾运乾曰:"效,当为'效',形之讹也。

'效''教'古今字。" 13 厥:其。曷:何,什么。 14 引:长。恬:安。 15 攸:所。辟:通"僻",偏也。

以上第一段,周公告诉康叔治殷的宽大政策。

原文

"惟曰:若稽田,[1]既勤敷菑[2],惟其陈修[3],为厥疆畎[4]。若作室家,既勤垣墉[5],惟其涂塈茨[6]。若作梓材[7],既勤朴斫[8],惟其涂丹雘[9]。

译文

"我想:好像作田,既已勤劳地开垦、播种,就应当考虑整治土地,修筑田界和开挖水沟。好比造房屋,既已勤劳地筑起了墙壁,就应当考虑完成涂泥和盖屋的工作。好比制作梓木器具,既已勤劳地剥皮砍削,就应当考虑完成彩饰的工作。

注释 1 惟:思考。稽:治理。 2 敷:布,指播种。菑:音 zī,新开垦的土地。 3 陈修:治理。《经义述闻》:"陈,治也。" 4 疆:田界。畎:音 quǎn,田间水沟。 5 垣:低墙。墉:音 yōng,高墙。 6 涂:当依《尚书正义》和《群经音辨》作"斁"。斁,终,完成。塈:音 xì,仰涂,涂上泥土。茨:音 cí,用茅盖屋。 7 梓材:美材。 8 朴:去掉木皮。斫:音 zhuó,砍削。 9 涂:当作"斁",完成。丹雘:朱色涂料,这里指用朱色涂料涂饰。雘,音 huò。

原文

"今王惟曰[1]:先王既勤用明德[2],怀为夹[3],庶邦享作[4],兄弟方来[5]。亦既用明德,后式典集[6],庶邦丕享[7]。

译文

"现在我们王家考虑:先王既已努力施行明德,来作洛邑,众国都来进贡任役,兄弟邦国也都来了。也是已经施行了明德,诸侯因此常安,众国才来进贡。

“皇天既付中国民越厥疆土于先王，肆王惟德用[8]，和怿先后迷民[9]，用怿先王受命[10]。已！若兹监，[11]惟曰欲至于万年[12]，惟王子子孙孙永保民[13]。”	“上天既已把中国的臣民和疆土都付给先王，今王也只有施行德政，来和悦、教导殷商那些迷惑的人民，用来完成先王所受的使命。唉！像这样治理殷民，我想你将传到万年，同王的子子孙孙永远保有殷民。”

注释 1 王:王家。惟:思考。 2 用:施行。《方言》:“用，行也。” 3 怀:来。夹:通“郏”，洛邑。见《尚书易解》。 4 享作:享献和劳作。《尚书骈枝》:“作谓兴作，任劳役之事。‘享’与‘作’二事平列。” 5 方:国，与《周易》“不宁方”、《诗经》“不庭方”的“方”同义。 6 后:指诸侯。式:用，因。典:常。集:《广雅》:“集，安也。” 7 丕:乃。见《词诠》。 8 肆:今。见《释诂》。 9 和怿:和悦。先后:指导。《诗·大雅·绵》“予曰有先后”，《毛传》:“相道前后曰先后。”迷民:不服从的殷民。 10 怿:通“斁”。终，完成。《释文》:“怿，字又作‘斁’。” 11 已:唉，叹词。监:治理。 12 惟:思考。欲:将。见《词诠》。 13 惟:与，和。

以上第二段，周公申述制定上述政策的理由。

召诰

【导读】 据《史记·周本纪》记载:周公代理政事七年,成王长大了。周公把政权交给成王,自己归到群臣的行列。成王派遣召公重新营建洛邑,随后周公也去了,经过视察和龟卜,周公认为洛邑是周王朝统治天下的适中地域。后来成王也到了,同意周公、召公的决定。于是召公率领各国诸侯拜见成王,并向成王分析了当前情况,赞美成王居住洛邑治理天下的决定,又勉励成王施行德政,爱护百姓,发扬光大文王、武王开创的业绩。史官记录营建洛邑的过程和召公的诰辞,名叫《召诰》。王国维说:"此篇乃召公之言,而史佚书之以诰天下,文、武、周公所以治天下之精义大法,胥在于此。"《殷周制度论》这是研究周初政治思想的重要文献。

【原文】

惟二月既望,越六日乙未,[1] 王朝步自周[2],则至于丰[3]。

惟太保先周公相宅[4]。越若来三月[5],惟丙午朏[6]。越三日戊申,太保朝至于洛,卜宅[7]。厥既得卜[8],则经营[9]。越三日庚戌[10],太保乃以庶殷攻位于洛汭[11]。越五日甲寅[12],位成[13]。

【译文】

二月十六日以后,到第六天乙未,成王早晨从镐京步行,到了丰邑。

太保召公在周公之前,到洛地视察可居的地址。到了下三月丙午,新月初现光辉。到了第三天戊申,太保早晨到达了洛地,卜问所选的地址。太保已经得了吉兆,就规划起来。到第三天庚戌,太保便率领众多殷民,在洛水与黄河汇合的地方划定邑居的位置。到第五天甲寅,位置确定了。

注释 1 二月:成王七年的二月。既望:阴历十六日。越:及,到。 2 王:成王。周:指镐京,在今西安市西南。 3 丰:文王庙在丰邑,到丰邑祭告文王。 4 太保:官名,当时召公为太保。先周公:先于周公,在周公的前面。相:视察。宅:居处。 5 越若:句首语助词。来三月:二月后的三月。 6 朏:音 fěi,新月初现光明。用作阴历每月初三的代称。 7 卜宅:卜问住址。 8 得卜:得到吉卜。 9 经营:规划。 10 庚戌:三月七日。 11 以:率领。庶殷:众殷民。攻位:划定宗庙、宫室、朝市的位置。攻,治理。洛汭:洛水流入黄河的地方。汭,音 ruì,河流的会合处。 12 甲寅:三月十一日。 13 位成:位置确定了。

原文

若翼日乙卯[1],周公朝至于洛,则达观于新邑营[2]。越三日丁巳[3],用牲于郊[4],牛二。越翼日戊午[5],乃社于新邑[6],牛一,羊一,豕一。越七日甲子[7],周公乃朝用书命庶殷侯甸男邦伯[8]。厥既命殷庶,庶殷丕作[9]。

太保乃以庶邦冢君出取币[10],乃复入锡周公[11]。曰[12]:"拜手稽首旅王[13],若公诰告庶殷越自乃御事[14]。

译文

到了明日乙卯,周公早晨到达洛地,就全面视察新邑的区域。到第三天丁巳,在南郊用牲祭祀上帝,用了两头牛。到明日戊午,又在新邑举行祭地的典礼,用了一头牛、一头羊和一头猪。到第七天甲子,周公就在早晨用诰书命令殷民以及侯、甸、男各国诸侯分配任务。已经命令了殷民之后,殷民就大举动工。

太保于是同众国君长出来取了币帛,再入内进献给周公。太保说:"跪拜叩头报告我王,请顺从周公的意见告诫殷民和任用殷商的旧臣。

注释 1 若：到。《经传释词》："若，犹'及'也。"翼日：明日。乙卯：三月十二日。 2 达观：通看。达，通。营：所经营的区域。 3 丁巳：三月十四日。 4 郊：南郊。祭天在都城的南郊。 5 戊午：三月十五日。 6 社：祭土神。 7 甲子：三月二十一日。 8 书：分配任务的文书。 9 丕作：丕，乃。见《词诠》。作，任劳役。 10 以：和。冢君：大君。币：玉和帛之类的礼物，用来表示敬意。 11 锡：进献。 12 曰：召公说。 13 拜手稽首：古代的一种恭敬跪拜礼。旅王：向王陈述。旅，陈述。当时成王在丰祭告文王以后，又来到洛邑。 14 若：顺从。自：用。乃：其。按"若公"十一字为一句，谓顺从周公诰告庶殷与使用其御事之臣。见《尚书易解》。

以上第一段，记叙营建洛邑的经过。

原文

"呜呼！皇天上帝改厥元子[1]，兹大国殷之命[2]。惟王受命[3]，无疆惟休[4]，亦无疆惟恤[5]。呜呼！曷其奈何弗敬[6]？

译文

"啊！皇天上帝改变了天下的元首，结束了大国殷的福命。大王接受了天命，美好无穷无尽，忧患也无穷无尽。啊！怎么能够不敬慎啊？

注释 1 元子：首子，指天子。郑玄说："言首子者，凡人皆天之子，天子为之首耳。" 2 兹：通"已"，终止。见《尚书易解》。 3 命：治理天下的使命。 4 休：吉祥。 5 恤：忧患。 6 曷其、奈何：都是怎么的意思。同义复用，意在加强语气。

原文

"天既遐终大邦殷

译文

"上帝早已要结束大国殷的福命，这

之命[1]，兹殷多先哲王在天，越厥后王后民[2]，兹服厥命[3]。厥终[4]，智藏瘝在[5]。夫知保抱携持厥妇子[6]，以哀吁天[7]，徂厥亡[8]，出执[9]。呜呼！天亦哀于四方民，其眷命用懋[10]。王其疾敬德[11]！

个殷国许多圣明的先王都在天上，因此殷商后来的君王和臣民，才能够享受着天命。到了纣王的末年，明智的人隐藏了，害民的人在位。人们只知护着、抱着、牵着、扶着他们的妻子儿女、悲哀地呼告上天，诅咒纣王灭亡，企图脱离困境。啊！上帝也哀怜四方的老百姓，它眷顾的福命因此改变了。大王要赶快认真施行德政呀！

注释 1 遐：远，久。 2 越：语首助词。厥：其。 3 服：受。 4 厥终：后王之终，即纣之末年。 5 智藏瘝在：瘝，音 guān，病，指害人的人。纣王末年，明智的人都退隐了，害人的人掌权。 6 夫：人们。保：护。一说通“褓”，小儿衣。 7 吁：呼告。 8 徂：通“诅”，诅咒。孙诒让说。 9 执：通“垫”。《说文》：“垫，下也。”《书·益稷》“下民昏垫”郑注：“垫，陷也。”曾运乾说。这里指困境。 10 眷：眷顾，关注。懋：通“贸”，移易。 11 疾：加速。《释诂》：疾，速也。

原文

“相古先民有夏[1]，天迪从子保[2]；面稽天若[3]，今时既坠厥命[4]。今相有殷，天迪格保[5]；面稽天若，今时既坠厥命。今冲子嗣[6]，则无遗寿耇[7]，曰其稽我古人

译文

“观察古时候的先民夏族，上帝教导顺从慈保，努力考求天意，现在已经丧失了王命。现在观察殷商，上帝教导顺从嘉保，努力考求天意，现在也已经丧失了王命。当今你这年轻人继承了王位，没有多余的老成

之德[8],矧曰其有能稽谋自天[9]!

人,考求我们古代先王的德政,何况说有能从天意考求的人呢?

注释 1 相:观察。 2 迪:教导,引导。从:顺从。子保:慈保。《经义述闻》:"'子'当读为'慈',古字'子'与'慈'通。" 3 面:通"勔",勉力,努力。天若:天之所顺。 4 坠:丧失。 5 格保:嘉保。于省吾说:"'格''假'古通,《中庸》释文:假,嘉也。" 6 冲子:冲,稚。稚子,指成王。 7 遗:多余。《广雅·释诂》:"遗,余也。"寿耇:年高德好的人。 8 曰:语首助词。其:庶几。 9 矧:何况。

以上第二段,说明天命不常,勉励成王敬重贤能。

原文

"呜呼!有王虽小,元子哉!其丕能諴于小民[1]。今休[2]:王不敢后[3],用顾畏于民碞[4];王来绍上帝[5],自服于土中[6]。

"旦曰[7]:'其作大邑,其自时配皇天[8],毖祀于上下[9],其自时中乂[10];王厥有成命治民[11]。'今休:王先服殷御事[12],比介于我有周御事[13],节性惟日其迈[14]。

译文

"啊!王虽然年轻,却是元首啊!要特别能够和悦老百姓。现在可喜的是:王不敢迟缓来到洛邑,由于顾畏殷民的艰难险阻;王来卜问上帝,打算亲自在洛邑治理他们。

"姬旦对我说:'要营建洛邑,要从这里匹配皇天,谨慎祭祀天地,要从这个中心地方统治天下;王已经有定命治理殷民了。'现在可喜的是:王重视使用殷商治事官员,使他们亲近我们周王朝的治事官员,他们和睦的感情就会一天天地增长。

注释 1 丕：大。諴：音 xián，和。 2 休：美事，喜事。 3 后：迟缓。 4 用：由，因。碞：通“岩”，险。民碞，即民险，谓小民难保。 5 绍：通“卲”，卜问。 6 服：治理。土中：指洛邑，洛邑在九州的中心。 7 旦：周公名。 8 自时：从此。配皇天：祭天时用周的祖先配天受祭。《孝经》说：“昔者，周公郊祀后稷以配天，宗祀文王于明堂以配上帝。” 9 毖：谨慎。上下：指天神和地神。 10 时中：这个中心，指洛邑。乂：治。 11 厥：句中助词。成命：定命。 12 先：尚，重视。《吕览·先己》注：“先，犹‘尚’也。”服：用，见《说文》。 13 比介：亲近。介，一本作“尔”，即“迩”字。迩，近。 14 节：和。见《吕览·重己》注。惟：乃。迈：进，增进。

以上第三段，赞美成王营洛治事的决定。

原文

“王敬作所[1]，不可不敬德。

“我不可不监于有夏[2]，亦不可不监于有殷。我不敢知曰[3]：有夏服天命，惟有历年；[4]我不敢知曰：不其延[5]。惟不敬厥德[6]，乃早坠厥命。

“我不敢知曰：有殷受天命，惟有历年；我不敢知曰：不其延。惟不敬厥德，乃早坠厥命。今王嗣受厥命[7]，我亦惟兹二国命，嗣若功[8]。

译文

“王重视造作邑居，不可以不重视行德。

“我们不可不鉴戒夏代，也不可不鉴戒殷代。我不敢知道，夏接受天命有长久时间；我也不敢知道，夏的国运不会延长。我只知道他们不重视行德，才过早失去了他们的福命。

“我不敢知道，殷接受天命有长久时间；我也不敢知道，殷的国运不会延长。我只知道他们不重视行德，才过早失去了他们的福命。现今大王继承了治理天下的大命，我们也该思考这两个国家的命运，继承他们的功业。

注释 1 所：居所，邑居，此指新邑。 2 监：鉴戒。 3 敢：表敬副词。4 服：受。历年：永年。历，久。 5 其：助词。延：延长。 6 惟：以，因。7 嗣：继。 8 若：其，他们。王念孙说："若，犹'其'也。"

原文

"王乃初服[1]。呜呼！若生子[2]，罔不在厥初生，自贻哲命[3]。今天其命哲[4]，命吉凶[5]，命历年；知今我初服[6]，宅新邑[7]。肆惟王其疾敬德[8]！王其德之用，祈天永命。

译文

"王是初理政事。啊！好像教养小孩一样，没有不在他初受教养时，就亲自传给他明哲的教导的。现今上帝该给予明哲，给予吉祥，给予永年；因为上帝知道我王初理国事时，住到了新邑。现在王该快些重视行德！王该用德政，向上帝祈求长久的福命。

注释 1 服：任事。初服，初理政务。 2 生：养，教养。 3 贻：传。哲：明。4 命：给予。《小尔雅·广言》："命，予也。" 5 吉凶：偏指吉祥。 6 知：闻知。见《国语·楚语》注。 7 宅：居住。 8 肆：今。疾：加速。

原文

"其惟王勿以小民淫用非彝[1]，亦敢殄戮[2]，用乂民，若有功。[3]其惟王位在德元[4]，小民乃惟刑用于天下[5]，越王显[6]。上下勤恤[7]，其曰我受天命，丕若有夏历年[8]，式勿替有殷历年[9]，欲王以小民受天永命[10]。"

译文

"愿王不要让老百姓肆行非法的事，也不要用杀戮，用此治理老百姓，才会有功绩。愿王立于德臣之首，让老百姓效法施行于天下，发扬王的美德。君臣上下勤劳忧虑，也许可以说，我们接受的大命会像夏代那样久远，应当不止殷代那样久远，愿君王和臣民共同接受上帝的永久大命。"

注释 1 其:庶几。以:使。淫:过度。彝:法。 2 亦敢:亦不敢。曾运乾说:“犹言亦勿敢,蒙上文‘勿’字而省也。殄:灭。 3 用:以。乂:治。若:乃。见《经义述闻》。 4 位:立。“位”“立”古通用。元:首。 5 刑:法,效法。用:行。 6 越:发扬。显:光显。 7 上下:指君臣。 8 丕:语首助词。 9 式:应当。见丁声树《诗经式字说》。替:止。 10 以:与,和。

以上第四段,勉励成王敬德以求天之永命。

原文

拜手稽首,曰:“予小臣敢以王之仇民百君子越友民[1],保受王威命明德[2]。王末有成命[3],王亦显[4]。我非敢勤[5],惟恭奉币[6],用供王能祈天永命[7]。”

译文

召公跪拜叩头说:“我这小臣率领殷的臣民以及友好的臣民,会安然接受王的威命和明德。王终会有好命,王也会光显的。我不敢慰劳王,只想恭敬奉上币帛,以供王去好好祈求上帝的永久福命。”

注释 1 予小臣:召公谦称。仇民:指殷遗民,即《梓材》篇之“迷民”。百君子:指殷的众位官员。越:与。友民:顺从周的臣民。 2 保:安。 3 末:终。成命:盛命,美命。 4 亦显:指成王也与文王、武王、周公一样功德显赫。 5 勤:慰劳。 6 币:就是上文的玉帛之类。 7 供:进献。《广雅·释诂》:“供,进也。” 能祈:善祈。谓用德祈求。

以上第五段,召公和诸侯表明拥护成王的心意。

洛诰

导读　洛邑建成了，由谁来居洛治理是周王朝面临的重大问题。周公和召公都希望成王居洛主持政事统治天下。成王则根据当时民心不服的情况，认为需要周公继续居洛，才能威服东方。成王和周公对此反复商讨，终于决定周公继续居洛，治理东方。在成王七年洛邑的冬祭大会上，成王宣布了这一重大决策。史逸将周公和成王先后讨论的对话以及洛邑冬祭时的情况辑录成篇，册告天下，名叫《洛诰》。本篇主要是记录周公和成王的对话。从对话中显示了周公谋国的忠心和成王倚重周公的诚意，也显示了君臣团结无间亲爱协调的情形。某些诸侯听了诰命，反叛的心理暗暗地消除了。这是巩固周王朝统治的重要诰命，奠定了“成康之治”的基础。

原文

周公拜手稽首曰：“朕复子明辟。[1]王如弗敢及天基命定命[2]，予乃胤保大相东土[3]，其基作民明辟[4]。

“予惟乙卯[5]，朝至于洛师[6]。我卜河朔黎水[7]，我乃卜涧水东、瀍水西[8]，惟洛食[9]；我又卜瀍水东，亦惟洛食。伻来以图及献卜。[10]”

译文

周公跪拜叩头说：“我告诉您治理洛邑的办法。王似乎不敢参预上帝先前告诉的安定天下的指示，我就继太保之后，全面视察了洛邑，就商定了鼓舞老百姓的治理洛邑的办法。

“我在乙卯这天，早晨到了洛邑。我先占卜了黄河北方的黎水地区，我又占卜了涧水以东、瀍水以西地区，仅有洛地吉利。我又占卜了瀍水以东地区，也仅有洛地吉利。于是请您来商量，且献上卜兆。”

注释 1 拜手稽首:古代最恭敬的礼节。朕:我。复:告诉。子:您,指成王。明辟:明法,指治理洛邑的办法。此王船山之说。 2 王如弗敢:言成王谦逊。及:参预。基命定命:先前告诉我的安定之命。基,始。命,告。定命,指作洛。 3 胤:继。保:太保,即召公。东土:指洛邑。 4 其:乃。见《经传释词》。基:商量。作:振作,鼓舞。治洛是鼓舞民心的事,所以叫"作民"。 5 乙卯:成王七年三月十二日。 6 洛师:洛邑。 7 河朔:黄河的北方。黎水:卫河和淇水合流到黎阳故城叫黎水。黎阳故城在今河南浚县东北。 8 涧水:发源于河南渑池县,到洛阳西南流入洛水。瀍水:源于洛阳西北,至洛阳东流入洛水。 9 惟:仅。食:指吉兆。 10 伻:音 bēng,使。伻来,使成王来洛。图:谋。

原文

王拜手稽首曰:"公不敢不敬天之休[1],来相宅,其作周匹[2],休!公既定宅,伻来[3],来,视予卜[4],休恒吉[5]。我二人共贞[6]。公其以予万亿年敬天之休[7]!拜手稽首诲言[8]。"

译文

成王跪拜叩头,回答说:"公不敢不敬重上帝赐给的福庆,亲自勘察地址,将营建与镐京相配的新邑,很好啊!公既已选定地址,使我来,我来了,又让我看了卜兆,我为卜兆并吉而高兴。让我们二人共同承当这一吉祥。愿公与我永远敬重上帝的福庆!跪拜叩头接受我公的教诲。"

注释 1 休:美好,指好的指示。 2 周匹:镐京的匹配。 3 伻来:使我来。 4 视予卜:视,示。示我以卜。 5 休:喜,见《广雅·释诂》。恒吉:并吉。恒,遍。 6 贞:当,承当。 7 其:庶几。以:与。 8 诲:教诲。

以上第一段,记周公和成王在洛定都的对话。

原文

周公曰："王，肇称殷礼[1]，祀于新邑，咸秩无文[2]。予齐百工[3]，伻从王于周[4]，予惟曰[5]：'庶有事[6]。'今王即命曰[7]：'记功，宗以功作元祀[8]。'惟命曰[9]：'汝受命笃弼[10]，丕视功载[11]，乃汝其悉自教工[12]。'

"孺子其朋，孺子其朋，其往！[13]无若火始焰焰；厥攸灼叙，[14]弗其绝。厥若彝及抚事如予[15]，惟以在周工往新邑[16]。伻向即有僚[17]，明作有功[18]，惇大成裕[19]，汝永有辞[20]。"

译文

周公说："王啊，开始举行殷礼接见诸侯，在新邑举行祭祀，都已安排得有条不紊了。我率领百官，使他们在镐京听取王的意见，我想道：'您或许将有祭祀的事。'现在王命令道：'记下功绩，宗人率领功臣举行大祀。'王又有命令道：'你接受先王遗命，督导辅助，你全面查阅记功的书，然后你要悉心亲自指导这件事。'

"孺子要振奋，孺子要振奋，要到洛邑去！不要像火刚开始燃烧时那样气势微弱；那燃烧的余火，不可让它熄灭。您要像我一样顺从常法，汲汲主持政事，率领在镐京的官员到洛邑去。使他们去就官职，勉力建立功勋，重视大事，完成大业。您就会永远获得美誉。"

注释 **1** 肇：始。称：举行。殷礼：会见众诸侯之大礼。 **2** 咸：都。秩：次序，引申为安排。文：通"紊"，乱。 **3** 齐：率领。《尔雅·释诂》："齐，将也。"百工：百官。 **4** 周：指镐京。 **5** 惟：思。 **6** 庶：大概，也许。事：指祭祀。 **7** 即：就。 **8** 宗：宗人，管礼乐的官。以：率领。元祀：大祀。 **9** 惟：有。见《东京赋》薛注。 **10** 受命：接受武王的顾命。笃：通"督"，督导。弼：辅助。 **11** 功载：记功的书。 **12** 乃：于是。悉：尽心。教工：指导工作。 **13** 孺子：指成王。朋：古"凤"字，引申有奋起、振奋义。

章太炎说:“正当言孺子其朋往,以告诫丁宁,故分为三逗,正如口吃语矣。” **14** 焰焰:微小的样子。攸:所。灼:烧。叙:绪,残余。 **15** 及:汲汲,努力。抚事:主持国事。 **16** 在周工:在镐京的官员。 **17** 向即:趋就。《荀子·仲尼篇》注:“向,趋也。”有僚:官职。 **18** 明:勉力。 **19** 惇大:惇,厚,重视。重视大的。成裕:裕,大,指大事。成裕,完成大事。这里指举行祭祀和殷礼。 **20** 辞:赞美之辞。

原文

公曰:“已[1]!汝惟冲子,惟终。[2]汝其敬识百辟享[3],亦识其有不享。享多仪,仪不及物,惟曰不享。[4]惟不役志于享,凡民惟曰不享,惟事其爽侮。[5]乃惟孺子颁,朕不暇听。[6]

“朕教汝于棐民彝[7],汝乃是不蘉[8],乃时惟不永哉[9]!笃叙乃正父罔不若予[10],不敢废乃命[11]。汝往敬哉!兹予其明农哉[12]!彼裕我民[13],无远用戾[14]。”

译文

周公说:“唉!您是个年轻人,该考虑完成先王未竟的功业。您应该认真考察诸侯的享礼,也要考察其中也有不享的。享礼注重礼节,假如礼节赶不上礼物,应该叫做不享。因为诸侯对享礼不用心,臣民就会认为不要享了。这样,政事将会错乱怠慢。我急想您来颁布政务,我不代听了。

“我教给您辅导百姓的法则,您假如不努力办这些事,您的善政就不会推广啊!全像我一样监督铨叙您的官长,他们就不敢废弃您的命令了。您到新邑去,要认真啊!现在我们要奋发努力啊!去教导好我们的臣民,远方的人因此也就归附了。”

注释 **1** 已:唉。 **2** 惟:为。冲:幼。惟终:思终,思完成前人之功。 **3** 百辟:众诸侯。享:享礼,朝见的礼节。 **4** 多仪:重视礼仪。仪不及物:

物有余而礼不足。曰:谓。 5 役志:用心。爽:差错。侮:轻慢。 6 颁:颁布政务。暇:通“假”,摄,代。曾运乾说。 7 于:以。棐:辅助。彝:法。8 乃:若。蘉:音 máng,勉力。 9 时:善,指善政。永:远,推广。 10 笃:通“督”,督察。叙:铨叙,升降。正:长官。父:同姓长官。 11 废:废弃。乃:你的。 12 明农:都是勉的意思,见《广雅》。 13 彼:往。《说文》:“彼,往有所加也。”裕:教导。 14 无:语首助词。用:因此。戾:至。见《释诂》。

原文

王若曰:“公明保予冲子[1]。公称丕显德[2],以予小子扬文武烈[3],奉答天命,和恒四方民[4],居师[5];惇宗将礼[6],称秩元祀[7],咸秩无文[8]。惟公德明光于上下[9],勤施于四方。旁作穆穆[10],迓衡不迷[11]。文武勤教[12],予冲子夙夜毖祀[13]。”

王曰:“公功棐迪[14],笃罔不若时[15]。”

译文

王这样说:“公努力保佑我这年轻人。公发扬伟大光显的功德,使我继承文王、武王的事业,奉答上帝的教诲,使四方百姓和悦,居在洛邑;隆重举行大礼,办理大祭,都有条不紊。公的功德光照天地,勤劳施于四方,普遍推行美好的政事,虽遭横逆的事而不迷乱。文武百官努力实行您的教化,我这年轻人就早晚慎重进行祭祀好了。”

王说:“公善于辅导,我真的无不顺从。”

注释 1 明:勉力。 2 称:发扬。 3 以:使。见《秦策》注。扬:继续。烈:事业。 4 和恒:双声连语,和悦的意思。 5 师:洛师,洛邑。6 惇:厚。宗:尊。将:大。宗将礼,即尊重大礼。 7 称:举行。秩:安排。元祀:大祀。 8 文:紊乱。 9 上下:指天地。 10 旁:普遍。穆穆:美,指美政。 11 迓:一作“御”,逆。章太炎说:“御从午声,午者,屰也。……逆亦言屰也。”衡:通“横”。迷:乱。御衡不迷,言遭横逆而心不乱。 12 文武:文武百官。 13 毖:谨慎。 14 功:善。迪:辅导。15 笃:信。若:顺。时:承。

以上第二段,记录周公和成王在镐京讨论治洛的事。

原文

王曰:"公!予小子其退,即辟于周,[1] 命公后[2]。四方迪乱未定[3],于宗礼亦未克敉[4],公功迪将[5],其后监我士、师、工[6],诞保文武受民[7],乱为四辅[8]。"

王曰:"公定[9],予往已[10]。公功肃将祗欢[11],公无困哉!我惟无斁其康事[12],公勿替刑,四方其世享。[13]"

译文

王说:"公啊!我这年轻人就要回去,在镐京就位了,请公继续治洛。四方经过教导治理,还没有安定,宗礼也没有完成,公善于教导扶持,要继续监督我们的各级官员,安定文王、武王所接受的殷民,做我的辅佐大臣。"

王说:"公留下吧!我要往镐京去了。公要妥善迅速进行敬重和睦殷民的工作,公不要以为困难呀!我当不懈地学习政事,公要不停地示范,四方诸侯将会世世来享了。"

注释 1 退:退回镐京。 即辟:就君位。周:镐京。 2 后:后续,继续。指继续治洛。 3 迪:教导。乱:治理。 4 宗礼:宗人礼典。 敉:通"弭",完成。 5 功:善。迪将:教导和扶持。 6 士、师、工:各级官员。7 诞:语首助词。受民:所受之民。 8 乱:率,语助词。四辅:帮助天子的四位大臣,在前面的叫"疑",后面的叫"丞",左面的叫"辅",右面的叫"弼",统称四辅。 9 定:止,留下来。 10 往:往镐京。已:矣。 11 功:善。肃:快速。将:行。祗欢:敬和,指敬和殷民的事。 12 斁:音 yì,厌倦,懈怠。康事:学习政事。章太炎说:"康,读为'庚'。庚,更事也。……更事,即更习吏事。不言莅政言更事者,谦也。" 13 替:止,停止。刑:通"型",

示范。享：朝享。

以上第三段，记录成王在洛邑请求周公继续治洛。

原文

周公拜手稽首曰："王命予来，承保乃文祖受命民，越乃光烈考武王弘[1]，朕恭[2]。孺子来相宅[3]，其大惇典殷献民[4]，乱为四方新辟[5]，作周恭先[6]。曰[7]：'其自时中乂，万邦咸休[8]，惟王有成绩。予旦以多子越御事，笃前人成烈，[9]答其师[10]，作周孚先[11]。'考朕昭子刑[12]，乃单文祖德[13]。

译文

周公跪拜叩头说："王命令我到洛邑来，继续保护您的先祖文王所受的殷民，宣扬您光明有功的父亲武王的宏大，我奉行命令。王来视察洛邑的时候，谋求使殷商贤良的臣民都敦厚守法，制定治理四方的新法，作周法的先导。我曾经说过：'该从这九州的中心进行治理，万国都会喜欢，王也会有功绩。我姬旦率领众位卿大夫和治事官员，经营先王的成业，集合众人，作修建洛邑的先导。'实现我告诉您的这一办法，就能发扬光大先祖文王的美德。

注释 **1** 越：发扬。 烈：业，有功。考：先父。弘：大，宏大。 **2** 恭：奉行，指奉行继续治洛的命令。 **3** 相宅：视察洛邑。 **4** 其：通"基"，谋。惇典：厚和守法。献：贤。 **5** 乱：语助词。辟：法。 **6** 周恭：周家的法。恭，通"共"，法。先：先导。 **7** 曰：这里是周公追述在相宅时申告成王的话。 **8** 休：庆幸，喜欢。 **9** 多子：指众卿大夫。笃：理。前人成烈：烈，业。武王倡议宅洛，所以说治洛是前人事业。 **10** 答：合，集合。师：众人。 **11** 周孚：孚，通"郛"。周郛，周家之城郭，指洛邑。章太炎说。 **12** 考：成。昭：通"诏"，告。刑：法，指上文"其自时中乂……作周孚先"三十四字。见《尚书易解》。 **13** 单：大，光大。《说文》："单，大也。"

原文

"伻来毖殷[1],乃命宁予以秬鬯二卣[2]。曰:'明禋,拜手稽首休享。[3]'予不敢宿[4],则禋于文王、武王。'惠笃叙[5],无有遘自疾[6],万年厌于乃德,殷乃引考。[7]''王伻殷乃承叙万年[8],其永观朕子怀德[9]。'"

译文

"您派遣使者来洛邑慰劳殷人,又送来两卣黍香酒问候我。使者传达王命说:'明洁地举行祭祀,要跪拜叩头庆幸地献给文王和武王。'我不敢过夜,就向文王和武王祭礼了。我祈祷说:'愿我很顺遂,不要遇到罪疾,万年饱受您的德泽,殷事能够长久成功。''愿王使殷民能够顺从万年,将长久看到王的安民的德惠。'"

注释 1 伻:使者。毖:慰劳。 2 宁:问安,问候。秬鬯:音 jù chàng,黑黍香酒。卣:音 yǒu,酒器。 3 禋:音 yīn,祭祀。休:庆幸。享:献。 4 宿:经过一宿。 5 惠:惟。见《尚书正读》。笃:厚,大。叙:顺。 6 有:或。遘:音 gòu,遇。自:即"辠"之烂余,"辠疾"连文。章太炎说。 7 厌:饱。乃:能够。引:长。考:成功。 8 承叙:承顺。 9 朕子:吾子,指成王。怀:安,指安定人民。

以上第四段,记录周公在洛邑接受王命和答谢慰问的书面答词。

原文

戊辰[1],王在新邑烝[2],祭岁[3],文王骍牛一[4],武王骍牛一。王命作册逸祝册[5],惟告周公

译文

戊辰这天,成王在洛邑举行冬祭,向先王报告岁事,用一头红色的牛祭文王,也用一头红色的牛祭武王。成王命令作册官名字叫逸的宣读册文,报告文王、武

其后[6]。王宾杀禋咸格[7]，王入太室[8]，祼[9]。王命周公后，作册逸诰[10]，在十有二月[11]。惟周公诞保文武受命[12]，惟七年[13]。

王，周公将继续住在洛邑。助祭诸侯在杀牲祭祀先王的时候都来到了，成王进入太室，酌酒献神。成王命令周公继续治理洛邑，作册官名字叫逸的告喻天下，在十二月。周公留居洛邑担任文王、武王所受的大命，在成王七年。

注释 1 戊辰：戊辰日。 2 烝：冬祭。 3 祭岁：报告岁事。《广雅·释言》："祭，荐也。"《仪礼·少牢馈食礼》："用荐岁事于皇祖伯某。" 4 骍：赤色。 5 作册：官名。逸：人名。 6 其：将。后：后续治洛。 7 王宾：助祭的诸侯。杀：杀牲。禋：祭祀。格：至。 8 太室：王肃说："清庙中央之室。" 9 祼：音 guàn，灌祭。《孔疏》说："王以圭瓒酌郁鬯之酒以献尸，尸受祭而灌于地，因奠不饮，谓之祼。" 10 诰：告天下。 11 十有二月：记周公治洛之月。 12 保：担任。 13 惟七年：皮锡瑞说："经云'戊辰'，有日无月；'在十有二月'，有月无年；于末结之曰惟七年，则当为七年十二月戊辰日无疑，古人文法多倒装，故先日次月又次年。"王国维说："书法先日次月次年者，乃殷周间记事之体。"

以上第五段，记录成王在洛邑冬祭，宣布周公继续居洛。

多士

【导读】 多士，就是众士，指殷王的旧臣。周消灭殷后，殷王的旧臣大族心怀不满，顽固不化，周人叫他们做仇民或顽民。洛邑东边有个城市叫成周，是居住殷民的地方。周成王实行移民政策，把殷商顽民迁来成周，以便对他们加强教育和监督。洛邑建成后，周公代替成王发布诰命，说明必须迁徙的原因，宣布政策，指明前途。史官记录周公的诰辞，写成《多士》。《竹书纪年》成王纪说："七年三月甲子，周公诰多士于成周。"说明这件事发生在成王七年，就是公元前1057年。本篇记录了成王对待殷商旧臣大族的政策，把他们聚居起来，加强教育，指明前途。从此殷商旧臣便不能叛乱了，可见本篇对统治殷民起了重要作用。

【原文】

惟三月[1]，周公初于新邑洛，用告商王士。

王若曰："尔殷遗多士！弗吊旻天[2]，大降丧于殷[3]。我有周佑命[4]，将天明威[5]，致天罚，敕殷命终于帝[6]。肆尔多士[7]！非我小国敢弋殷命[8]。惟天不畀允罔固乱[9]，弼我[10]，我其敢求位[11]？惟帝不畀[12]，惟我下民秉为，惟天明畏。[13]

【译文】

周成王七年三月，周公初往新都洛邑，用成王的命令告诫殷商的旧臣。

王这样说："你们殷商的众臣们！纣王不敬重上天，把灾祸大降给殷国。我们周国佑助天命，奉行上天的明威，执行王者的诛罚，宣告殷的国命被上天终绝了。现在，你们众位官员啊！不是我们小小的周国敢于取代殷命，是上天不把大命给予那信诬怙恶的人，而辅助我们，我们岂敢擅求王位呢？正因为上天不把大命给予信诬怙恶的人，我们下民的所作所为，应当敬畏天命。

注释 1 惟:语首助词。三月:据《竹书纪年》为成王七年三月。 2 弗吊:不善。旻天:旻,音 mín,秋天。这里指上天。不吊旻天,不善上天的人,指纣王。 3 降丧:降下灾祸。 4 佑命:佑助天命。 5 将:奉行。《仪礼·聘礼》注:"将,犹'奉'也。" 6 致:通"至",行。《乐记》注:"至,行也。"终于帝:被上帝终绝了。 7 肆:今。 8 弋:代。朱骏声说:"'弋'假借为'代'",引了此例。曾运乾说同。马融本、郑玄本、王肃本"弋"作"翼"。马融说:"翼,取也。"郑玄说:"翼,犹'驱'也。"小国:《孔疏》说:"周本殷之诸侯,故周公自称小国。" 9 畀:给予。允罔固乱:相信诬罔凭借祸乱的人。允,信。罔,诬。固,通"怙",凭借。 10 弼:辅助。 11 其:岂。位:王位。 12 不畀:谓不畀允罔固乱。蒙上文省略了宾语。 13 秉:执守。为:作为。惟天明畏:当畏天明。天明,天命。

原文

"我闻曰:'上帝引逸[1]。'有夏不适逸[2],则惟帝降格[3],向于时夏[4]。弗克庸帝[5],大淫泆有辞[6]。惟时天罔念闻[7],厥惟废元命[8],降致罚[9];乃命尔先祖成汤革夏,俊民甸四方[10]。

译文

"我听说:'上帝制止游乐。'夏桀不节制游乐,上帝就降下教令,劝导夏桀。他不能听取上帝的教导,大肆游乐,而又怠慢不敬。因此,上帝也不念不问,而考虑废止夏的大命,降下大罚;上帝于是命令你们的先祖成汤代替夏桀,命令杰出的人才治理四方。

注释 1 引:制引,制止。逸:淫逸。 2 适:节制。见《吕览》高注。 3 格:通"詻",教令。《玉篇》:"詻,教令严也。" 4 向:劝。时:这。 5 庸:用,采用。指采用上帝的教令。 6 淫:游。见《广雅·释言》。泆:乐。有:又。辞:通"怠",怠慢。 7 惟时:因此。念:怀念。闻:通"问",恤问。 8 厥:语首助词。元命:大命,指国运。 9 致:通"至",大。 10 俊民:杰出人才。甸:治。

原文

"自成汤至于帝乙。罔不明德恤祀[1]。亦惟天丕建保乂有殷[2],殷王亦罔敢失帝[3],罔不配天其泽[4]。在今后嗣王[5],诞罔显于天[6],矧曰其有听念于先王勤家[7]?诞淫厥泆[8],罔顾于天显民祗[9],惟时上帝不保,降若兹大丧[10]。

"惟天不畀不明厥德,凡四方小大邦丧,罔非有辞于罚[11]。"

译文

"从成汤到帝乙,没有人不力行德政,慎行祭祀。也因为上天树立了安治殷国的贤人,殷的先王也没有人敢于违背天意,所以没有人不配合上天的恩泽。当今后继的纣王,很不明白上天的意旨,何况说他又能听从、考虑先王勤劳家国的训导呢?他大肆淫逸游乐,不顾天意和民困,因此,上帝不保佑了,降下这样的大灾祸。

"上帝不把大命给予不勉行德政的人,凡是四方小国大国的灭亡,无人不是怠慢了上帝的责罚。"

注释 1 恤:慎。 2 保乂:安治。保乂有殷即安治殷国的人,是"建"的宾语。 3 罔敢失帝:不敢违失天意。 4 其:之。泽:恩泽。 5 后嗣王:指纣王。 6 诞罔显于天:大不明于天。 7 矧:何况。勤家:为家国勤劳。 8 厥:语中助词。 9 天显:天明,指天命。民祗:人民的痛苦。祗,通"疷",病。 10 大丧:指亡国之祸。 11 辞:怠,怠慢。

以上第一段,说明周王灭殷是顺从天命。

原文

王若曰:"尔殷多士,今惟我周王丕灵

译文

王这样说:"你们殷国的众臣,现在只有我们周王善于奉行上帝的使命,上帝有承帝事[1],有命曰:'割殷[2],告敕于帝。'惟我事不贰适[3],惟尔王家我适。予其曰惟尔洪无度[4],我不尔动,自乃邑[5]。予亦念天[6],即于殷大戾[7],肆不正[8]。"

命令说:'夺取殷国,并报告上天。'我们讨伐殷商,不把别人作为敌人,只把你们王家作为我的敌人。我怎么会料想到你们众官员太不守法,我并没有动你们,动乱来自你们的封邑。我也考虑到天意仅仅在于夺取殷国,于是在殷乱大定之后,便不治你们的罪。"

注释 1 灵:善。 2 割:取。见《战国策·齐策》注。 3 事:指征伐的事。适:通"敌",敌人。《论语·里仁》释文:"适,郑本作'敌'。" 4 予其曰:我岂意谓。金履祥说。洪:大。度:法度。 5 乃邑:你们众卿士的封邑。 6 念天:念天只割取殷。 7 即:则。戾:定。 8 肆:所以。正:治罪,指治多士的罪。《周礼·大司马》注:"正之者,执而治其罪。"

原文

王曰:"猷[1]!告尔多士,予惟时其迁居西尔[2],非我一人奉德不康宁[3],时惟天命[4]。无违,朕不敢有后[5],无我怨。

"惟尔知,惟殷先人有册有典[6],殷革夏命。今尔又曰:'夏迪简在王庭[7],有服在百僚[8]。'予一人惟听用德[9]。肆予敢求尔于天邑

译文

王说:"啊!告诉你们众官员,我因此将把你们迁居西方,并不是我执德不安定,这是天命。不可违背天命,我不敢迟缓,你们不要怨恨我。

"你们知道,殷人的祖先有书册有典籍,记载着殷国革了夏国的命。现在你们又说:'当年夏的官员被选在殷的王庭,在百官之中都有职事。'我只接受、使用有德的人。现在我从

商[10]，予惟率肆矜尔[11]。非予罪，时惟天命。”

大邑商招徕你们，我是宽大和爱惜你们。这不是我的差错，这是天命。”

注释 1 猷：叹词。 2 其：乃。迁居西尔：即迁尔居西。西，指成周。成周在商之西，所以称西。 3 奉德：秉德。孙星衍说：“奉，犹‘秉’也。”康宁：安定。 4 惟：为。《玉篇》：“惟，为也。” 5 有：或。后：迟。见《说文》。6 册、典：典籍。 7 迪：通“由”，辅。指辅臣。《方言》：“由，辅也。”简：选择。8 服：事，指职务，职位。百僚：百官。 9 听：受，接受。德：有德的人。10 肆：今。求：招徕。《礼记·学记》注：“求，谓招徕也。”天邑：大邑。11 率：用。肆：缓，宽大。矜：怜惜。

以上第二段，说明迁移殷民、不用多士，也是顺从天命。

原文

王曰：“多士，昔朕来自奄[1]，予大降尔四国民命[2]。我乃明致天罚，移尔遐逖[3]，比事臣我宗多逊[4]。”

王曰：“告尔殷多士，今予惟不尔杀[5]，予惟时命有申[6]。今朕作大邑于兹洛，予惟四方罔攸宾[7]，亦惟尔多士攸服奔走臣我多逊[8]。

“尔乃尚有尔土[9]，尔乃尚宁干止[10]。尔克敬，

译文

王说：“殷的众臣，从前我从奄地来，对你们管、蔡、商、奄四国臣民特地下达过命令。我然后明行上天的惩罚，把你们从远方迁徙到这里，近来你们服务和臣属我们周族很恭顺。”

王说：“告诉你们殷商的众臣，现在我不杀害你们，我想重申这个命令。现在我在这洛地建成了一座大城市，我是考虑四方诸侯没有地方朝贡，也是考虑你们服务奔走臣属我们很恭顺的缘故。

“你们还可以保有你们的土地，你们还会安宁下来。你们能够敬慎，上天

天惟畀矜尔[11];尔不克敬,尔不啻不有尔土[12],予亦致天之罚于尔躬!

“今尔惟时宅尔邑[13],继尔居[14];尔厥有干有年于兹洛[15]。尔小子乃兴[16],从尔迁。”

王曰:“又曰时予[17]:乃或言尔攸居[18]。”

将会对你们赐给怜爱;你们假如不能敬慎,你们不但不能保有你们的土地,我也将会把老天的惩罚加到你们身上。

“现在你们应当好好地住在你们的城里,继续做你们的事业。你们在洛邑会有安乐会有丰年的。从你们迁来洛邑开始,你们的子孙也将兴旺发达。”

王说:“顺从我!顺从我!才能够谈到你们长久安居下来。”

注释 1 奄:国名。《尚书大传》:“周公摄政三年,践奄。” 2 降:下达。四国:指管、蔡、商、奄四国。 3 遐逖:远方,指四国。多士来自四国,所以称远方。 4 比:近日。事:服务。我宗:我们周族。逊:恭顺。 5 不尔杀:不杀你们。 6 时命有申:又申是命。时,是,这个。有,又。申,重复。 7 惟:思,考虑。四方:四方诸侯。宾:朝贡。金履祥说:“镐京远在西偏,四方道里不均,无所于宾贡。” 8 服:服务。逊:顺。 9 尚:犹,还。 10 宁:安。干:安。《广雅·释诂》:“干,安也。”止:语末助词。 11 畀矜尔:赐给你们怜爱。畀,赐给。 12 不啻:不但。 13 惟:当。时:善,见《广雅》。宅:住。 14 居:事业。江声说。 15 有干:有安乐。有年:有丰年。 16 小子:指子孙。兴:兴盛。 17 又曰时予:时予时予。《尚书正读》说:“本文‘又曰’,重言‘时予’也。……言终丁宁之意。”时,承顺,顺从。 18 或:通“克”,能够。见《尚书易解》。攸:通“悠”,长久。

以上第三段,宣布对待多士的政策,指明前途。

无逸

导读　无，通“毋”，禁止之词。逸，逸乐，这里指纵酒、淫乐、嬉游、田猎等娱乐活动。成王年纪大了，周公让他主持政事，害怕他贪图享乐，荒废懈怠。于是告诫他不要贪图逸乐。史官记录周公的诰辞，名叫《无逸》。周公指出人君不可沉迷于逸乐，必须先知稼穑的艰难，先知小民的痛苦。把逸乐同人民的痛苦联系起来，说得非常深刻。这些思想具有进步意义。

原文

周公曰：“呜呼！君子所，其无逸。[1]先知稼穑之艰难，乃逸[2]，则知小人之依[3]。相小人[4]，厥父母勤劳稼穑，厥子乃不知稼穑之艰难，乃逸乃谚[5]。既诞[6]，否则侮厥父母曰[7]：‘昔之人无闻知[8]。’”

译文

周公说：“啊！君子在位，可不要安逸享乐。先了解耕种收获的艰难，然后处在逸乐的境地，就会知道老百姓的痛苦。看那些老百姓，他们的父母勤劳地耕种收获，他们的儿子却不知道耕种收获的艰难，便安逸，便不恭。已经久了，于是就轻视侮慢他们的父母说：‘老人们没有知识。’”

注释　1 君子：指官长。所：居官。其：副词，表祈使。逸：逸乐。郑玄说：“君子，止谓在官长者。所，犹‘处’也。君子处位为政，其无自逸豫也。”　2 乃：而，而后。　3 小人：老百姓。依：痛苦，苦衷，《经义述闻》：“依，隐也，谓知小人之隐也。《周语》‘勤恤民隐’韦注曰：‘隐，痛也。’小人之隐，即上文‘稼穑之艰难’，下文所谓‘小人之劳’也。云隐者，犹今人言苦衷也。”　4 相：看。　5 乃：就。谚：同“喭”，粗野不恭。　6 诞：《汉石经》作“延”，长久。　7 否则：于是。见《经传释词》。侮：轻侮。　8 昔之人无闻知：

昔之人,老人。《蔡传》说:"古老之人无闻无知,徒自劳苦而不知所以自逸也。"

以上第一段,说明君主要做到无逸,先要了解稼穑的艰难。

原文

周公曰:"呜呼!我闻曰:昔在殷王中宗[1],严恭寅畏[2],天命自度[3],治民祗惧[4],不敢荒宁[5]。肆中宗之享国七十有五年[6]。

"其在高宗,时旧劳于外,[7]爰暨小人[8]。作其即位[9],乃或亮阴[10],三年不言[11]。其惟不言,言乃雍[12]。不敢荒宁,嘉靖殷邦[13]。至于小大[14],无时或怨[15]。肆高宗之享国五十有九年。

译文

周公说:"啊!我听说:过去殷王中宗,庄正敬畏,以天命制约自己,治理百姓,敬慎恐惧,不敢荒废、安逸。所以中宗在位七十五年。

"在高宗,这个人长期在外服役,惠爱老百姓。等到他即位,便又听信冢宰沉默不言,三年不轻易说话。因为他不轻易说话,有时说出来就能使人和悦。他不敢荒废、安逸,善于安定殷国。从老百姓到群臣,没有怨恨他的。所以高宗在位五十九年。

注释 **1** 中宗:一说是太戊,殷之第五世贤主。一说是祖乙,殷之第七世贤主。 **2** 严:庄正。寅:敬。严恭,指外貌庄敬;寅畏,指内心敬畏。 **3** 度:法制。引申为限制。天命自度,以天命制约自己。 **4** 祗惧:敬畏。 **5** 荒宁:荒废自安。 **6** 肆:所以。享国:指在帝位。有:又。 **7** 高宗:武丁,殷代第十一世贤主。时旧劳于外:时,是,这人。旧,久。马融说:"武丁为太子时,其父小乙使行役,有所劳苦于外。" **8** 爰:于是。暨:通"慜",惠爱。见《尚书易解》。 **9** 作:等到。《经传释词》:"作,犹'及'也。" **10** 或:又。亮阴:听信不言。马融说:"亮,信也。阴,默也。为听于冢宰,信默而不言。” **11** 不言:不言政事。**12** 雍:和。 **13** 嘉:善。靖:和。**14** 小大:老百姓和群臣。 **15** 无时或怨:无有怨之。时,此人,指高宗。或,有。

原文

“其在祖甲[1],不义惟王,旧为小人。[2]作其即位,爰知小人之依,能保惠于庶民,[3]不敢侮鳏寡[4]。肆祖甲之享国三十有三年。

“自时厥后[5],立王生则逸,生则逸[6],不知稼穑之艰难,不闻小人之劳,惟耽乐之从[7]。自时厥后,亦罔或克寿[8]。或十年,或七、八年,或五、六年,或四、三年。”

译文

“在祖甲,他以为代兄称王不合情理,逃亡民间,做过很久的平民百姓。等到他即位后,就知道老百姓的痛苦,能够安定和爱护众民,对于鳏寡无依的人也不敢轻慢。所以祖甲在位三十三年。

“从这以后,在位的殷王生来就安闲逸乐,生来就安闲逸乐,不知耕种收获的艰难,不知老百姓的劳苦,只是追求过度的逸乐。从这以后,在位的殷王也没有能够长寿的。有的十年,有的七、八年,有的五、六年,有的三、四年。”

注释 **1** 祖甲:武丁的儿子帝甲。殷代第十二世贤主。 **2** 不义惟王,旧为小人:惟,为。旧,久。马融说:“祖甲有兄祖庚,而祖甲贤,武丁欲立之。祖甲以王废长立少不义,逃亡民间。故曰‘不义惟王,久为小人’也。” **3** 依:隐,痛苦。王引之说。保:安定。惠:爱。 **4** 鳏寡:孤苦无依的人。 **5** 时:是,这。厥:之。《经传释词》说:“厥,犹‘之’也。” **6** 立王:在位的君王。生则逸,生则逸:《尚书正读》说:“‘生则逸’,一语已足,两言之者,周公喜重言也。”按重复地说,意在强调它。 **7** 耽乐:过度逸乐。从:追求。 **8** 罔:无。或:有。

原文

周公曰："呜呼！厥亦惟我周太王、王季，克自抑畏[1]。文王卑服[2]，即康功田功[3]。徽柔懿恭[4]，怀保小民[5]，惠鲜鳏寡[6]。自朝至于日中昃，不遑暇食[7]，用咸和万民[8]。文王不敢盘于游田[9]，以庶邦惟正之供[10]。文王受命惟中身[11]，厥享国五十年[12]。"

译文

周公说："啊！只有我们周家的太王、王季能够谦让敬畏。文王做卑下的工作，从事过开通道路、耕种田地的劳役。他和蔼、仁慈、善良、恭敬，使百姓和睦、安定，爱护亲善孤苦无依的人。从早晨到中午，到下午，他没有闲暇吃饭，要使万民生活和谐。文王不敢乐于嬉游、田猎，不敢使众国只是进献赋税，供他享乐。文王中年受命为君，在位五十年。"

注释 1 抑：谦下。畏：敬畏。 2 卑服：任卑下的事。服，事。 3 即：就，从事。康功田功：章太炎说："康，《释言》五达谓之康，字亦作庚，《诗》有由庚，《春秋传》有夷庚，以为道路大名。康功者，谓平易道路之事；田功者，谓服田力穑之事。" 4 徽：和。懿：美。 5 怀保：和睦安定。 6 鲜：善。见《尔雅·释诂》。 7 遑暇："遑"也是"暇"，二字同义。 8 咸：通"诚"，和。俞樾说。 9 盘：乐。游：游乐。田：打猎。 10 以：使。正：税，见《尚书正读》。供：进献。《广雅·释诂》："供，进也。" 11 受命：接受天命为君。中身：中年。 12 五十年：《吕览·制乐》和《韩诗外传三》都说文王在位五十一年。这里是举整数。

以上第二段，引用历史事实，说明无逸的重要性。

原文

周公曰："呜呼！继自今嗣王，则其无淫于观、于

译文

周公说："啊！从今以后的继位君王，就不可沉迷在观赏、安逸、嬉游

逸、于游、于田[1]，以万民惟正之供。无皇曰[2]：'今日耽乐。'乃非民攸训，非天攸若，[3]时人丕则有愆[4]。无若殷王受之迷乱，酗于酒德哉！[5]"

周公曰："呜呼！我闻曰：'古之人犹胥训告[6]，胥保惠[7]，胥教诲，民无或胥诪张为幻[8]。'此厥不听，人乃训之，乃变乱先王之正刑[9]，至于小大[10]。民否则厥心违怨[11]，否则厥口诅祝[12]。"

和田猎之中，不可只是使老百姓进献赋税供他享乐。不要自我宽解说：'今天快乐快乐。'这样子，就不是老百姓所顺从的，也不是上天所嘉许的，这样的人就有罪过了。不要像商纣王那样迷惑昏乱，把酗酒作为酒德啊！"

周公说："啊！我听说：'古时的人还能互相劝导，互相爱护，互相教诲，所以老百姓没有互相欺骗、互相诈惑的。'不依照这样，官员就会顺从自己的意愿，就会变乱先王的正法，以至于大大小小的法令。老百姓于是就内心怨恨，就口头诅咒了。"

注释 1 淫：过度。观：观赏。 2 皇：通"徨"，暇。这里指宽解。 3 攸训：所顺。训，顺。攸若：所善。若，善。 4 丕则：于是。愆：过错。 5 受：纣王名。酗于酒德：酗，醉酒发怒。于，为。见《经传释词》。大意是说，以醉怒为酒德。 6 胥：互相。训告：劝导。 7 保：安。惠：爱。 8 诪张：诪，音 zhōu。欺诳。幻：诈惑。 9 正刑：政策法令。 10 小大：指小法大法。 11 否则：于是。违：怨恨。见王引之《经义述闻》。 12 诅祝：诅咒。

原文

周公曰："呜呼！自殷王中宗及高宗及祖甲及我周文王，兹四人迪哲[1]。厥或告之曰[2]：'小人怨汝

译文

周公说："啊！从殷王中宗、到高宗、到祖甲、到我们的周文王，这四位君王领导得明智。有人告诉他们说：'老百姓在怨恨你咒骂你。'他们就更

詈汝[3]。’则皇自敬德[4]。厥愆[5]，曰：‘朕之愆允若时[6]。’不啻不敢含怒[7]。此厥不听，人乃或诪张为幻，曰小人怨汝詈汝，则信之，则若时：不永念厥辟[8]，不宽绰厥心[9]，乱罚无罪，杀无辜。怨有同[10]，是丛于厥身[11]！”

周公曰：“呜呼！嗣王其监于兹[12]！”

加敬慎自己的行为；有人举出他们的过错，他们就说：‘我的过错确实像这样。’不但不敢怀怒。不依照这样，人们就会互相欺骗、互相诈惑。有人说老百姓在怨恨你咒骂你，你就会相信，就会像这样：不多考虑国家的法度，不放宽自己的心怀，乱罚没有罪过的人，乱杀没有罪过的人。民怨汇合，就会集中到你的身上啊！”

周公说：“啊！继王要鉴戒这些啊！”

注释 **1** 迪：指导。迪哲，领导得明智。 **2** 或：有人。 **3** 詈：音lì，骂。 **4** 皇：更加。《汉石经》作“兄”。《国语》注：“兄，益也。” **5** 厥愆：是“厥或愆之”的省文。愆，指责过失。 **6** 允：确实。时：这样。 **7** 不啻：不但。郑玄说：“不但不敢含怒，乃欲屡闻之，以知己政得失之源也。” **8** 辟：法。 **9** 绰：宽，放宽。 **10** 怨有：即怨尤。“有”和“尤”同声通用。同：会同。 **11** 丛：聚集。《说文》：“丛，聚也。” **12** 监：通“鉴”，鉴戒。

以上第三段，说明君主要勤于教诲，严于责己。

君奭

导读　这篇是周公对召公的答辞。奭，音 shì，召公名。名上加一君字，表示对召公的尊敬。

《史记》说本篇作于周公摄政的时候，而《书序》则以为作在周公还政成王以后。体会文情，当依《史记》的说法。

周公为什么答复召公呢？《史记》和《书序》都说召公不悦周公。注家纷纷猜测，都缺乏确凿的证据。今按《墨子·非命中》说："于召公之非执命亦然，惟予二人而无造言，不自天降，自我得之。"本篇周公引召公的话说："在我后嗣子孙，大弗克恭上下，遏佚前人光在家，不知天命不易，天难谌，乃其坠命，弗克经历。"联系这两则引文来看，可以推知召公所不悦的，是周王子孙安于天命不求进展的执命思想，而不是不悦周公。

从本篇首段周公引召公的话看来，大约西周初年，东方各国的叛乱平定以后，天命说又滋长起来了，周王子孙也受了影响。召公认为这种思想妨碍周王朝发扬光大，甚至还危及国家的命运，因此召公反对执命之说。周公赞同召公的意见，也主张事在人为。又明确表示倚重召公，希望同心协力完成文王的大业，做到海隅出日的地方，都莫不顺从。史官记录周公这篇诰辞，名叫《君奭》。这是一篇研究我国上古思想史的重要文献。

原文

周公若曰："君奭！弗吊天降丧于殷，殷既坠厥命，[1]我有周既受。我不敢知曰：厥基永孚于

译文

周公这样说："君奭！商纣王不敬重上天，上天给殷国降下了大祸，殷国已经丧失了福命，我们周国已经接受了。我不敢认为王业开始的时候，会长

休[2]。若天棐忱[3]，我亦不敢知曰：其终出于不祥。

“呜呼！君已曰[4]：‘时我[5]，我亦不敢宁于上帝命[6]，弗永远念天威越我民[7]；罔尤违[8]，惟人。在我后嗣子孙[9]，大弗克恭上下，遏佚前人光在家[10]，不知天命不易[11]，天难谌[12]，乃其坠命[13]，弗克经历[14]。嗣前人，恭明德，在今。’

“予小子旦非克有正[15]，迪惟前人光施于我冲子[16]。又曰[17]：‘天不可信。’我道惟宁王德延[18]，天不庸释于文王受命[19]。”

期保持休美。顺从上天，任用诚信的人为辅佐，我也不敢认为王业的结局会出现不吉祥。

“啊！您曾经说过：‘依靠我们自己，我们不敢安于上帝的福命，不去永远顾念上天的威严和我们的人民；没有过错和违失，只在人。考察我们的后代子孙，远远不能做到恭顺上天和下民，把前人的光辉限制在我们国家之内，不知道天命难得，上帝难信，这就会失去天命，不能长久。继承前人，奉行明德，就在今天。’

“您的看法，我小子姬旦不能有什么改正，我想把前人的光美传给我们的后代。您还说过：‘上天不可信赖。’我只想把文王的美德加以推广，上天将不会废弃文王所接受的福命。”

注释 **1** 吊：善。不善于天，指纣王。坠：丧失。 **2** 基：开始。孚：通“保”。《说文》说：“古文孚，从禾。禾，古文保保。保保亦声。” **3** 若：顺。棐忱：棐，辅佐。忱，诚信。谓以诚信者为辅助。 **4** 君：指召公。 **5** 时：通“恃”，依靠。我：我们。 **6** 宁：安。 **7** 越：和。 **8** 尤：过失。违：违误。 **9** 在：考察。《释诂》：“在，察也。” **10** 遏：止，抑止。佚：失，消失。光：光美，光辉。 **11** 不易：不容易。 **12** 谌：音 chén，信。 **13** 其：将要。 **14** 经历：长久。 **15** 旦：周公名。有正：有所改正。 **16** 迪：语首助词。施：延。冲子：童子，指后辈。 **17** 又曰：召公又说。《墨子·非命中》引

“天不可信”为召公的话。 18 道:当从《汉石经》作“迪”,语助词。宁王:文王。 19 庸释:舍弃。

以上第一段,周公强调事在人为,赞同召公非命之说。

原文

公曰:“君奭!我闻在昔成汤既受命,时则有若伊尹[1],格于皇天[2]。在太甲[3],时则有若保衡[4]。在太戊[5],时则有若伊陟、臣扈[6],格于上帝;巫咸乂王家[7]。在祖乙[8],时则有若巫贤[9]。在武丁[10],时则有若甘盘[11]。

译文

周公说:“君奭!我听说从前成汤既已接受天命,当时就有这个伊尹得到上天的嘉许。在太甲,当时就有这个保衡。在太戊,当时就有这个伊陟和臣扈,得到上天的嘉许,又有巫咸治理王国。在祖乙,当时就有这个巫贤。在武丁,当时就有这个甘盘。

注释 1 时:当时。若:此,这个。伊尹:成汤的大臣。 2 格:嘉,嘉许。《史记·燕世家》引作“假”,《中庸》释文:“假,嘉也。” 3 太甲:成汤的孙。 4 保衡:伊尹。伊尹名衡,任太保之官,所以叫保衡。 5 太戊:太甲的孙。 6 伊陟、臣扈:都是太戊的贤臣。 7 巫咸:太戊的大臣。乂:治理。 8 祖乙:名滕,殷国的第七世贤王。 9 巫贤:祖乙的贤臣。 10 武丁:殷高宗。 11 甘盘:武丁的贤臣。

原文

“率惟兹有陈[1],保乂有殷,故殷礼陟配天[2],多历年所[3]。天惟纯佑命[4],则商实百姓王人,

译文

“这些有道的人,安定治理殷国,所以殷人的制度,君王死后,他们的神灵都配天称帝,经历了许多年代。上天赐给贤良,于是,殷商异姓和同姓的官员们,

罔不秉德明恤,[5]小臣屏侯甸[6],矧咸奔走[7]。惟兹惟德称[8],用乂厥辟[9],故一人有事于四方,若卜筮罔不是孚[10]。”

确实没有人不保持美德,知道谨慎,君王的小臣和诸侯的官员,也都奔走效劳。这些官员推举贤德,辅助他们的君王,所以君王对四方施政,如同卜筮一样,没有人不相信。”

注释 1 率:语首助词。有陈:有道,有道之臣。陈,《汉书·哀帝纪》注:“道也。” 2 殷礼陟配天:《尚书平议》:“谓殷人之礼死则配天而称帝也。《竹书纪年》凡帝王之终皆曰陟,此经陟字,义与彼同。” 3 所:时。《公羊传·文公十三年》注:“所,犹时,齐人语也。” 4 纯佑:良佐,贤臣。命:赐予。《小尔雅·广言》:“命,予也。” 5 实:本当置于“罔不”的前面,为了强调,所以提前了。百姓:指异姓官员。王人:指同姓官员。恤:谨慎。6 屏:并,魏《三体石经》古文作“并”。侯甸:侯服、甸服的官员。 7 矧:也。奔走:指效劳。 8 惟德称:称,举。谓举出贤德者。 9 乂:通“艾”,辅助。《释诂》:“艾,相也。” 辟:君王。 10 一人:指国君。孚:信。

原文

公曰:“君奭!天寿平格[1],保乂有殷,有殷嗣[2],天灭威[3]。今汝永念,则有固命[4],厥乱明我新造邦[5]。”

译文

周公说:“君奭!上天赐给中正和平的官员,安治殷国,于是殷王世世继承着,上天也不降给惩罚。现在您深长地考虑这些,就掌握了一定不移之命,将治好我们这个新建立的国家。”

注释 1 寿:当作“受”,授予的意思。《文选·潘元茂册魏公文》注引“寿”作“受”。平格:平康,中正和平。见《尚书易解》。 2 有殷嗣:殷王世世继承下来。 3 天灭威:灭,断绝,见《释诂》。威,罚。天灭威谓上天不用威罚。 4 固命:定命。 5 厥:语首助词。乱:治理。明:光大。

以上第二段,周公广泛征引史事,说明辅臣的重要作用。

原文

公曰:“君奭!在昔上帝割申劝宁王之德[1],其集大命于厥躬[2]?惟文王尚克修和我有夏[3];亦惟有若虢叔,有若闳夭,有若散宜生,有若泰颠,有若南宫括[4]。

“又曰[5]:无能往来[6],兹迪彝教[7],文王蔑德降于国人[8]。亦惟纯佑秉德[9],迪知天威,乃惟时昭文王迪见冒[10],闻于上帝,惟时受有殷命哉!

译文

周公说:“君奭!过去上帝为什么一再嘉勉文王的品德,降下大命在他身上呢?因为文王常常能够治理、和谐我们中国,也因为有这个虢叔,有这个闳夭,有这个散宜生,有这个泰颠,有这个南宫括。

“有人说:这些贤臣不能奔走效劳,努力施行常教,文王也就没有恩德降给国人了。也因为这些贤臣保持美德,了解上天的威严,因为这些人辅助文王治道光显,进而被上帝知道了,因此,文王才承受了殷国的大命啊。

注释 1 割:通“曷”。为什么。申:重复。劝:劝勉。 2 集:下,降下。见《淮南子·说山训》注。 3 惟:以。见《经传释词》。尚:通常。修和:治理和协。有夏:中国。 4 若:此。这些。虢叔、闳夭、散宜生、泰颠、南宫括:都是文王时的贤臣。 5 又曰:有曰,有人说。 6 往来:奔走出力。 7 兹:通“孜”,勉力。曾运乾说。彝:常。 8 蔑:无。 9 惟:以。 10 时:是,这些人。昭:通“诏”,帮助。迪见:迪,道,谓治道。见,犹“显”,孙星衍说。冒:进。《说文》冒,进而前也。前亦进也。章太炎说。

原文

“武王惟兹四人尚迪有禄[1]。后暨武王诞将天威[2],咸刘厥敌[3]。惟兹四人昭武王惟冒[4],丕单称德[5]。

“今在予小子旦,若游大川,予往暨汝奭其济[6]。小子同未在位[7],诞无我责收[8],罔勖不及[9]。耇造德不降我则[10],鸣鸟不闻[11],矧曰其有能格[12]?”

公曰:“呜呼!君肆其监于兹[13]!我受命无疆惟休,亦大惟艰。告君,乃猷裕我,不以后人迷[14]。”

译文

“武王的时候,文王的贤臣只有四人还活着。后来,他们和武王奉行上天的惩罚,消灭了他们的敌人。也因为这四人辅助武王很努力,于是天下普遍赞美武王的恩德。

“现在我小子姬旦好像游于大河,我和您奭一起前往谋求渡过。我惘昧少知却居大位,您不督责、纠正我,就没有人勉力指出我的不够了。您这年高有德的人不指示治国的法则,就连凤凰的鸣声都会听不到,何况说将又能被上天嘉许呢?”

周公说:“啊!您现在应该看到这一点!我们接受的大命,有无限的喜庆,也有无穷的艰难。请求您,急于教导我,不要使后人迷惑呀!”

注释 **1** 四人:郑玄说:“武王时,虢叔等有死者,余四人也。”迪:通“犹”,还。有禄:活着。古代称死为无禄,生为有禄。 **2** 暨:与,和。诞:大。将:奉行。 **3** 咸:灭绝。刘:杀。 **4** 冒:通“勖”,勉力。 **5** 丕:语助词。单:尽。称:称赞。 **6** 其济:谋求渡过。其,通“基”,谋。济,渡水。 **7** 小子:周公谦称。同未:即“惘昧”,无知。 **8** 诞:语首助词。收:通“纠”,纠正。见《尚书易解》。 **9** 不及:不够。 **10** 耇造德:老成有德,指召公。造,成。则:法则。 **11** 鸣鸟:指凤凰。《白虎通》说:“凤凰者,禽之长也。上有明王,太平乃来,居广都之野。” **12** 矧:何况。格:嘉。谓格于上帝,蒙上文而省。 **13** 肆:今。监:看。 **14** 告:请,请求。猷裕:教导。见《方言》。以:使。

以上第三段,周公希望召公同心同德辅助成王。

原文

公曰:“前人敷乃心[1],乃悉命汝[2],作汝民极[3]。曰:‘汝明勖偶王[4],在亶乘兹大命[5],惟文王德丕承,无疆之恤[6]!’”

译文

周公说:“武王表明他的心意,详尽地告诉了您,要做老百姓的表率。武王说:‘您努力辅助成王,在于诚心承受这个大命,继承文王的功德,还会有无穷的忧患啊!’”

注释 **1** 前人:指武王。敷:布,表明。乃:其。 **2** 悉:详尽。 **3** 极:标准,表率。 **4** 明勖:都是努力的意思。偶:通“耦”,辅助。《广雅》:“耦,侑也。” **5** 亶:诚心。乘:承受。 **6** 恤:忧患。

原文

公曰:“君!告汝,朕允保奭[1]。其汝克敬以予监于殷丧大否[2],肆念我天威[3]。予不允惟若兹诰[4],予惟曰:‘襄我二人,汝有合哉[5]?’言曰[6]:‘在时二人。’天休滋至[7],惟时二人弗戡[8]。其汝克敬

译文

周公说:“君奭!请求您,我所深信的太保奭。希望您能警惕地和我一起看到殷国丧亡的大祸,长久使我们不忘上天的惩罚。我不但这样告请,我还想说:‘除了我们二人,您有志同道合的人吗?’您会说:‘在于我们这两个人。’上天赐予的休美越来越多,仅仅是我们两人不能胜任了。希望您能够敬重贤德,

德，明我俊民[9]，在让后人于丕时[10]。

“呜呼！笃棐时二人，我式克至于今日休？[11]我咸成文王功于[12]！不怠丕冒[13]，海隅出日，罔不率俾。[14]”

提拔杰出的人才，最终帮助我们后人去承受它。

“啊！如果真的不是这两个人，我们还能达到今天的休美境地吗？我们共同来成就文王的功业吧！不懈怠地加倍努力，要使那海边日出的地方，没有人不顺从我们。”

注释 **1** 允：信任。保：太保，召公担任太保的官。 **2** 以：与。否：音pǐ。困穷，苦难。 **3** 肆：长。威：罚。 **4** 允：语助词。惟：只。 **5** 襄：除，见《尔雅·释言》。合：合志。 **6** 言曰：周公代召公答复。 **7** 滋：益，更加。 **8** 戡：胜，胜任。 **9** 明：显，显用，选拔。 **10** 在：终。让：通“襄”，帮助。时：承受。 **11** 笃：信。棐：不是。式：语助词。 **12** 我：我辈。咸：共同。于：乎。《吕览·审应》：“然则先生圣于？”高注：“于，乎也。”见《尚书易解》。 **13** 冒：勉力。 **14** 海隅：海边。海边出日，指荒远的地方。俾：顺从。《释诂》：“俾，从也。”

原文

公曰：“君！予不惠若兹多诰[1]，予惟用闵于天越民[2]。”

公曰：“呜呼！君！惟乃知民德亦罔不能厥初[3]，惟其终。祗若兹[4]，往敬用治[5]！”

译文

周公说：“君奭啊！我不这样多多劝告了，我们要忧虑天命和民心。”

周公说：“啊！君奭！您知道老百姓的行为，没有不善始的，要善其终啊！我们要依照这些，前往敬慎地施行治理啊！”

注释 **1** 惠：通“惟”。 **2** 闵：忧虑。越：与，和。 **3** 德：行为。能：善。

4 若:顺从。兹:此。指上述的意见。 **5** 用:施行。《说文》云:“用,可施行也。”

以上第四段,周公勉励召公共同完成文王的功业。

蔡仲之命

【导读】 蔡仲，名胡，蔡叔的儿子。命，诰命。周武王逝世，周公旦摄政。周公的弟弟管叔和蔡叔在国都散布流言，毁谤周公。周公东征，杀了管叔；囚蔡叔于郭邻，至死不赦。蔡叔卒，成王命蔡叔的儿子蔡仲为蔡国之君，而用策书告诫他。史官记叙这件事，写成《蔡仲之命》。这是梅氏伪古文《尚书》之二十。

【原文】

惟周公位冢宰[1]，正百工[2]，群叔流言。乃致辟管叔于商[3]；囚蔡叔于郭邻[4]，以车七乘；降霍叔于庶人，三年不齿。蔡仲克庸祗德，周公以为卿士。叔卒，乃命诸王邦之蔡[5]。

【译文】

周公位居大宰、统帅百官的时候，几个弟弟对他散布流言。周公于是在商地，杀了管叔；囚禁了蔡叔，用车七辆把他送到郭邻；把霍叔降为庶人，三年不许录用。蔡仲能够经常重视德行，周公任用他为卿士。蔡叔死后，周公便告诉成王封蔡仲于蔡国。

【注释】 1 冢宰：周代官名，也叫大宰，是百官的首长。马融说：“冢，大也，宰，治也。大治者，兼万事之名也。” 2 正：官长，统帅。这里用作动词。3 致辟：辟，法。致辟，行法，这里指杀戮。《蔡传》说：“致辟云者，诛戮之也。” 4 郭邻：地名。《孔传》说：“中国之外地名。” 5 诸：之于。邦：封。

以上一段，是史官叙事的话。

【原文】

王若曰：“小子胡！惟尔率德改行[1]，克慎厥

【译文】

成王这样说：“年轻的姬胡！你遵循祖德改变你父亲的行为，能够谨守臣

猷[2],肆予命尔侯于东土[3],往即乃封,敬哉!尔尚盖前人之愆,惟忠惟孝。尔乃迈迹自身[4],克勤无怠,以垂宪乃后。率乃祖文王之彝训[5],无若尔考之违王命!

子之道,所以我任命你到东土去做诸侯。你前往你的封地,要敬慎呀!你当掩盖前人的罪过,思忠思孝。你要使自身迈步前进,能够勤劳不怠,用以留下模范给你的后代。你要遵循你祖父文王的常训,不要像你的父亲那样违背天命!

注释 1 率德改行:率,遵循。《孔传》说:"言汝循祖之德,改父之行。" 2 猷:道。 3 肆:故。侯:诸侯。这里是"做诸侯"的意思。 4 乃:其。《经传释词》说:"乃,犹'其'也。"迈迹:迈步前进。 5 彝:常。

以上一段,是成王勉励蔡仲继续遵循祖德,迈步前进。

原文

"皇天无亲,惟德是辅;民心无常,惟惠之怀。为善不同,同归于治;为恶不同,同归于乱。尔其戒哉!

"慎厥初,惟厥终,终以不困;不惟厥终,终以困穷。懋乃攸绩[1],睦乃四邻,以蕃王室[2],以和兄弟,康济小民[3],率自中[4],无作聪明乱旧章;

译文

"皇天无亲无疏,只辅助有德的人;民心没有常主,只是怀念仁爱之主。做善事虽然各不相同,都会达到安治;做恶事虽然各不相同,都会走向动乱。你要警戒呀!

"谨慎对待事物的开初,也要考虑它的终局,终局因此不会困窘;不考虑它的终局,终将困穷。勉力做你所行的事,和睦你的四邻,以保卫周王室,以和谐兄弟之邦,而使百姓安居成业。要循用中道,不要自作聪明扰乱旧章。要审慎你的视详乃视听[5]，罔以侧言改厥度[6]。则予一人汝嘉。”

听，不要因片面之言改变法度。这样，我就会赞美你。”

注释 1 懋：勉。乃：你的。攸：所。绩：行。 2 蕃：通“藩”，屏障，保卫。 3 康济：康，安。济，成。 4 自：用。中：中道，不偏不倚的正道。 5 详：审察。 6 侧言：片面的话。《蔡传》说：“侧言，一偏之言也。”

以上一段，是成王劝勉蔡仲施行德政，遵守中道。

原文

王曰：“呜呼！小子胡。汝往哉！无荒弃朕命[1]！”

译文

成王说：“啊！年轻的姬胡。你去吧！不要废弃我的教导！”

注释 1 荒弃：废弃。《孔传》：“无废弃我命。”

以上一段，是成王告诫蔡仲奉行诰命。

多方

【导读】 这是周公代表成王告诫众诸侯国君臣的诰辞。方,就是国。多方,就是众国。周公归政成王后,淮夷和奄国又发动叛乱。成王亲自出征。召公为保,周公为师,讨伐淮夷,灭了奄国。成王自奄回到镐京,各国诸侯都来朝见,周公代替成王训话,史官记录这篇诰辞,名叫《多方》。西周初年,东方的淮夷和奄国再次叛乱,反映东、西方之间的矛盾很尖锐。本篇是研究周初统治东方各族的重要文献。

【原文】

惟五月丁亥,王来自奄,至于宗周[1]。

周公曰:"王若曰[2]:猷告尔四国多方惟尔殷侯尹民[3]。我惟大降尔命[4],尔罔不知。洪惟图天之命[5],弗永寅念于祀[6],惟帝降格于夏[7]。有夏诞厥逸[8],不肯感言于民[9],乃大淫昏[10],不克终日劝于帝之迪[11],乃尔攸闻。厥图帝之命[12],不克开于民之丽[13],乃大降罚[14],崇乱有夏[15]。因甲于内乱[16],不克灵承于旅[17],罔丕惟进之恭[18],洪舒于民[19]。亦惟

【译文】

五月丁亥这天,成王从奄地回来,到了宗周。

周公说:"成王这样说:告诉你们四国、各国诸侯以及你们众诸侯国治民的长官。我给你们大下教令,你们不可昏昏不闻。夏桀夸大天命,不常重视祭祀,上帝就对夏国降下了严正的命令。夏桀大肆逸乐,不肯恤问人民,竟然大行淫乱,不能一天力行上帝的教导,这些是你们所听说过的。夏桀夸大天命,不能明白老百姓归附的道理,就大肆杀戮,大乱夏国。夏桀因习于让妇人治理政事,不能很好地顺从民众,无时不贪取财物,大害于人民。也由于夏

有夏之民叨懫日钦[20],劓割夏邑[21],天惟时求民主,乃大降显休命于成汤[22],刑殄有夏[23]。

民贪婪、忿戾的风气一天天盛行,残害了夏国。上天于是寻求人民之主,就大下光明美好的使命给成汤,命令成汤消灭夏国。

注释 1 五月:《孔传》说:"周公归政之明年,淮夷、奄又叛。鲁征淮夷,作《费誓》;王亲征奄,灭其国,五月还至镐京。" 2 王若曰:周公代替成王训话。若,这样。 3 猷告:告道。四国:指管、蔡、商、奄四国。惟:与,和。殷侯:众位诸侯。尹民:治民,指治民的官员。 4 降:下,下达。命:教令。 5 洪惟:语首助词。图:大,见《经传释词》。大天之命,谓夸大天命。阮刻本脱"图"字。 6 寅:敬。弗永寅念于祀,谓忽视民生。 7 格:通"詻",教令。《玉篇》:"詻,教令严也。" 8 诞:大。 9 慼言:恤问。 10 淫昏:淫乐昏乱。 11 劝:勉力。迪:教导。 12 图帝之命:图,大。言夸大上帝之命。 13 开:明,明白。丽:附。民之丽,老百姓归附的道理。 14 大降罚:大事杀戮。 15 崇:充,大。 16 甲:通"狎",习。内乱:女治,指夏桀信任妹喜。 17 灵:善。承:顺从。旅:众人。 18 丕:不。进:通"賮",财货。恭:通"供"。《广雅·释诂》:"供,进也。" 19 舒:古文作"荼",苦。这里指毒害。 20 叨:贪婪。懫:音 zhì,忿戾。钦:通"廞",兴。 21 劓割:残害。 22 显休:光明美好。 23 刑殄:诛绝。

原文

"惟天不畀纯[1],乃惟以尔多方之义民不克永于多享[2];惟夏之恭多士大不克明保享于民[3],乃胥惟虐于民[4],至于百为,大

译文

"上天不赐福给众位诸侯,就是因为那时各国首长不能常常劝导人民,夏国的官员太不懂得保护和劝导人民,竟然都对人民施行暴虐,至于各种工作都不能开展;就是因为成汤能由你们各国

不克开[5]。乃惟成汤克以尔多方简[6],代夏作民主。

“慎厥丽,乃劝;[7]厥民刑,用劝;以至于帝乙[8],罔不明德慎罚,亦克用劝;要囚殄戮多罪[9],亦克用劝;开释无辜,亦克用劝。

“今至于尔辟[10],弗克以尔多方享天之命[11],呜呼!”

邦君的选择,代替夏桀做了君主。

“他慎施教令,是劝勉;他惩罚罪人,也是劝勉;从成汤到帝乙,没有人不宣明德教,慎施刑罚,也能够用来劝勉;他们监禁、杀死重大罪犯,也能够用来劝勉;他们释放无罪的人,也能够用来劝勉。

“现在到了你们的君王,不能够和你们各国邦君享受上天的大命,很可悲啊!”

注释 1 畀纯:畀,与。“纯”与“屯”通,众。黄式三说。按众指多方之邦君和夏国的官员。 2 义民:指邦君。享:劝导。 3 恭:通“供”,供职。保享:保护劝导。 4 惟虐:为虐。 5 开:通,犹言开展。 6 多方:多邦,诸侯。简:择,选择。 7 丽:施行。指施行教令。劝:勉励。 8 帝乙:纣之父。 9 要囚:幽囚,囚禁。 10 辟:君。尔辟,你们的君主,指纣。11 以:与,和。

以上第一段,分析夏亡汤兴,在于能否顺从天命教民保民。

原文

王若曰:“诰告尔多方,非天庸释有夏[1],非天庸释有殷。乃惟尔辟以尔多方大淫[2],图天之命屑有辞[3]。乃惟有夏图厥政,不集于享[4],天降时丧,有

译文

王这样说:“告诉你们各位邦君,不是上天要舍弃夏国,也不是上天要舍弃殷国。就因为你们夏、殷的君王和你们各国诸侯大肆淫佚,夸大天命,安逸而又懈怠,就因为夏桀谋划政事,不在于劝勉,于是上天降下了这亡国大祸,诸

邦间之[5]。乃惟尔商后王逸厥逸,图厥政不蠲烝[6],天惟降时丧。

“惟圣罔念作狂[7],惟狂克念作圣。天惟五年须暇之子孙[8],诞作民主[9],罔可念听。天惟求尔多方,大动以威[10],开厥顾天[11]。惟尔多方罔堪顾之。惟我周王灵承于旅[12],克堪用德,惟典神天[13]。天惟式教我用休[14],简畀殷命[15],尹尔多方。

侯成汤代替了他;就因为你们殷商的后王安于他们的逸乐生活,谋划政事不美好,于是上天降下这亡国大祸。

“圣人不思考就会变成狂人,狂人能够思考就能变成圣人。上帝用五年时间等待夏的子孙,让他们继续做万民之君主,没有人能够思考和听从天意。上帝又寻求你们众诸侯国,大降灾异,启发你们众国顾念天意,你们众国也没有人能顾念它。只有我们周王善于顺从民众,能用明德,善待神、天。上帝就改用休祥指导我们,表明授予伟大的使命,治理众国诸侯。

注释 1 庸释:舍弃。 2 尔辟:尔的君主。以:和。多方:指夏、殷各国诸侯。 3 图:大,夸大。屑:通“泆”,安逸。有:又。辞:通“怠”,懈怠。 4 集:在,在于。 5 间:代替。 6 蠲:音 juān,清明。烝:美好。 7 圣:明哲的人。作狂:成为狂妄无知的人。 8 五年:孙星衍说:“此‘五年’,当从文王七年数至武王十一年伐纣也。”须暇之子孙:须,等待。暇,当从《诗·皇矣》正义引作“夏”。言等待夏的子孙。 9 诞:延,延续。 10 大动以威:郑玄注:“言天下灾异之威,动天下之心。” 11 开:启示。 12 灵:善于。承:顺从。旅:众人。 13 典:通“腆”,善。言善待神天。 14 式:按当读为“代”,更改,改变。教我用休:以休祥指导我。 15 简:明,表明。畀:给予。殷命:大命。《广雅·释诂》:“殷,大也。”

原文

“今我曷敢多诰[1]，我惟大降尔四国民命[2]。尔曷不忱裕之于尔多方[3]？尔曷不夹介，乂我周王享天之命？[4]今尔尚宅尔宅[5]，畋尔田[6]，尔曷不惠王熙天之命[7]？

“尔乃迪屡不静[8]，尔心未爱[9]。尔乃不大宅天命[10]，尔乃屑播天命[11]，尔乃自作不典[12]，图忱于正[13]。我惟时其教告之，我惟时其战要囚之[14]，至于再，至于三。[15]乃有不用我降尔命，我乃其大罚殛之[16]！非我有周秉德不康宁，乃惟尔自速辜[17]！”

译文

“现在我怎么敢重复告诫而已，我当特别发布给你们四国臣民的教令。你们为什么不劝导各国臣民？你们为什么不帮助善良，助我周王共享天命呢？现在你们还住在你们的住处，整治你们的田地，你们为什么不顺从周王宣扬上帝的大命呢？

“你们竟然屡次教导还不安定，你们内心不顺。你们竟然不考虑天命，你们竟然完全抛弃天命，你们竟然自作不法，图谋攻击长官。我因此教导过你们，我因此讨伐你们，囚禁你们，至于再，至于三。假如还有人不服从我发布给你们的命令，那么我就要重重惩罚他们！这不是我们周国执行德教不安静，只是你们自己招致了罪过！”

注释　1 曷敢：何敢。《孔传》说：“今我何敢多诰汝而已。”2 降尔四国民命：降命于尔四国之民。 3 忱裕：告导，劝导。 4 夹介：夹，辅。介，善。乂：与“艾”通，辅助。《释诂》：“艾，相也。” 5 尚：还。宅尔宅：前一“宅”字，是动词，居住。 6 畋：整治。 7 惠：顺从。熙：光，宣扬。 8 乃：竟。迪：教导。屡：屡次。9 爱：顺。10 宅：度，考虑。11 屑：通“悉”，皆，尽。播：弃。12 不典：不法。13 图：图谋。忱：通“炈”，攻击。《说文》：“炈，下击上也。”章太炎说。正：长。 14 要囚：幽囚。 15 至于再，至于三：

《孔传》说："再，谓三监、淮夷叛时。三，谓成王即政又叛。" **16** 殛：诛。**17** 速：召，招致。辜：罪。

以上第二段，说明周王顺从天命统治多方，又告诫四国臣民要服从教命。

原文

王曰："呜呼！猷告尔有方多士暨殷多士[1]。今尔奔走臣我监五祀[2]，越惟有胥伯小大多正[3]，尔罔不克臬[4]。

"自作不和，尔惟和哉！尔室不睦，尔惟和哉！尔邑克明[5]，尔惟克勤乃事。尔尚不忌于凶德[6]，亦则以穆穆在乃位[7]，克阅于乃邑谋介[8]。

"尔乃自时洛邑[9]，尚永力畋尔田，天惟畀矜尔[10]。我有周惟其大介赉尔[11]，迪简在王庭[12]，尚尔事[13]，有服在大僚[14]。"

译文

王说："告诉你们各国官员和殷国的官员，到现在你们奔走效劳臣服我侯国已经五年了，所有的徭役赋税和大大小小的政事，你们没有不能遵守法规的。

"自己造成了不和睦，你们也应该和睦起来！你们的家庭不和睦，你们也应该和睦起来！你们的城邑能够清明，你们算是能够勤于你们的职事。你们或许不被坏人教唆，也就可以好好地处在你们的位置上，能够留在你们的城邑里谋求美好的生活。

"你们如果用这个洛邑，还长久尽力耕作你们的田地，上天会怜悯你们。我们周国会大大地赏赐你们，把你们引进选拔到朝廷来；努力做好你们的职事，又将让你们担任重要官职。"

注释 **1** 猷：与"告"同义。《方言》："猷，道也。"暨：和。 **2** 监：侯国。此指卫康叔。五祀：五年。从周公摄政三年灭奄起至成王元年，正好五年。

3 胥:徭役。伯:《尚书大传》作"赋",赋税。正:通"政",政事。 4 臬:法,守法。 5 明:清明。 6 忌:通"惎",《小尔雅》:"惎,教也。" 7 穆穆:恭敬。 8 阅:容。见《礼记·表记》注。介:善。 9 乃:若。时:这个。10 畀:赐予。矜:怜悯。 11 大介:大而好。介,善。赉:音 lài,赐,赏赐。12 迪:进。简:选择。 13 尚尔事:努力做你的工作。尚,努力。《公羊传·襄公二十九年》注:"尚,犹努力也。"本戴钧衡说。 14 服:职务。僚:官。

原文

王曰:"呜呼!多士,尔不克劝忱我命[1],尔亦则惟不克享[2],凡民惟曰不享。尔乃惟逸惟颇[3],大远王命,则惟尔多方探天之威[4],我则致天之罚[5],离逖尔土[6]。"

王曰:"我不惟多诰[7],我惟祗告尔命。"

又曰:"时惟尔初[8]!不克敬于和[9],则无我怨。"

译文

王说:"啊!官员们,如果你们不能努力信从我的教命,你们也就不能享有禄位,老百姓也将认为你们不能享有禄位。你们如果放荡邪恶,大弃王命,那就是你们众国试探上天的威严,我就要施行上天的惩罚,使你们离开你们的土地。"

王说:"我不想重复地说了,我只是认真地把天命告诉你们。"

王又说:"好好地谋划你们的开始吧!若不能恭敬与和睦,那么你们就不要怨我了。"

注释 1 劝:勉力。忱:相信。 2 享:享受禄位。 3 逸:放荡。颇:邪恶。4 探:试。见《尔雅·释言》。威:威严。 5 致:行,施行。 6 逖:远。7 惟:思。 8 时:善。惟:谋划。 9 于:与,和。

以上第三段,勉励多士听从天命,和睦相处,努力工作。

立政

【导读】 本篇是周公晚年告诫成王建立官制的诰辞。立政是什么意思呢？清代王引之《经义述闻》卷三说："'政'与'正'同。正，长也。立政，谓建立长官也。篇内所言皆官人之道，故以立政名篇。"这是立政的正确解释。《史记·鲁世家》说："成王在丰，天下已安。周之官政未次序，于是周公作《周官》，官别其宜。作《立政》以便百姓，百姓悦。"可见这篇诰辞的作用很重大，它促进了周王朝的安定和发展。本篇是研究周代官制的重要文献。

【原文】

周公若曰："拜手稽首[1]，告嗣天子王矣。"用咸戒于王曰王左右常伯[2]、常任[3]、准人[4]、缀衣[5]、虎贲[6]。

【译文】

周公这样说："跪拜叩头，报告继承天子的王。"周公率群臣共同劝诫成王与王左右常伯、常任、准人、缀衣和虎贲。

【注释】 1 拜手稽首：古代最恭敬的拜跪礼。 2 咸：同。曰：通"越"，与也。连词。常伯：治民的官，就是下文的牧和牧人。 3 常任：治事的官，就是下文的事和任人。 4 准人：执法的官，就是下文的准。 5 缀衣：掌管国王衣服的官。 6 虎贲：守卫王宫的武官。贲，音 bēn。

【原文】

周公曰："呜呼！休兹知恤，鲜哉！[1]古之人迪惟有夏[2]，乃有室大竞[3]，吁俊尊上帝迪[4]，知忱恂于九德

【译文】

周公说："啊！美好的时候就知道忧虑的人，很少啊！古代的人只有夏禹，他的卿大夫很强，夏王还呼吁他们长久地尊重上帝的教导，使他们知

之行[5]。乃敢告教厥后曰[6]：'拜手稽首后矣[7]！'曰：'宅乃事[8]，宅乃牧[9]，宅乃准[10]，兹惟后矣。谋面[11]，用丕训德[12]，则乃宅人[13]，兹乃三宅无义民[14]。'

道诚实地相信九德的准则。夏的大臣于是敢于告诉他们的君王道：'跪拜叩头了，君王啊！'夏臣说：'考察你的常任、常伯、准人，这样，才称得上君王啊！以貌取人，不依循德行，假若这样考察人，你们的三宅就没有贤人了。'

注释　**1** 休：美好。兹：则，连词。见《词诠》。恤：忧。王先谦说："周初文言休恤相对成义，《召诰》无疆惟休，亦无疆惟恤，及此可证也。"鲜：音xiǎn，，少。　**2** 迪：语气助词。夏：夏禹。　**3** 乃：其，他们的。有室：指卿大夫。竞：强。　**4** 吁：呼吁。俊：通"骏"，长。迪：教导。　**5** 忱恂：诚信。九德：九种德行。见《书·皋陶谟》。　**6** 后：君王。　**7** 拜手稽首后矣：夏臣向夏君行拜跪大礼。　**8** 宅：度量，考察。事：就是常任。　**9** 牧：就是常伯。　**10** 准：就是准人。　**11** 谋面：以貌取人。　**12** 丕训：不顺，不依从。　**13** 则：若。见《词诠》。乃：如此，这样。宅人：考虑人。**14** 三宅：就是宅事、宅牧、宅准。义：贤。

原文

"桀德[1]，惟乃弗作往任[2]，是惟暴德[3]，罔后[4]。

"亦越成汤陟[5]，丕釐上帝之耿命[6]，乃用三有宅[7]，克即宅[8]，曰三有俊[9]，克即俊。严惟丕式[10]，克用三宅三俊，其在商邑[11]，用协于厥

译文

"夏桀登上帝位，他不用往日任用官员的法则，于是只用些暴虐的人，终于无后。

"到了成汤登上帝位，大受上帝的明命，他选用事、牧、准三宅的官，都能就三宅的职位，选用三宅的属官，也能就其属官之位。他敬念上帝选用官员的大法，能够任用各级官员，他在商都，用这些官

邑[12],其在四方,用丕式见德[13]。

员和协都城的臣民,他在天下四方,用这种大法显扬他的圣德。

注释 1 德:升于帝位。《说文》:"德,升也。" 2 作:用。往任:往日任人的法则。 3 是:于是。惟:只。暴德:凶德。 4 罔后:无后,指亡国。 5 越:及,到了。陟:升,升帝位。 6 釐:音 xī,受福,引申为"受"。耿:明。 7 乃:其。三有宅:三宅。有,助词。三宅,指上文的事、牧、准。 8 克即宅:即,就。《蔡传》说:"言汤所用三宅,实能就是位而不旷其职。" 9 曰:通"越",与。三有俊:孙诒让说:"当即三宅之属官。盖三宅各有正长,有属吏,三宅之属吏皆用贤俊,故谓之三有俊。" 10 严惟:敬念。丕式:大法。指上帝用人的大法。 11 商邑:指商都。 12 协:和洽。 13 见:同"现",显。

原文

"呜呼!其在受德[1],暋惟羞刑暴德之人[2],同于厥邦;乃惟庶习逸德之人[3],同于厥政。帝钦罚之[4],乃伻我有夏[5],式商受命[6],奄甸万姓[7]。

译文

"啊!在商王纣登上帝位,强行把罪人和暴虐的人聚集在他的国家里;竟然用众多亲幸和失德的人,共同治理他的政事。上帝重重地惩罚他,就使我们周王代替商纣王接受上天的大命,安抚治理天下万民。

注释 1 受:纣王名。德:升,升于帝位。 2 暋:音 mín,强。见《尔雅·释诂》。羞刑:被法律所羞辱的人,指触犯法律的罪人。刑,法。 3 庶:众多。习:指近习,即左右亲幸。《韩非子·五蠹》:"今世近习之请行。" 4 钦:孙星衍说:"犹'重'也。" 5 伻:使。有夏:周人自称为夏。《康诰》:"用肇造我区夏。" 6 式:读为"代",代替。曾运乾说。 7 奄:安抚。甸:治理。

万姓：万民。

以上第一段，分析夏商两代设官的得失，在于是否任用贤人。

原文

"亦越文王、武王，克知三有宅心[1]，灼见三有俊心[2]，以敬事上帝，立民长伯[3]。立政[4]：任人、准夫、牧作三事[5]；虎贲、缀衣、趣马[6]，小尹[7]，左右携仆[8]、百司庶府[9]；大都小伯[10]、艺人[11]、表臣百司[12]；太史[13]、尹伯[14]、庶常吉士[15]；司徒、司马、司空[16]、亚旅[17]；夷、微、卢烝[18]；三亳阪尹[19]。

译文

"到了文王、武王，他们能够知道三宅的思想，还能清楚地看到三宅部属的思想，用敬奉上帝的诚心，为老百姓建立官长。设立的官职是：任人、准夫、牧作为三事；有虎贲、缀衣、趣马、小尹、左右携仆以及百司庶府；有大小邦国的君主、艺人，外臣百官；有太史、尹伯；他们都是祥善的人。诸侯国的官员有司徒、司马、司空、亚旅；设立夷、微、卢各国的君主；还设立了商和夏的旧都管理官员。

注释 1 克知三有宅心：能知事、牧、准三宅的心。 2 灼：明。 3 长伯：官长。 4 立政：建立官长。王引之说："'政''正'通，官之长也……谓建官也。" 5 作：为。 6 趣马：负责养马的官。 7 小尹：趣马的属官。 8 左右携仆：君王的近侍官员。 9 百司庶府：司和府都是官名。《礼记·曲礼》有司土、司木、司水、司草、司器、司货等名；《周礼》有太府、王府、内府、外府、泉府、天府等官。 10 大都小伯：大都小都的官长。曾运乾说："伯，长也。大都言都不言伯，小都言伯不言都，互文见意也。" 11 艺人：征收赋税的官。曾运乾说。 12 表臣百司：外臣百官。表，外。 13 太史：史官之长。 14 尹伯：官长，各官之长。 15 常：祥。吉：善。 16 司徒、司马、司空：就是三卿。 17 亚旅：大夫。 18 夷：

东方的国家。微:南方的国家。卢:西方的国家。烝:君长。 **19** 三亳:南亳、西亳、北亳,都是殷商的故都。阪:夏的故都。尹:官长。王船山说:"三亳者,殷之故都也。阪者,安邑之阪,夏之故都也。武王初定天下,于二代之墟立王官以尹之,所以安辑之也。"见《尚书稗疏》卷四。

原文

"文王惟克厥宅心[1],乃克立兹常事司牧人[2]。以克俊有德[3]。文王罔攸兼于庶言[4];庶狱庶慎[5],惟有司之牧夫是训用违[6];庶狱庶慎,文王罔敢知于兹[7]。亦越武王,率惟敉功[8],不敢替厥义德[9],率惟谋从容德[10],以并受此丕丕基[11]。"

译文

"文王因能够知道三宅的思想,就能设立这些常事、司牧官员,而且能够是俊彦有德的。文王不兼管各种教令。各种狱讼案件和各种敕戒,用和不用只顺从主管官员和牧民的人;对于各种狱讼案件和各种敕戒,文王不敢过问这些。到了武王,完成了文王的事业,不敢放弃文王的善德,谋求顺从文王宽容的美德,因此,文王和武王共同接受了这伟大的王业。

注释 **1** 惟克厥宅心:就是"惟克知厥宅心",承上文而省。 **2** 常事司牧人:指上述各官员。 **3** 以:而。俊:俊彦。 **4** 兼:兼包。庶言:教令。 **5** 庶狱:各种狱讼案件。庶慎:各种敕戒的事。《广雅·释诂》:"慎,敕也。" **6** 之:和。用违:用与不用,用否。 **7** 敢:表敬副词。 **8** 率惟:语气助词。敉:终,完成。功:事业。指文王的事业。 **9** 替:废弃。义德:善德。《诗》传:"义,善也。" **10** 容德:宽容的美德。 **11** 并:同,共同。指文王武王共同。丕丕:大而又大。基:事业。

以上第二段,说明文王武王时的官制和对待官员的常法。

原文

"呜呼！孺子王矣[1]！继自今我其立政，立事[2]、准人、牧夫，我其克灼知厥若[3]，丕乃俾乱[4]。相我受民[5]，和我庶狱庶慎[6]，时则勿有间之[7]。自一话一言[8]，我则末惟成德之彦[9]，以乂我受民。

"呜呼！予旦已受人之徽言咸告孺子王矣[10]。继自今文子文孙[11]，其勿误于庶狱庶慎，惟正是乂之[12]。

译文

"啊！您现在已是君王了。从今以后，我们要设立官员，设立事、准人、牧夫，我们要能明白了解他们的优点，才能让他们治理政事。管理我们所接受的人民，平治我们各种狱讼和各种敕戒的事务，这些事务我们不可代替。虽然一话一言，我们终要谋于贤德的人，来治理我们的老百姓。

"啊！我姬旦把前人的美言全都告诉君王了。从今以后，继承的贤子贤孙，可不要在各种狱讼和各种敕戒上耽误，这些事只让主管官员去治理。

注释 **1** 孺子：指成王。 **2** 事：就是常任。 **3** 若：善。 **4** 丕：语气助词。俾：使。乱：治理。 **5** 相：治理。受民：接受上天和祖先所赐予的民众。 **6** 和：平治。 **7** 时：这些事。间：代替。《孔传》说："如是则勿有以代之。" **8** 自：虽。见《词诠》。 **9** 末：终。惟：谋，谋于。彦：俊彦，美士。成德之彦，盛德的人。 **10** 旦：周公名。已受：《汉石经》作"以前"，当从之。"已"和"以"古代通用，"受"和"前"形近而误。徽言：美言。 **11** 文子文孙：善子善孙，贤子贤孙。《礼记·乐记》注："文，善也。"黄式三说。 **12** 正：长官，指治狱的官。

原文

"自古商人亦越我周文王立政，立事、牧夫、准

译文

"从古时的商代先王到我们的周文王设立官员，设立事、牧夫、准人，就是

人，则克宅之，克由绎之[1]，兹乃俾乂[2]，国则罔有[3]。立政用憸人[4]，不训于德[5]，是罔显在厥世[6]。继自今立政，其勿以憸人，其惟吉士，用劢相我国家[7]。

"今文子文孙、孺子王矣！其勿误于庶狱，惟有司之牧夫[8]。其克诘尔戎兵以陟禹之迹[9]，方行天下[10]，至于海表[11]，罔有不服。以觐文王之耿光[12]，以扬武王之大烈[13]。呜呼！继自今后王立政，其惟克用常人[14]。"

能够考察他们，能够扶持他们，这样才让他们治理，国事就没有失误。假如设立官员，任用贪利奸佞的人，不依循于德行，于是君王终世都会没有光彩。从今以后设立官员，可不要任用贪利奸佞的小人，要任用善良贤能的人，用来努力治理我们的国家。

"现在，贤明的子孙，您已做君王了！可不要在各种狱讼案件上耽误，只让主管官员和牧夫去治理。您要能够治理好军队，步着大禹的足迹，遍行天下，直至海外，没有人不服从。以此显扬文王的光辉，继续武王的大业。啊！从今以后，继位君王设立官员，要能够任用常人。"

注释 1 由绎：疑即诱掖，同音通用。《诗・衡门》序"诱掖其君"，郑笺："扶持也。"见《尚书易解》。 2 俾：使。乂：治理。 3 罔有：这里当断句。罔尤，无过。"尤"和"有"同声通用。罔尤，卜辞作"亡尤"，是殷周时代的常语。见《尚书易解》。 4 憸人：贪利奸佞的人。俭，音 xiān。 5 训：顺。 6 是：于是。在：终。见《尔雅·释诂》。 7 劢：音 mài，勉力，见《说文》。相：治理。 8 惟有司之牧夫：就是"惟有司和牧夫是乂"，因语急而省略。之，和。连词。 9 诘：治理。戎兵：指军队。陟禹之迹：步禹之迹。禹平水土，足迹遍于天下。步禹之迹。是指统一天下。 10 方行：遍行。 11 海表：海外。 12 觐：见，指显扬。耿：明。 13 扬：续。烈：业。 14 常人：吉士。"常"与"祥"通，祥，善。

原文

周公若曰："太史！司寇苏公式敬尔由狱[1]，以长我王国[2]。兹式有慎[3]，以列用中罚[4]。"

译文

周公这样说："太史！司寇苏公规定要认真地处理狱讼案件，使我们的王国长治久安。现在规定更要敬慎，依据常例，使用中罚。"

注释 **1** 司寇：官名，掌管刑罚。苏公：苏忿生。《左传·成公十一年》说："苏忿生以温为司寇。"杜预注："苏忿生，周武王司寇苏公也。"式：法，这里用作动词，规定，法定。尔：语气助词。由：用。 **2** 长：延长。 **3** 有：又，更。 **4** 列：今"例"字。以例用中罚，依据条例使用中罚。《周礼》"刑平国用中典"，郑注："平国，承平守成之国。用中典者，常行之法。"

以上第三段，告诫成王任用贤人实行中刑，力图统一天下。

周官

导读　周成王灭了淮夷，回到王都丰邑，向群臣说明周家设官分职用人的法则。史官记叙这件事，写成《周官》。这是梅氏伪古文《尚书》之二十一。

原文

惟周王抚万邦，巡侯甸[1]，四征弗庭[2]，绥厥兆民。六服群辟罔不承德[3]，归于宗周[4]，董正治官[5]。

译文

周成王安抚万国，巡视侯服、甸服等诸侯，四方征讨不来朝见的诸侯，以安定天下的老百姓。六服的诸侯，无人不奉承他的德教。成王回到王都丰邑，又督导整顿治事的官员。

注释　1 侯甸：侯服、甸服的诸侯国，这里泛指各诸侯国。　2 弗庭：庭，通“廷”，朝廷。这里用作动词，朝见的意思。弗庭，不来朝见，指背叛的诸侯。　3 六服：周代把王都周围的土地分为侯、甸、男、采、卫、蛮六种服役地带。　4 宗周：指丰邑。　5 董正：董，督。此谓督导。正，治理。《吕览·顺民》注：“正，治也。”董正，督导整顿。

以上第一段，是史官记事的话。

原文

王曰：“若昔大猷[1]，制治于未乱，保邦于未危。曰唐虞稽古，建官惟百。内有百揆四岳[2]，外有州牧侯伯。庶政惟和，万国咸

译文

成王说：“顺从往日的大法，要在未乱的时候制定政教，在未危的时候安定国家。尧舜稽考古代制度，建立官职一百。内有百揆和四岳，外有州牧和侯伯。各种政策适合，天下万国

宁。夏商官倍，亦克用乂。明王立政[3]，不惟其官，惟其人。今予小子祗勤于德，夙夜不逮。仰惟前代时若[4]，训迪厥官[5]。

“立太师、太傅、太保[6]，兹惟三公。论道经邦，燮理阴阳[7]，官不必备，惟其人。

“少师、少傅、少保，曰三孤。贰公弘化[8]，寅亮天地[9]，弼予一人[10]。

都安宁。夏代和商代，官数增加一倍，也能用来治理。明王设立官员，不考虑他的官员之多，而考虑要得到贤人。现在我小子恭勤施行德政，起早睡晚只怕来不及。仰思顺从前代，指导我们的官制。

“设立太师、太傅、大保，这是三公。他们讲明治道，治理国家，调和阴阳。三公的官不必齐备，要考虑适当的人。

“设立少师、少傅、少保，叫做三孤。他们协助三公弘扬教化，敬明天地的事，辅助我一人。

注释　1 若昔：若，顺从。昔，往日。猷：道，法。　2 百揆：官名，总理百官之职。《孔疏》说：“揆度百事，为群官之首。”四岳：尧舜时四方部落首领。　3 立政：设立官长。　4 时：是。若：顺从。　5 训迪：迪，导。《尔雅·释诂》：“迪，道也。”训迪，犹言指导。　6 太师、太傅、太保：三种辅助天子的大官。《孔传》说：“师，天子所师法。傅，傅相天子。保，保安天子于德义者。”　7 燮：和。阴阳：世间一切正反现象，古代叫阴阳。　8 贰：副职，协助。　9 寅亮：寅，敬。亮，明。　10 弼：辅助。

原文

“冢宰掌邦治[1]，统百官，均四海[2]。司徒掌邦教，敷五典[3]，扰兆民[4]。宗伯掌邦礼，治神人，和

译文

“冢宰主管国家的治理，统帅百官，调剂四海。司徒主管国家的教育，传布五常的教训，使万民和顺。宗伯主管国家的典礼，治理神和人的感通，调和上

上下。司马掌邦政，统六师，平邦国[5]。司寇掌邦禁，诘奸慝[6]，刑暴乱。司空掌邦土，居四民，时地利[7]。六卿分职，各率其属，以倡九牧，阜成兆民[8]。

“六年，五服一朝[9]。又六年，王乃时巡，考制度于四岳[10]。诸侯各朝于方岳，大明黜陟[11]。”

下尊卑的关系。司马主管国家的军政，统率六师，平服邦国。司寇主管国家的法禁，治理奸恶的人，刑杀暴乱之徒。司空主管国家的土地，安置士农工商，依时发展地利。六卿分管职事，各自统率他的属官，以倡导九州之牧，大力安定兆民。

“六年，五服诸侯来朝见一次。又隔六年，王便依时巡视，到四岳校正制度。诸侯各在所属的方岳来朝见，王对诸侯普遍讲明升降赏罚。”

注释 1 冢宰：冢，大。宰，治。冢宰，又叫大宰，百官的首长。 2 均：调节。 3 五典：即父义、母慈、兄友、弟恭、子孝五种常法，又叫五常、五教。 4 扰：安。郑玄说：“扰亦安也。” 5 平：治理，平服。 6 诘：治。奸慝：邪恶不正的人。慝，音 tè。 7 时：依时。时地利，依时节以兴地利。8 阜成：阜，大。成，定。阜成，大力安定。 9 五服：侯服、甸服、男服、采服、卫服。见《孔传》。 10 四岳：东岳、西岳、南岳、北岳。 11 黜陟：黜，降。陟，升。

以上第二段，说明建官的体制。

原文

王曰：“呜呼！凡我有官君子，钦乃攸司。慎乃出令。令出惟行，弗惟反。以公灭私，民其允

译文

成王说：“啊！凡我的各级官长，要认真对待你们所管理的工作，慎重对待你们发布的命令。命令发出了就要实行，不要违抗。用公正消除私情，人民将会

怀。学古入官,议事以制,政乃不迷。其尔典常作之师[1],无以利口乱厥官[2]。蓄疑败谋,怠忽荒政。不学墙面[3],莅事惟烦。

“戒尔卿士[4]:功崇惟志,业广惟勤。惟克果断,乃罔后艰。位不期骄[5],禄不期侈,恭俭惟德!无载尔伪,作德心逸日休,作伪心劳日拙。居宠思危,罔不惟畏,弗畏入畏[6],推贤让能,庶官乃和,不和政厖[7]。举能其官[8],惟尔之能;称匪其人,惟尔不任。”

信任归服。先学古代治法再入仕途,议论政事依据法制,政事就不会错误。你们要用周家常法作为法则,不要以巧言干扰你的官员。蓄疑不决,必定败坏计谋,怠惰忽略,必定废弃政事。不学习好像向墙站着,临事就会烦乱。

“告诉你们各位卿士:功高由于有志,业大由于勤劳。能够果敢决断,就没有后来的艰难。居官不当骄傲,享禄不当奢侈,恭和俭是美德啊!不要行使诈伪,行德就心逸而日美,作伪就心劳而日拙。处于尊宠要想到危辱,无事不当敬畏,不知敬畏,就会进入可畏的境地。推举贤明而让能者,众官就会和谐;众官不和,政事就杂乱了。推举能者在其官位,是你们的贤能;所举不是那种人,是你们不能胜任。”

注释 1 “其尔”句:《孔传》说:“其汝为政,当以旧典常故事为师法。” 2 利口:巧言,辩言。 3 不学墙面:《孔疏》说:“人而不学如面向墙,无所睹见。” 4 卿士:执政大臣。 5 位不期骄:期,当。训见《大禹谟》孔传。此言居官位不当骄傲。 6 弗畏入畏:不畏就会进入可畏的困境。 7 厖:音 máng,通“龙”,杂乱。《孔传》:“厖,乱也。” 8 举能其官:《孔传》说:“所举能修其官,惟亦汝之功能。”

以上第三段,说明居官为政的法则。

原文

王曰:“呜呼!三事暨大夫[1],敬尔有官,乱尔有政[2],以佑乃辟[3],永康兆民;万邦惟无斁[4]。”

译文

成王说:“啊!事和大夫们:认真对待你们的官职,治理你们的政事,来辅助你们的君主,使广大百姓长远安宁;天下万国就不会厌弃我们了。”

注释 1 三事:指任人、准夫、牧三位高级官员。 2 乱:治理。 3 辟:君主。 4 斁:音 yì,厌弃。

以上第四段,告诫群臣敬恭职守,治理政事。

君陈

导读　君陈,《孔传》说:“臣名也。”郑玄《礼记·坊记》注说:“盖周公之子,伯禽弟也。”未知谁是。周公把殷商遗民迁到成周,亲自监督。周公去世,成王命令他的臣子君陈代替周公治理成周,并用策书教导君陈。史官记录这一策书,名叫《君陈》。这是梅氏伪古文《尚书》之二十二。

原文

王若曰:“君陈!惟尔令德孝恭。惟孝友于兄弟,克施有政[1]。命汝尹兹东郊[2],敬哉!昔周公师保万民,民怀其德。往慎乃司!兹率厥常,懋[3]昭周公之训,惟民其乂[4]。

译文

成王这样说:“君陈!你有孝顺恭敬的美德。因为你孝顺父母,又友爱兄弟,就能够移来从政了。我命令你治理东郊成周,你要敬慎呀!从前周公做万民的师保,人民怀念他的美德。你前往,要慎重对待你的职务!现在遵循周公的常道,勉力宣扬周公的教导,人民就会安定。

注释　1 施:移,见《史记》如淳注。孔子曰:“居家理,故治可移于官。”　2 东郊:指王都洛邑的东郊,即成周。　3 懋:音 mào,勉力。

以上第一段,命令君陈治理成周,勉力宣扬周公之训。

原文

“我闻曰:至治馨香[1],感于神明;黍稷非馨,明德惟馨。[2]尔尚式时周公之

译文

“我听说:至治之世的馨香,感动神明;黍稷的香气,不是远闻的香气,明德才是远闻的香气。你要履行这一

猷训[3],惟日孜孜,无敢逸豫!凡人未见圣,若不克见;既见圣,亦不克由圣。尔其戒哉!尔惟风,下民惟草。图厥政,莫或不艰[4];有废有兴,出入自尔师虞[5],庶言同则绎[6]。尔有嘉谋嘉猷[7],则入告尔后于内,尔乃顺之于外,曰:'斯谋斯猷,惟我后之德。'呜呼!臣人咸若时,惟良显哉!"

周公的教训,日日孜孜不倦,不要安逸享乐!凡人未见到圣道,好像不能见到一样,盼望见到;已经见到圣道,又不能遵行圣人的教导;你要戒惧呀!你是风,百姓是草,草随风而动啊!谋划殷民的政事,无有不难的;有废除,有兴办,要反复同众人商讨,大家议论相同,才能施行。你有好谋好言,就要进入宫内告诉你的君主,你于是在外面顺从君主,并且说:'这样的好谋,这样的好言,是我们君主的美德。'啊!臣下都像这样,就良好啊!"

注释 1 馨:远闻的香气。《诗·大雅·凫鹥》传:"馨,香之远闻也。" 2 "至治"四句:《蔡传》说:"'至治馨香'以下四语,所谓周公之训也。" 3 式:用,行。 4 莫或不艰:莫,无。或,有。不艰,不难的事。5 出入:反复的意思。师:众人。虞:度,商度。 6 绎:陈,这里作施行解。7 嘉猷:《尔雅·释言》说:"猷,言也。"

以上第二段,告诫君陈施行德政,并且不要专断。

原文

王曰:"君陈!尔惟弘周公丕训!无依势作威,无倚法以削。宽而有制,从容以和。殷民在辟[1],予曰辟,尔惟勿辟;

译文

成王说:"君陈!你当宏扬周公的大训!不要倚势造作威恶,不要倚法侵害人民。要宽大而有法制,从容而又和谐。殷民有陷入刑法的,我说处罚,你不要处罚;我说赦免,你也不要赦免;要予曰宥，尔惟勿宥；惟厥中。有弗若于汝政，弗化于汝训，辟以止辟[2]，乃辟。狃于奸宄，败常乱俗，三细不宥[3]。尔无忿疾于顽[4]，无求备于一夫。必有忍，其乃有济[5]；有容，德乃大。简厥修[6]，亦简其或不修；进厥良，以率其或不良[7]。

考虑刑法的适中。有人不顺从你的政事，不接受你的教训，处罚可以制止别人犯法，才处罚。惯于奸宄犯法，破坏常法，败坏风俗，这三项中的小罪，也不宽宥。你不要忿恨愚钝无知的人，不要对一人求全责备。一定要有所忍耐，那才能有成；有所宽容，德才算是大。鉴别善良的，也鉴别有不善良的；进用那些贤良的人，来勉励那些有所不良的人。

"惟民生厚[8]，因物有迁；违上所命，从厥攸好。尔克敬典在德[9]，时乃罔不变。允升于大猷[10]，惟予一人膺受多福，其尔之休，终有辞于永世[11]。"

"民性敦厚，又依外物而有改移；往往违背上级的教命，顺从上级的喜好。你能够敬重常法和省察自己的德行，这些人就不会不变。真的升到大顺的境地，我将享受大福，你的美名，终将永远被人赞扬。"

注释 1 辟：刑法，处罚。 2 辟以止辟：《孔疏》说："刑罚一人可以止息后犯者。" 3 三细：三，指奸宄、败常、乱俗三种罪行。三细，是说三种罪行中的细罪。 4 顽：愚钝。《广雅·释诂》："顽，愚也，钝也。" 5 济：成。 6 简：鉴别。修：善良。《文选·思玄赋》旧注："修，善也。" 7 率：励，勉励。 8 生：通"性"。 9 敬典在德：典，常法。在，省察。《尔雅·释诂》："在，察也。"敬典，重视常法。在德，省察己德。人民顺从君主的喜好，所以君主应当省察自己的德行。 10 允：信，真的。大猷：大顺。《广雅·释诂》："猷，顺也。" 11 辞：言辞，指赞扬。

以上第三段，勉励君陈敬德慎罚，感化殷民。

顾命

导读　顾，眷顾。嘱咐大臣眷顾嗣主的命令，叫做顾命。这样解释是采用黄生《义府》的说法。顾命，相当于遗嘱。本篇记载了成王将死公元前1025年，恐怕太子钊不能胜任，命令大臣召公和毕公辅佐太子的情况；记载了成王逝世后，太子钊在先王之庙接收册命的仪式。内容很丰富，文章写得绵密细致，富丽堂皇。王国维《周书顾命考》说："古《礼经》既佚，后世得考周室一代之古典者，惟此篇而已。"它是研究周代礼制的珍贵文献。

原文

惟四月，哉生魄[1]，王不怿[2]。甲子，王乃洮颒水[3]。相被冕服，凭玉几[4]。乃同[5]，召太保奭[6]、芮伯、彤伯、毕公、卫侯、毛公、师氏[7]、虎臣[8]、百尹[9]、御事[10]。

译文

四月，月亮新现光明，成王生了病。甲子这天，成王洗了头发洗了脸，太仆给王戴上王冠，披上朝服，王靠着玉几。于是会见朝臣，成王召见太保奭、芮伯、彤伯、毕公、卫侯、毛公、师氏、虎臣、百官的首长以及办事官员。

注释　1 哉生魄：月亮开始发光。哉，始。魄，通"霸"，月光。始生魄，指阴历每月的二日或三日。　2 王：指成王。怿：喜悦。不喜悦，指生病。3 洮：音táo，洗头发。颒：音huì，洗脸。　4 相：侍从官员，郑玄说："谓太仆。"冕：王冠。服：朝服。凭：靠着。　5 同：会见众诸侯叫同。6 太保奭：就是召公。召公名奭shì，官为太保。当时召公和芮伯、彤伯、毕公、卫侯、毛公为六卿。召公、毕公、毛公以三公兼卿职。　7 师氏：官名，管理军队的官员。　8 虎臣：守卫王宫的官员。　9 百尹：百官的首长。10 御事：办事人员。

原文

王曰:“呜呼!疾大渐[1],惟幾[2]。病日臻,既弥留,[3]恐不获誓言嗣[4]。兹予审训命汝[5]。昔君文王、武王宣重光[6],奠丽陈教[7],则肄肄不违[8],用克达殷集大命[9]。

译文

王说:“啊!我的病很厉害,有危险,病倒的日子到了。已经是临终时刻,恐怕不能郑重地讲后嗣的事了,现在,我详细地训告你们。过去,我们的先君文王、武王,放出日月般的光辉,制定所施,发布教令,臣民都努力奉行,不敢违背,因而能够讨伐殷商,成就我周国的大命。

注释 1 渐:进,加剧。 2 幾:危险。 3 病:病亡。《墨子·经说上》:“病,亡也。”弥:终。弥留,最终留于人世。 4 誓:谨慎。 5 审:详审。汝:你们。 6 宣:显扬。重光:重明。 7 奠:定。丽:施。指所施。教:教令。 8 肄:劳苦。见《诗·邶风·谷风》传。肄肄,努力的意思。 9 达:通“挞”,挞伐,引申为讨伐。集:成就。成就大命,指建立周王朝。

原文

“在后之侗[1],敬迓天威[2],嗣守文、武大训[3],无敢昏逾[4]。今天降疾,殆弗兴弗悟[5]。尔尚明时朕言[6],用敬保元子钊弘济于艰难[7],柔远能迩[8],安劝小大庶邦[9]。思夫人自乱于威仪[10],尔无以钊冒贡于非幾兹[11]!”

译文

“后来,幼稚的我,认真奉行天威,继续遵守文王、武王的伟大教导,不敢昏乱变更。如今上天降下重病,几乎不能起床不能说话了。你们要勉力接受我的话,认真保护我的大儿子姬钊大渡艰难,要柔服远方,亲善近邻,安定、教导大小各国。要想到众人必用礼法自治,你们不可使姬钊冒犯以陷于非法啊!”

既受命,还[12],出缀衣于庭[13]。越翼日乙丑[14],王崩[15]。

群臣已经接受教命,就退回来,拿出成王的朝服放在王庭。到了明天乙丑日,成王逝世了。

注释 1 侗:未成器的人,见《论语·泰伯》篇孔注。在后之侗,成王谦称。 2 迓:通“御”,奉行。 3 嗣:继续。 4 昏:昏乱。逾:变更。于省吾说。 5 殆:近乎。兴:起。悟:通“寤”。《仓颉篇》:“觉而有言曰寤。”引申为说话。 6 明:勉,努力。时:通承,承受。 7 元子:太子。钊:康王名。弘:大。济:渡过。 8 柔:安定。能:善。 9 劝:教导。《广雅》:“劝,教也。” 10 夫人:众人。见《淮南子·本经训》注。威仪:礼法。 11 以:使。冒:冒犯。贡:马、郑、王本作“赣”。马融说:“赣,陷也。”幾:法。见《小尔雅·广诂》。兹:通“哉”。见《尚书正读》。 12 还:群臣受命而退。 13 缀衣:指冕服。庭:王庭。出缀衣于庭,曾运乾说:“王病不能视朝,则出衣于庭,为群臣瞻拜之资也。” 14 越:到。翼日:明天,就是乙丑日。 15 崩:古代天子死叫崩。

以上第一段,记群臣接受成王的顾命。

原文

太保命仲桓、南宫毛俾爰齐侯吕伋[1],以二干戈[2]、虎贲百人逆子钊于南门之外[3]。延入翼室[4],恤宅宗[5]。丁卯,命作册度[6]。越七日癸酉,伯相命士须材[7]。

译文

太保命令仲桓和南宫毛跟从齐侯吕伋,二人分别拿着干戈,率领一百名勇士,到南门外迎接太子钊。请太子钊进入侧室,做忧居的主人。丁卯这天,命令做册制定丧礼。到了第七天癸酉,召公命令官员布置各种器物。

注释 1 仲桓、南宫毛:都是人名。俾:从。爰:于。齐侯吕伋:太公吕尚的儿子,就是丁公。 2 二干戈:当是仲桓和南宫毛所执。 3 逆:迎接。江声说:“王既崩,世子犹在外,世子盖以王未疾时奉使而出,比反而王崩。忧危之际,故以兵迎之于南门之外云。” 4 延:请。翼室:路寝旁室,侧室。 5 恤宅:忧居。宗:主。恤宅宗,忧居为丧事之主。 6 作册:官名,就是太史。度:制定丧事的礼仪。 7 伯相:指辅相王室的二伯召公、毕公。须:江声说:“当为‘颁’字之误。”颁,布。材:指陈列的器物。

原文

狄设黼扆、缀衣[1]。牖间南向[2],敷重篾席[3],黼纯[4],华玉[5],仍几[6]。西序东向[7],敷重底席[8],缀纯[9],文贝[10],仍几。东序西向[11],敷重丰席[12],画纯[13],雕玉,仍几。西夹南向[14],敷重笋席[15],玄纷纯[16],漆,仍几。

译文

狄人陈设斧纹屏风和先王的礼服。门窗间朝南的位置,铺设着双层竹席,饰着黑白相间的丝织花边,陈设彩玉,用无饰的几案。在西墙朝东的位置,铺设双层细竹篾席,饰着彩色的花边,陈设花贝壳,用无饰的几案。在东墙朝西的位置,铺设双层莞席,饰着绘有云气的花边,陈设雕刻的玉器,用无饰的几案。在堂的西边夹室朝南的位置,铺设双层青竹篾席,饰着黑丝绳连缀的花边,陈设漆器,用无饰的几案。

注释 1 狄:主持迁庙的官员。曾运乾说。黼扆:饰有斧形花纹的屏风。黼,音 fǔ。扆,音 yǐ。 2 牖间:门窗之间。 3 敷:铺设。重:双层。篾席:竹席。 4 黼纯:黑白相间的花边。黼,黑白相间。纯,音 zhǔn,边。郑玄说:“纯,缘也。” 5 华玉:五色玉。 6 仍几:没有油漆装饰的几。《周礼·司几筵》“仍几”注:“仍,因也,因其质,谓无饰也。” 7 序:堂上的东西墙叫序,在西边的叫西序。 8 底席:细竹篾制的席子。郑玄说:“底,致也。”

致，细致。 9 缀：饰，谓画饰。缀纯，彩色画着的花边。 10 文贝：有花纹的贝。 11 东序：堂的东墙。 12 丰席：莞草编的席子。 13 画纯：画着云气的花边。 14 西夹：堂西边的夹室。 15 笋席：青竹皮编织的席。 16 玄纷纯：黑丝带装饰的花边。

原文

越玉五重[1]，陈宝[2]，赤刀[3]，大训[4]，弘璧[5]，琬琰[6]，在西序。大玉[7]、夷玉[8]、天球[9]、河图[10]，在东序。胤之舞衣[11]、大贝、鼖鼓[12]，在西房；兑之戈、和之弓、垂之竹矢[13]，在东房。

大辂在宾阶面[14]，缀辂在阼阶面[15]，先辂在左塾之前[16]，次辂在右塾之前[17]。

译文

越玉五种、宝刀、赤刀、大训、大璧、琬、琰，陈列在西墙向东的席前。大玉、夷玉、天球、河图，陈列在东墙向西的席前。胤制作的舞衣、大贝壳、大军鼓，陈列在西房。兑制作的戈、和制作的弓、垂制作的竹矢，陈列在东房。

王的玉车放置在西阶前，金车放置在东阶前，象车放在门左侧堂屋的前面，木车放在门右侧堂屋的前面。

注释 1 越玉：越地出产的玉。五重：五种。 2 陈宝：刀。见《广雅·释器》。这里指宝刀。 3 赤刀：郑玄说："武王伐纣时刀，赤为饰，周正色也。" 4 大训：记载先王礼法的典籍。 5 弘璧：大璧。 6 琬：圆顶圭。琰：尖顶圭。 7 大玉：华山出产的美玉。 8 夷玉：东北出产的美玉。 9 天球：玉磬。 10 河图：地图。曾运乾说。 11 胤：制舞衣者的名字。 12 鼖：音 fén，大鼓。 13 兑、垂：都是作器者的名号。 14 辂：音 lù，国君乘坐的车子。一作"路"。大辂，就是玉辂。 15 缀辂：金辂。马融说。 16 先辂：即象辂。塾：门侧之堂叫做塾。 17 次辂：木辂。马融说。

以上第二段第一节，记册命时之陈设。

原文

二人雀弁[1],执惠[2],立于毕门之内[3]。四人綦弁[4],执戈上刃[5],夹两阶戺[6]。一人冕[7],执刘[8],立于东堂。一人冕,执钺[9],立于西堂。一人冕,执戣[10],立于东垂。一人冕,执瞿[11],立于西垂[12]。一人冕,执锐[13],立于侧阶[14]。

译文

二人戴着赤黑色的礼帽,执三角矛,站在祖庙门里边。四人戴着青黑色的礼帽,执着戈,戈刃向前,夹着台阶对面站在台阶两旁。一人戴着礼帽,拿着大斧,站立在东堂的前面。一人戴着礼帽,拿着大斧,站立在西堂的前面。一人戴着礼帽,拿着三锋矛,站立在东堂外边。一人戴着礼帽,拿着三锋矛,站立在西堂外边。还有一人戴着礼帽,拿着矛,站立在北堂北面的台阶上。

注释 1 雀弁:赤黑色的帽子。弁,帽子。 2 惠:三角矛。 3 毕门:祖庙门。 4 綦:音 qí,青黑色。 5 上刃:刃向前。 6 戺:音 shì,阶旁的斜石。 7 冕:礼帽。凡言冕者都是大夫。 8 刘:斧一类兵器。 9 钺:大斧。 10 戣:音 kuí,三锋矛。 11 瞿:也是三锋矛。 12 垂:堂的侧边。 13 锐:矛一类的武器。 14 侧阶:北堂北下阶。

以上第二段第二节,记册命时之兵卫。

原文

王麻冕黼裳[1],由宾阶隮[2]。卿士邦君麻冕蚁裳[3],入即位[4]。太保、太史、太宗皆麻冕彤裳[5]。太保承介圭[6],上宗奉同瑁[7],由阼

译文

王戴着麻制的礼帽,穿着绣有斧形花纹的礼服,从西阶上来。卿士和众诸侯戴着麻制的礼帽,穿着黑色礼服,进入中庭各就各位。太保、太史、太宗都戴着麻制的礼帽,穿着红色礼

阶阶[8]。太史秉书[9]，由宾阶阶，御王册命[10]。曰："皇后凭玉几[11]，道扬末命[12]，命汝嗣训[13]，临君周邦[14]，率循大卞[15]，燮和天下[16]，用答扬文、武之光训[17]。"王再拜，兴[18]，答曰："眇眇予末小子[19]，其能而乱四方以敬忌天威[20]！"

服。太保捧着大圭，太宗捧着酒杯和瑁，从东阶上来。太史拿着策书，从西阶走上来，进献策书给康王。太史说："大王靠着玉几，宣布他临终的教命，命令您继承文王、武王的大训，治理领导周国，遵守大法，协和天下，以宣扬文王、武王的光明教训。"王再拜，然后起来，回答说："我这个微末的小子，怎么能协和治理天下以敬畏天威啊？"

注释 **1** 王：周康王。麻冕：麻制的礼帽。黼裳：绣着斧形花纹的礼服。**2** 阶：音 jī，升上。康王当时没有即位，太保代成王居主位，康王居宾位，所以康王由宾阶升上。 **3** 蚁裳：黑色的礼服。 **4** 即位：就位。卿士在中庭之东，向西站着；诸侯在中庭之南，向北站着。 **5** 太宗：大宗伯。太保主持册命，太宗协助他。彤裳：红色的礼服。 **6** 承：捧着。介圭：大圭。**7** 上宗：就是太宗。同：酒杯。瑁：一种信物。《考工记》："天子执瑁四寸以朝诸侯。"介圭和瑁都是天子的信物，所以献给康王。 **8** 阼阶：东阶，与宾阶相对，是主阶。太保当时代替成王，太宗是太保的助手，所以都从主阶升上。 **9** 秉：拿着。书：所写成王顾命的册书。 **10** 御：进。御王册命，进册命给王。 **11** 皇后：大王。指成王。 **12** 道扬：讲说，扬，道。末命：临终之命。 **13** 训：指文王、武王的大训。 **14** 临：治理。君：用作动词，领导的意思。 **15** 卞：法。 **16** 燮：和。 **17** 答：对。《广雅·释诂》："对，扬也。"光训：明训。 **18** 兴：起来。 **19** 眇眇：微小貌。末：细。自谦之词。 **20** 其：岂，怎么。而：通"胹"，和。见《尚书易解》。乱：治理。忌：畏。

原文

乃受同瑁[1],王三宿[2],三祭[3],三咤[4]。上宗曰:"飨[5]!"太保受同[6],降,盥[7],以异同秉璋以酢[8]。授宗人同[9],拜[10]。王答拜。太保受同,祭,哜,宅[11],授宗人同,拜。王答拜。太保降[12],收[13]。诸侯出庙门俟[14]。

译文

王接受了酒杯和瑁。王前进三次,祭酒三次,奠酒三次。太宗说:"请喝酒!"王喝酒后,太保接过酒杯,走下堂,洗手,又登上堂,用另外一种酒杯自斟自饮作答,然后把酒杯交给宗人,对王下拜。王也回拜。太保又从宗人那里接过酒杯,祭酒,尝酒,奠酒,然后把酒杯交给宗人,又拜。王又回拜。太保走下堂,行礼结束。诸侯卿士们都走出祖庙门,等候康王视朝。

注释 1 乃受同瑁:太保献于王,康王接受了同和瑁。 2 宿:进。 3 祭:祭酒,把酒洒在地上。 4 咤:音 zhà,放下酒爵。 5 飨:饮。上宗劝王饮酒。 6 太保受同:太保接受了酒杯。 7 盥:洗手。 8 异同:另一种酒杯,就是璋。璋:大臣所用的酒器,用来斟酒。 酢:酌酒回敬。《仓颉篇》说:"客报主人曰酢。"古代礼节,主人献酒,宾当酌酒回敬主人;主人给尊者献酒,不敢受尊者的回敬,就酌酒自酢。这时是册命以后,康王已经即位,所以太保采用臣子之礼。 9 授宗人同:太保把酒杯给宗人。宗人,大宗伯的助手。 10 拜:太保拜王。 11 哜:音 jì,尝。宅:通"咤",放下酒爵。 12 太保降:太保从堂上下来。 13 收:收束。谓册命之礼结束。 14 俟:等待。等待康王出来会见。

以上第二段第三节,记册命康王之礼。

康王之诰

导读　康王，成王的儿子。康王接受顾命，已经立为周天子。于是群公诸侯朝见进戒于王，王致答辞报诰群公诸侯。史官记录这一史实，名叫《康王之诰》。西汉伏生本合此篇于《顾命》。

原文

王出，在应门之内，[1]太保率西方诸侯入应门左[2]，毕公率东方诸侯入应门右[3]，皆布乘黄朱[4]。宾称奉圭兼币[5]，曰："一二臣卫敢执壤奠[6]。"皆再拜稽首。王义嗣[7]，德答拜[8]。

译文

王走出祖庙，来到应门内。太保召公率领西方的诸侯进入应门左侧，毕公率领东方的诸侯进入应门的右侧，他们都穿着绣有花纹的礼服和黄朱色的蔽膝。赞礼的官员传呼进献命圭和贡物，诸侯走上前，说："一二个王室的护卫向王奉献土产。"诸侯都再拜叩头。王依礼辞谢，然后升位答拜。

注释　1 出：出庙门。应门之内：宗庙在应门之内，朝位也在门内，康王在此准备接见群臣。　2 太保：召公。当时为西伯，是西方诸侯之长，所以他率领着西方诸侯。　3 毕公：当时为东伯，是东方诸侯之长，所以他率领着东方诸侯。　4 布乘：《白虎通》作"黼黻"，当作"黼黻"，诸侯的礼服。黄朱：按黄朱指芾。诸侯礼服上的蔽膝叫芾，芾是黄朱色。这里是用颜色代指事物。　5 宾：通"傧"。接待诸侯和赞礼的官员。称：呼，传呼。奉：献。圭：命圭。《考工记·玉人》注："命圭者，王所命之圭也，朝觐执焉。"币：贡物。　6 臣卫：蕃卫的臣仆，诸侯自谦之词。敢：表敬副词。壤：土产。奠：献。　7 义嗣：礼辞，依礼辞谢，不坚决拒绝。"辞"和"嗣"古通用。见《尚书启幪》。　8 德答拜：王礼辞之后，又升位答拜。

德,升。见《说文》。见《尚书启幪》。

以上第一段,群公诸侯朝见康王。

原文

太保暨芮伯咸进[1],相揖[2],皆再拜稽首[3]。曰:“敢敬告天子,皇天改大邦殷之命,惟周文武诞受羑若[4],克恤西土[5]。惟新陟王毕协赏罚[6],戡定厥功[7],用敷遗后人休[8]。今王敬之哉!张皇六师[9],无坏我高祖寡命[10]!”

译文

太保召公和芮伯同走向前,互相作揖后,同向王再拜叩头。他们说:“恭敬地禀告天子,伟大的天帝更改了大国殷的命运,我们周国的文王、武王大受福祥,能够安定西方。新逝世的成王,赏罚完全合宜,能够成就文、武的功业,因此把幸福普遍地留给我们后人。现在王要敬慎啊!要加强王朝的六军,不要败坏我们高祖的大命!”

注释 **1** 咸:同。 **2** 相揖:太保和芮伯互相作揖。 **3** 再拜稽首:二人向王再拜叩头。 **4** 诞:大。羑若:嘉休。《说文》:“羑 yǒu,进善也。”引申为善。若,也是善。 **5** 恤:安。见《汉书·韦元成传》注。 **6** 陟:终,逝世。新终王,指成王。毕:尽,完全。协:和,适。协赏罚,使赏罚适宜。 **7** 戡:克,能够。 **8** 敷:普遍。 **9** 张皇:张大,加强。六师:六军。 **10** 无:通“毋”,不要。坏:败坏。高祖:周文王。寡命:大命。曾运乾说。

以上第二段,群公诸侯进戒康王之词。

原文

王若曰:“庶邦侯甸男卫[1]!惟予一人钊报诰[2],昔君文武丕平[3],富不务

译文

王这样说:“侯、甸、男、卫的各位诸侯!现在我姬钊答复你们的教导。先君文王、武王很公平,仁厚而不滥施

咎[4]，底至齐信[5]，用昭明于天下。则亦有熊罴之士，不二心之臣，保乂王家[6]，用端命于上帝[7]。

“皇天用训厥道[8]，付畀四方[9]。乃命建侯树屏[10]，在我后之人[11]。今予一二伯父尚胥暨顾[12]，绥尔先公之臣服于先王[13]。虽尔身在外，乃心罔不在王室，用奉恤厥若[14]，无遗鞠子羞[15]！”

刑罚，致力实行中信，因而光辉普照天下。还有像熊罴一样勇武的将士，忠贞不渝的大臣，安定治理我们的国家，因此，才被上帝加以任命。

“上天顺从先王的治理之道，把天下交给先王。先王于是命令分封诸侯，树立蕃卫，眷顾我们后代子孙。现在，我们几位伯父希望你们互相爱护顾念，继续如你们的祖先臣服于先王。虽然你们身在朝廷之外，你们的心不可不在王室，要辅助我得到吉祥，不要把羞辱留给我！”

注释 **1** 侯甸男卫：指侯甸男卫的诸侯。 **2** 报：江声说：“报，犹‘复’也。” **3** 昔君文武丕平：按《墨子·兼爱下》：“古有文武，为政均分，赏贤伐暴，勿有亲戚兄弟之所阿。”这是丕平的最好解释。 **4** 富不务咎：富，仁厚。咎，刑罚。对人民仁厚而不务刑罚。 **5** 底：致。至：行，施行。见《礼记·乐记》注。齐：中，见《尔雅·释言》。齐信即《孔传》“中信之道”。 **6** 保乂：安治。 **7** 端：始，才。俞樾说。命：被命。 **8** 训：顺。 **9** 付畀：给予，赐予。 **10** 建侯：分封诸侯。树屏：树立屏蔽，即树立保卫力量。《尔雅·释言》：“屏，蔽也。” **11** 在：眷顾。王念孙说：“在，谓相顾在也。言先王命建侯树屏，以顾在后之子孙也。” **12** 伯父：天子称同姓诸侯叫伯父。尚：庶几。胥：互相。暨：按当读为“慗”，爱。顾：顾念。 **13** 绥：通“绥”，继承。王引之说。 **14** 奉：助。恤：收。若：善。 **15** 鞠子：稚子，康王自称。

以上第三段，康王答群臣诸侯之词。

原文

群公既皆听命[1]，相揖，趋出。王释冕[2]，反[3]，丧服[4]。

译文

众位大臣都听完了命令，互相作揖，快步走出。康王脱去吉服，返回居丧的侧室，穿上丧服。

注释 1 群公：指三公和诸侯群臣。 2 释：解去，脱下。释冕，谓脱下吉服。 3 反：通"返"，返回守丧的路寝旁室。 4 丧服：穿上丧服。

以上第四段，记礼成之事。

毕命

[导读] 殷民住在成周,周公和君陈相继治理他们。君陈死后,康王又命令毕公继续治理。史官记叙康王策命毕公这件大事,称为《毕命》。这是梅氏伪古文《尚书》之二十三。

[原文]

惟十有二年六月庚午,朏[1]。越三日壬申,王朝步自宗周[2],至于丰,以成周之众,命毕公保厘东郊[3]。

[译文]

康王十二年六月庚午日,月亮新放光明。到第三天壬申日,康王早晨从镐京行到丰邑,把成周的民众,命令给太师毕公使他安治东郊。

[注释] 1 朏:音 fěi,新月初放光明。 2 宗周:指镐京。 3 保厘:保,安。厘,治理。

以上第一段,史官记事之辞。

[原文]

王若曰:"呜呼! 父师[1],惟文王武王敷大德于天下,用克受殷命。惟周公左右先王,绥定厥家,毖殷顽民[2],迁于洛邑,密迩王室,式化厥训[3]。既历三纪[4],世变风移,四方无虞[5],予一人以宁。

[译文]

康王这样说:"啊! 父师。文王、武王行大德于天下,因此能够承受殷的王命。周公辅助先王安定国家,告诫殷商顽民,迁徙到洛邑,使他们接近王室,用此改变他们的礼教。自从迁徙以来,已经过了三纪。人世变化,风俗转移,今四方没有忧患,我因此感到安宁。治道有起有落,政教也随着风俗改革,若道有升降，政由俗革，不臧厥臧[6]，民罔攸劝。惟公懋德，克勤小物，弼亮四世[7]，正色率下，罔不祗师言。嘉绩多于先王[8]，予小子垂拱仰成[9]。”

不善用贤能，人民将无所劝勉仰慕。我公盛德，不但能勤小事，而且辅助过四代，严正地率领下属，臣下没有人不敬重师训。你的美好功绩被先王所重视，我小子只是垂衣拱手仰仗成功罢了。”

注释 1 父师：官名，指毕公。当时毕公居太师之官。 2 毖：告诫。《广韵》：“毖，告也。”3 化：改变。训：教训，指礼教。 4 纪：十二年为一纪。5 虞：忧虑。 6 臧：善。一为动词，一为名词。 7 弼亮：辅佐。弼亮四世，《孔传》说毕公“辅佐文、武、成、康，四世为公卿”。 8 多于先王：多，重视。多于先王，被先王所重视。 9 垂拱：垂衣拱手。

以上第二段，康王赞美毕公治理国家的成绩。

原文

王曰：“呜呼！父师。今予祗命公以周公之事，往哉！旌别淑慝[1]，表厥宅里，彰善瘅恶[2]，树之风声。弗率训典，殊厥井疆[3]，俾克畏慕[4]。申画郊圻[5]，慎固封守，以康四海。政贵有恒，辞尚体要[6]，不惟好异。商俗靡靡[7]，利口惟贤，余风未殄，公其念哉！

译文

康王说：“啊！父师。现在我把周公的重任敬托给公，我公前往吧！我公当识别善和恶，标志善人所居之里，表彰善良，疾恨邪恶，树立好的风气。有不遵循教训和常法的，就变更他的井居田界，使他能够畏惧和敬慕。又要重新画出郊圻的分界，认真加固封疆守备，以安定四海。为政贵在有常，言辞崇尚体实简要，不宜好异。商地旧俗喜好侈靡，以巧辩为贤，余风至今没有断绝，我公要考虑呀！

“我闻曰：‘世禄之家，鲜克由礼。’以荡陵德，实悖天道。敝化奢丽[8]，万世同流。兹殷庶士，席宠惟旧[9]，怙侈灭义[10]，服美于人。骄淫矜侉[11]，将由恶终。虽收放心，闲之惟艰。资富能训[12]，惟以永年。惟德惟义，时乃大训；[13]不由古训，于何其训？[14]”

“我听说：‘世代享有禄位的人家，很少能够遵守礼法。’他们以放荡之心，轻蔑德义，实在是悖乱天道。腐败的风俗崇尚奢侈华丽，万世相同。如今殷商众士，处在宠位已经很久，凭仗强大，忽视德义，穿着华美过人。他们骄恣矜夸，将会以恶自终。虽然收敛了放恣之心，但防制他们还是难事。资财富足而能顺从，可以长久。行德行义，这就大顺了；若不用古训教导，到何时才会顺从呢？”

注释　**1** 旌：识别。淑慝：善恶。慝，音 tè。　**2** 瘅：音 dàn，憎恨。　**3** 殊厥井疆：区别其井田居界。《孔疏》说：“不循道教之常者，其人不可亲近，与善民杂居，或染善为恶。故殊其井田居界，令民不与往来。”　**4** 畏慕：畏惧为恶之祸，羡慕为善之福。　**5** 郊圻：郊，邑之外。圻，国之中。　**6** 辞尚体要：《孔疏》说：“言辞尚其体实要约。”　**7** 靡靡：奢侈华丽。　**8** 敝化：腐败的风俗。　**9** 席宠：席，居。宠，尊宠的位置。旧：久。**10** 怙侈：怙，凭仗。侈，大，指强大。灭义：轻视德义。　**11** 侉：音 kuā，通“夸”，夸大。　**12** 资：资财。训：通“顺”。　**13** 惟德惟义，时乃大训：《孔疏》说：“惟能用德，惟能行义，是乃为大顺德也。”　**14** 不由古训，于何其训：《孔疏》说：“若不用古之训典，则于何时其能顺乎？”

以上第三段，康王指示教化殷民的具体方法。

原文

王曰：“呜呼！父师。

译文

康王说：“啊！父师。我国的安

邦之安危,惟兹殷士。不刚不柔,厥德允修。惟周公克慎厥始,惟君陈克和厥中,惟公克成厥终。三后协心,同厎于道[1],道洽政治[2],泽润生民。四夷左衽[3],罔不咸赖,予小子永膺多福。公其惟时成周[4],建无穷之基,亦有无穷之闻。子孙训其成式,惟乂。[5]呜呼!罔曰弗克,惟既厥心[6],罔曰民寡,惟慎厥事。钦若先王成烈[7],以休于前政[8]!"

危,就在于这些殷商众士。不刚不柔,那样的教化就真好。开初,周公能够谨慎对待;中间,君陈能够使他们和谐;最后,我公当能够成功。三君合心,共同致力于教导,教导普遍了,政事治理了,就能润泽到生民。四方各族被发左衽的人民,都会受到福利,我小子也会久享大福。我公要以这个成周,建立无穷的基业,也会有无穷的美名。后世子孙顺从我公的成法,天下就安定了。啊!不要说不能,当尽自己的心;不要说百姓少,当慎行政事。认真治理好先王的大业,使它比前人的政绩更美好吧!"

注释 1 厎:致,致力。道:通"导",教导。 2 洽:普遍。 3 左衽:衽,衣襟。我国古代有些民族的衣服,前襟向左掩,与中原人民前襟向右的不同,所以用左衽来指代某些少数民族。 4 惟时:以是,以此。 5 训:顺。式:法。成式,现成的办法。乂:安,安定。 6 既:尽。 7 若:善,治好。《释诂》:"若,善也。"成烈:盛业。 8 以:使。休:美。以休于前政,使它比前人的政绩更美。

以上第四段,康王勉励毕公尽心教导殷民,治理好先王的事业。

君牙

【导读】 君牙，人名。周穆王任命他的臣子君牙做大司徒的官，用策书命令他。史官记录穆王的策书，就用《君牙》作为篇名。这是梅氏伪古文《尚书》之二十四。

【原文】

王若曰："呜呼！君牙。惟乃祖乃父，世笃忠贞[1]，服劳王家，厥有成绩，纪于太常[2]。惟予小子，嗣守文、武、成、康遗绪[3]，亦惟先王之臣克左右乱四方[4]，心之忧危，若蹈虎尾，涉于春冰[5]。

【译文】

穆王这样说："啊！君牙。你的祖父和你的父亲，世世纯厚忠正；服劳于王家，很有成绩，记录在画有日月的旗子上。我小子继守文、武、成、康的遗业，也想先王的臣子能够辅助我治理四方。我心里的忧虑危惧，就像踩着虎尾和走在春天的冰上。

【注释】 **1** 笃：纯厚。贞：正。 **2** 太常：旗名。《孔传》说："王之旌旗画日月曰太常。"古代有大功的要写在太常旗上。 **3** 绪：业。 **4** 亦：也。惟：思。左右：辅助。乱：治理。 **5** 涉：徒步过水，走着。《说文》说："涉，徒行厉水也。"

以上第一段，穆王请求君牙协助，解除自己的忧危。

【原文】

"今命尔予翼，作股肱心膂[1]，缵乃旧服[2]，无忝祖考！弘敷五典[3]，式

【译文】

"现在我命令你辅助我，做我的心腹重臣。要继续你旧日的行事，不要累及你的祖考！普遍传布五常的教育，用

和民则[4],尔身克正,罔敢弗正;民心罔中[5],惟尔之中[6],夏暑雨,小民惟曰怨咨[7],冬祁寒[8],小民亦惟曰怨咨。厥惟艰哉[9]!思其艰以图其易[10],民乃宁。呜呼!丕显哉!文王谟[11];丕承哉!武王烈[12]。启佑我后人,咸以正罔缺。尔惟敬明乃训[13],用奉若于先王。对扬文武之光命[14],追配于前人[15]。"

为和谐人民的准则。你自身能正,人民不敢不正;民心没有标准,只考虑你的标准。夏天大热大雨,小民只是怨恨嗟叹;冬天大寒,小民也只是怨恨嗟叹。是艰难呀!你要想到他们的艰难,因而谋求那些治理的办法,人民才会安宁。啊!光明呀!我们文王的谋略;相承呀!我们武王的功业。它可以启示佑助我们后人,使我们都依从正道而无邪缺。你当不懈地宣扬你的五教,以此恭顺于先王。你当报答、颂扬文王和武王光明的教导,追求并美于前人。"

注释 1 膂:脊骨。 2 缵:音 zuǎn,继承。旧服:旧日的行事,指忠正勤劳等。服,事。 3 五典:即五常,指父义、母慈、兄友、弟恭、子孝五种常教。 4 式:用。则:法则。 5 中:中正之道,标准。 6 惟:思念。 7 惟曰怨咨:惟,只是。曰,语中助词。怨咨,怨恨嗟叹。 8 祁:大。 9 厥:语首助词。惟:为,是。此句叹小民生活真是艰难。 10 易:治理,这里指治理的方法。《诗·甫田》传:"易,治也。"思其艰以图其易,考虑他们的艰难之处,而谋求治理的方法。 11 谟:谋。《孔疏》说:"文王未克殷,始谋造周,故美其谋。" 12 烈:业。《孔疏》说:"武王以杀纣功成业就,故美其业。" 13 乃训:你的教训,指司徒主管五典的教化。 14 对扬:对,答;扬,颂扬。 15 配:匹配,相等。这里是并美的意思。

以上第二段,穆王告诫君牙宣扬五教,重视民艰,追配前贤。

原文

王若曰:“君牙!乃惟由先正旧典时式[1],民之治乱在兹。率乃祖考之攸行,昭乃辟之有乂[2]。”

译文

穆王这样说:“君牙!你当奉行先正的旧典善法,人民治乱的关键,就在这里。你当遵循你祖父的行为,赞助你君主的治道。”

注释 1 时式:善法。《广雅·释诂》:“时,善也。” 2 昭:赞助。乃辟:你的君主,穆王自指。有乂:乂,治。有,助词。有乂,治功。

以上第三段,穆王勉励君牙奉行先正的法式,治理人民。

冏命

导读　冏 jiǒng 指伯冏，周穆王的大臣。穆王任命他为太仆长，领导身边的侍御人员。史官记录穆王任命伯冏的策书，名叫《冏命》。这是梅氏伪古文《尚书》之二十五。

原文

王若曰："伯冏！惟予弗克于德[1]。嗣先人宅丕后[2]，怵惕惟厉[3]；中夜以兴，思免厥愆[4]。

"昔在文、武，聪明齐圣[5]，小大之臣，咸怀忠良。其侍御仆从罔匪正人，以旦夕承弼厥辟[6]，出入起居罔有不钦，发号施令罔有不臧[7]。下民祗若[8]，万邦咸休[9]。

"惟予一人无良，实赖左右前后有位之士，匡其不及[10]。绳愆纠缪[11]，格其非心[12]，俾克绍先烈[13]。

译文

穆王这样说："伯冏！我不优于道德。继承先人处在大君的位置，戒惧会有危险，甚至半夜起来，想法子避免过失。

"从前在文王、武王的时候，他们聪明、通达、圣明，小臣大臣都怀着忠良之心。他们的侍御近臣，没有人不是正人，用他们早晚侍奉辅佐他们的君主，所以君主出入起居，没有不敬慎的；发号施令，也没有不好的。百姓敬重顺从君主的命令，天下万国也都喜欢。

"我没有好的德行，实在要依赖左右前后的官员，匡正我的不到之处。纠正过失和错误，端正我不正确的思想，使我能够继承先王的功业。

注释　1 克：胜。这里指优胜。　2 丕后：大君。宅丕后，居大君之位。3 怵惕：戒惧。厉：危险。《孔传》说："言常悚惧惟危。"　4 思免厥愆：

愆，过失。《孔传》说：“思所以免其过悔。” 5 齐圣：齐，通达。圣，圣明。6 弼：辅佐。辟：君。 7 臧：善。 8 祗若：敬顺。 9 休：喜。《广雅·释诂》：“休，喜也。”10 匡：正。 11 绳愆：绳，正，纠正。愆，过失。 12 格：正，端正。非心：邪僻不正的心。 13 绍：继承。

以上第一段，穆王表明要依靠忠良，匡救自己的不及。

原文

“今予命汝作大正[1]，正于群仆侍御之臣[2]。懋乃后德[3]，交修不逮[4]。慎简乃僚，无以巧言令色、便辟侧媚[5]，其惟吉士[6]。仆臣正，厥后克正；仆臣谀，厥后自圣。后德惟臣，不德惟臣。尔无昵于憸人[7]，充耳目之官，迪上以非先王之典[8]。非人其吉，惟货其吉，[9]若时[10]，瘝厥官[11]，惟尔大弗克祗厥辟；惟予汝辜[12]。”

译文

“今天我任命你做太仆正，领导群仆、侍御的臣子。你要勉励你的君主增修德行，共同劝勉我做得不够的地方。你要慎重选择你的部属，不要任用巧言令色、阿谀不端的人，要都是贤良正士。仆侍、近臣都正，他们的君主才能正；仆侍、近臣谄媚，他们的君主就会自以为圣明。君主有德，由于臣下，君主失德，也由于臣下。你不要亲近小人，充当我的视听之官，不要引导君上违背先王之法。不是贤人最善，只是货财最善，像这样，就会败坏我们的官职，就是你大不能敬重你的君主；我将惩罚你。”

注释 1 大正：即太仆正，主管君主车马的长官。 2 正：长。引申为领导。 3 懋：劝勉。德：修德。 4 交：共同。修：治理。逮：及。5 便辟：善于逢迎阿谀。侧媚：用不正当的行为求人喜悦。媚，爱也。见《孔疏》。 6 其惟吉士：其，要，表祈使语气。惟，是。 7 昵：亲近。憸人：小人。 8 迪：引导。非：违背。 9 非人其吉，惟货其吉：按“其”通“綦”，极，最。《说文解字叙》“庶业其繁”，段注：“其，同荀卿书之綦，极也。”这两句大意是：不是贤人最善，只是货财最善。形容贪官的行为。 **10** 若时：若是，像这样。 **11** 瘝：音 guān，病。引申为败坏。 **12** 辜：惩罚。

以上第二段，穆王勉励伯冏慎选贤良，增进自己的德行。

原文

王曰：“呜呼！钦哉！永弼乃后于彝宪[1]。”

译文

穆王说：“啊！要认真呀！要长久用常法辅助你的君主。”

注释 **1** 弼：辅助。彝宪：常法。

以上第三段，穆王勉励伯冏用常法辅助自己。

吕刑

导读　周穆王名满，在位五十五年。前期喜爱游历相传曾到过昆仑山西王母国，诸侯不睦，政治昏乱，任意施刑。后期吕侯为相，劝告穆王制定刑法，采用中刑。穆王听从他的意见，大告天下，强调要依据刑律定罪和采用中刑，天下终于安定了。本篇就是穆王的诰辞，由于是采纳吕侯的意见，史官便名为《吕刑》。吕侯又做过甫侯，所以本篇又叫《甫刑》。本篇诰辞中，穆王详尽叙述了刑的源流，说明了当时刑法总共有三千条，而且制定了赎刑的条例，强调要依法定罪和采用中刑。它在穆王之世，起到了由乱变治的重要作用。它是我国历史上最早的系统的刑法文献，具有很高的史料价值。

原文

惟吕命[1]，王享国百年[2]，耄[3]，荒度作刑[4]，以诘四方[5]。

译文

吕侯被命为卿时，穆王在位很久，年纪老了，还是大力谋求制定刑法，来禁戒天下。

注释　1 吕命：吕侯被命为卿。 2 享国：指在位。百年：虚数，是说很久。 3 耄：音 mào，老。《礼记·曲礼》："八十、九十曰耄。" 4 荒：大。度：谋。 5 诘：禁戒。《周礼·天官·太宰》"五曰刑典，以诘邦国"，郑注："诘，禁也。"

以上第一段第一节，史官记事之辞。

原文

王曰："若古有训[1]，蚩尤惟始作乱[2]，延及于平民，罔不寇贼[3]，鸱义奸宄[4]，夺

译文

王说："古代有遗训，蚩尤开始作乱，扩大到平民百姓。无不寇掠贼害，冒没不正，内外作乱，争夺窃盗，诈骗

攘矫虔[5]。苗民弗用灵[6]，制以刑[7]，惟作五虐之刑曰法[8]，杀戮无辜，爰始淫为劓刵椓黥[9]。越兹丽刑并制[10]，罔差有辞[11]。

强取。苗民不遵守政令，而用刑罚来制服，制定了五种酷刑以为常法。杀害无罪的人，开始放肆使用劓、刖、椓、黥等刑罚。于是，施行杀戮，抛弃法制，不减免无罪的人。

注释 1 若：语首助词。 2 蚩尤：东方九黎族的首领，与黄帝战于涿鹿，失败被杀。 3 寇：抄掠。贼：残害。 4 鸱义：冒没不正。王念孙说："鸱者，冒没轻儳；义者，倾邪反侧。"奸宄：内外作乱。 5 攘：窃取。矫虔：诈骗强取。韦昭说："称诈为矫，强取为虔。" 6 灵：通"令"，政令。《礼记·缁衣》引作"命"，郑注："命谓政令也。" 7 制：制服。 8 曰：为，以为。 9 爰：语首助词。淫：大。劓：割鼻子。刵：当依《说文》作"刖 yuè"。断脚胫。椓：音 zhuó，割去生殖器。黥：音 qíng，即墨刑，用刀刻面而染以黑色。 10 越兹：于是。丽：施行。并：废弃。制：制度法令。 11 差：差减，减免。有辞：有辞辩解者，指无罪。

原文

"民兴胥渐[1]，泯泯棼棼[2]，罔中于信[3]，以覆诅盟[4]。虐威庶戮[5]，方告无辜于上[6]。上帝监民，罔有馨香德[7]，刑发闻惟腥[8]。皇帝哀矜庶戮之不辜[9]，报虐以威[10]，遏绝苗民[11]，无世在下[12]，乃命重黎[13]，绝地天通[14]，罔

译文

"苗民互相欺诈，纷纷乱乱，没有中和信，以致背叛誓约。受了虐刑的和一些被侮辱的都向上帝申告自己无罪。上帝考察苗民，没有芬芳的德政，刑法所发散的只有腥气。颛顼皇帝哀怜众多被害的人没有罪过，就用威罚处置暴虐的人，制止和消灭行虐的苗民，使他们没有世嗣留在下国。又命令重和黎，禁止地民和天神相互感通，使他们不能升降来

有降格[15]。群后之逮在下[16],明明棐常[17],鳏寡无盖[18]。

往。高辛、尧、舜相继在下,都显用贤德的人扶持常道,于是孤苦之人没有壅蔽之苦了。

注释 1 民:指苗民。兴:兴起。胥:互相。渐:欺诈。王引之说。2 泯泯棼棼:纷乱的样子。棼,音 fén。 3 于:与,和。 4 覆:败,背。诅盟:誓约。《孔疏》:"虽有要约,皆违背之。" 5 虐威:受虐刑的人。庶戮:众被侮辱者。 6 方:通"旁",普遍。 7 馨香:散发很远的香气。 8 发:散发。 9 皇帝:郑玄以为是颛顼高阳氏。不辜:无罪。 10 报虐以威:用刑罚审判暴虐的人。报,审判。《说文》:"报,当罪人也。" 11 遏绝:制止,消灭。 12 无世在下:没有后代在下国。世,嗣。见《国语·晋语》注。13 重、黎:都是人名。颛顼时,重主管天神,黎主管臣民。 14 绝地天通:断绝地民和天神的感通,当是禁止巫术等。 15 格:通"假",升。《尔雅·释诂》:"假,升也。" 16 群后:指高辛和尧、舜。逮:及,相继。17 明明:显用明德的人。棐常:辅助常道。 18 盖:壅蔽。

原文

"皇帝清问下民鳏寡有辞于苗[1]。德威惟畏,德明惟明[2]。乃命三后[3],恤功于民[4]。伯夷降典[5],折民惟刑[6];禹平水土,主名山川[7];稷降播种[8],农殖嘉谷[9]。三后成功,惟殷于民[10]。士制百姓于刑之中[11],以教祗德。

译文

"尧皇帝明知下民和孤寡有对苗民的怨言。又明知贤人所惩罚的,人都畏服,贤人所尊重的,人都尊重。于是命令三位大臣慎重为民治事。伯夷颁布法典,用刑律制服人民;大禹平治水土,主管名山大川;后稷下去指导播种,努力种植好谷。三后成功了,就富厚了老百姓。士师又用公正的刑罚制御百官,教导臣民敬重德行。

注释　1 皇帝:指尧帝。清问:明白知道。问,通“闻”,知。辞:指怨言。　2 德威惟畏,德明惟明:《礼记·表记》引这二句,郑玄解释说:“德所威,则人皆畏之,言服罪也;德所明,则人皆尊之,言得人也。”按此二句也是上文“清问”的宾语。　3 三后:三位长官。指伯夷、禹、稷。　4 恤:慎重。功:事,这里是“服务”的意思。　5 伯夷:尧帝的大臣。降:下。典:法典。　6 折民:制民。　7 主名山川:主管名山大川。　8 稷:后稷。尧舜时的农官。　9 农:勉,努力。殖:种植。　10 殷:富,富厚。　11 士:士师。制:制御。百姓:百官。于:以。中:平。

原文

“穆穆在上[1],明明在下[2],灼于四方[3],罔不惟德之勤,故乃明于刑之中,率乂于民棐彝[4]。典狱非讫于威[5],惟讫于富[6]。敬忌,罔有择言在身[7]。惟克天德[8],自作元命[9],配享在下。”

译文

“尧皇帝恭敬在上,三位大臣努力在下,光照四方,没有人不勤行德政,所以能勉力于刑罚的公平,遵循它治理老百姓以扶持常道。主管刑罚的官,不是终于作威,而是终于仁厚。又敬、又戒,自身没有坏的言论。他们肩负上天仁爱的美德,自己造就了好命,所以配天在下享有禄位。”

注释　1 穆穆:恭敬。　2 明明:勉力。　3 灼:光,照耀。　4 率:遵循。　5 典:主管。讫:终。　6 富:仁厚。《说文》:“富,厚也。”　7 择:通“斁”,败。择言:败言,坏话。见《经义述闻》。　8 克:肩任,肩负。天德:上天仁爱的美德。　9 元:善。

以上第一段第二节,穆王详述刑的源流。

原文

王曰:“嗟!四方司政典狱[1],非尔惟作天牧[2]?今尔何监[3]?非时伯夷播刑之迪[4]?其今尔何惩[5]?惟时苗民匪察于狱之丽[6],罔择吉人,观于五刑之中[7];惟时庶威夺货[8],断制五刑,以乱无辜,上帝不蠲[9],降咎于苗[10],苗民无辞于罚[11],乃绝厥世。”

译文

王说:“啊!四方的诸侯们,不是你们做上天的治民官吗?现在,你们要重视什么呢?难道不是这伯夷施行刑罚的方法吗?现在你们要惩戒什么呢?就是这苗民不详察狱事的施行,不选择善良的人,监察五刑的公正;就是这苗民任用虚张威势、掠夺财物的人,裁决五刑,乱罚无罪,上帝不加赦免,降灾给苗民,苗民对上帝的惩罚无话可说,于是断绝了他们的后嗣。”

注释 1 司政典狱:指诸侯。 2 惟:为。牧:治民,指治民的官。 3 监:视。 4 播:施行。迪:道。 5 惩:惩戒。 6 匪:不。丽:施行。 7 观:察,指审察。 8 庶威:庶,侈。张大。庶威夺货,黄式三说:“自侈其威以夺取货也。” 9 蠲:除,指赦罪。 10 咎:灾祸。 11 无辞于罚:对于上帝的惩罚,无话可说。

以上第一段第三节,穆王告诫典狱者以伯夷为法,以苗民为戒。

原文

王曰:“呜呼!念之哉!伯父、伯兄、仲叔、季弟、幼子、童孙,皆听朕言,庶有格命[1]。今尔罔

译文

王说:“啊!你们要记住这个教训啊!伯父、伯兄、仲叔、季弟以及年幼的子孙们,都听从我的话,或许会享有好命。如今你们没有人不喜自我安慰说

不由慰曰勤[2],尔罔或戒不勤。天齐于民[3],俾我一日[4],非终惟终[5],在人。尔尚敬逆天命[6],以奉我一人[7]!虽畏勿畏,虽休勿休[8],惟敬五刑,以成三德[9]。一人有庆[10],兆民赖之[11],其宁惟永[12]。”

已经很勤劳了,你们没有谁制止自己不勤劳。上帝治理下民,暂时任用我们,不成与成,完全在人。你们可要恭敬地接受天命,来辅助我!虽然遇到可怕的事,不要害怕;虽然可以休息,也不要休息。希望慎用五刑,养成这三种德行。一人办了好事,万民都受益,国家的安宁就会长久了。”

注释 1 格:通“假”,嘉。格命,就是嘉命。 2 由:通“繇”,《尔雅·释诂》:“繇,喜也。” 3 齐:整顿。 4 俾:职,引申为任用。《尔雅·释言》:“俾,职也。” 5 终:成。见《周语》注。惟:与,和。 6 逆:迎接,接受。7 奉:助。见《淮南子·说林训》注。 8 休:休息。王先谦说。 9 三德:《孔传》解为刚柔正直的三德,孔广森解为三后之德。按:联系上文“敬逆天命,以奉我一人”,要求敬顺;“虽畏勿畏”,要求公正;“罔或戒不勤”“虽休勿休”,要求勤劳。三德当指敬顺、公正和勤劳。 10 庆:善。 11 赖:利。 12 其宁:国家的安宁。惟:乃,就。

以上第一段第四节,穆王告诫典狱者勤政慎刑。

原文

王曰:“吁!来,有邦有土,[1]告尔祥刑[2],在今尔安百姓,何择,非人?何敬,非刑?何度[3],非及[4]?

“两造具备[5],师

译文

王说:“啊!来吧!诸侯国君和各位大臣,我告诉你们要善用刑法。如今你们安定百姓,要选择什么呢,不是吉人吗?要敬慎什么呢,不正是刑罚吗?要考虑什么呢,不就是判断适宜吗?

“原告和被告都来齐了,法官就审查

听五辞[6];五辞简孚[7],正于五刑[8];五刑不简,正于五罚[9];五罚不服,正于五过[10]。五过之疵[11]:惟官、惟反、惟内、惟货、惟来[12]。其罪惟均[13],其审克之[14]!

五刑的讼辞;如果讼辞核实可信,就用五刑来处理。如果用五刑处理不能核实,就用五罚来处理;如果用五罚处理也不可从,就用五过来处理。五过的弊端:是法官畏权势,是报恩怨,是谄媚内亲,是索取贿赂,是受人请求。发现上述弊端,他们的罪就与罪犯相同,你们必须详细察实啊!

"五刑之疑有赦[15],五罚之疑有赦,其审克之!简孚有众[16],惟貌有稽[17]。无简不听,具严天威。

"根据五刑定罪的疑案有赦免的,根据五罚定罪的疑案有赦免的,要详细察实啊!要从众人中核实验证,审理案件也要有共同办案的人。没有核实不能治罪,应当共同敬畏上天的威严。

注释 **1** 吁:叹词。有邦:指诸侯。有土:有采地的大臣。 **2** 祥刑:祥,善。祥刑,善用刑法。 **3** 度:谋划。 **4** 及:当从《史记》作"宜",得宜。 **5** 两造:一作"两遭",就是两曹、两辈,指原告和被告。 **6** 师:士师,就是法官。听:平治、审理。五辞:入于五刑的讼辞。 **7** 简:核实。孚:诚信。 **8** 正:治,处理。见《周礼》注。于:以。五刑:墨、劓、剕、宫、大辟五种刑罚。 **9** 正于五罚:用五等罚金来处治。 **10** 五过:五种过失。 **11** 疵:弊病。 **12** 官:畏官势。反:报恩怨。内:谄媚内亲。货:索取货贿。来:当从马融本作"求"。受人请求。 **13** 其罪惟均:与犯人同罪。马融说:"以此五过出入人罪,与犯法者等。" **14** 克:通"核",实。《汉书·刑法志》引作"核"。 **15** 疑:疑案。 **16** 简孚有众:核验于大众。孙星衍说:"简孚有众者,即《王制》所云疑狱,泛与众共也。" **17** 貌:治。见《广雅》。稽:同。见《尧典》郑注。惟貌有稽,指审理案件要有共同办案的人。

原文

“墨辟疑赦[1]，其罚百锾[2]，阅实其罪[3]。劓辟疑赦，其罚惟倍[4]，阅实其罪。剕辟疑赦[5]，其罚倍差[6]，阅实其罪。宫辟疑赦[7]，其罚六百锾，阅实其罪。大辟疑赦[8]，其罚千锾，阅实其罪。墨罚之属千[9]，劓罚之属千，剕罚之属五百，宫罚之属三百，大辟之罚其属二百。五刑之属三千。

译文

“判处墨刑感到可疑，可以从轻处治，罚金一百锾，要核实其罪行。判处劓刑感到可疑，可以从轻处治，罚金二百锾，要核实其罪行。判处剕刑感到可疑，可以从轻处治，罚金五百锾，要核实其罪行。判处宫刑感到可疑，可以从轻处治，罚金六百锾，要核实其罪行。判处死刑感到可疑，可以从轻处治，罚金一千锾，要核实其罪行。墨罚的条目有一千，劓罚的条目有一千，剕罚的条目有五百，宫罚的条目有三百，死罪的刑罚，其条目有二百。五种刑罚的条目共有三千。

注释　1 墨：就是黥。辟：罪。疑赦：可疑就从轻。　2 锾：音 huán，古代重量单位。郑玄说：“锾，六两也。”　3 阅实：《孔疏》说：“检阅核实其所犯之罪，使与罚名相当，然后收取其赎。”　4 倍：百锾的一倍，即二百锾。　5 剕：即“跸”，去掉膝盖骨。段玉裁说。　6 倍差：一倍半，即五百锾。　7 宫：宫刑，就是椓刑。　8 大辟：死刑。　9 属：指刑罚的条目。

原文

“上下比罪[1]，无僭乱辞[2]，勿用不行[3]，惟察惟法，其审克之！上刑适轻[4]，下服[5]；下刑适重，

译文

“要上下比较其罪行，不要错乱供辞，不要采取已经废除的法律，应当明察，应当依法，要核实啊！上刑宜于减轻，就下一等处治，下刑宜于加重，就上

上服。轻重诸罚有权[6]。刑罚世轻世重[7],惟齐非齐[8],有伦有要[9]。

一等处治。各种刑罚的轻重有些灵活性。刑罚时轻时重,相同或不相同,都有它的道理和要求。

注释 1 比:比照,比例。《蔡传》:"罪无正律,则以上下刑而比附其罪也。" 2 僭:差错。辞:供辞。 3 不行:已废除的法律。 4 适:宜。5 下服:减一等处理。服,治,处置。下文"上服"即"加一等处理"。 6 权:变,就是灵活性。 7 刑罚世轻世重:刑罚根据时世决定轻重。《孔传》:"言刑罚随世轻重也,刑新国用轻典,刑乱国用重典,刑平国用中典。" 8 齐:同。惟齐非齐,同与不同。 9 伦:道理。要:要求。

原文

"罚惩非死,人极于病[1]。非佞折狱[2],惟良折狱,罔非在中。察辞于差[3],非从惟从。哀敬折狱[4],明启刑书胥占[5],咸庶中正[6]。其刑其罚,其审克之!狱成而孚,输而孚[7]。其刑上备[8],有并两刑[9]。"

译文

"刑罚不是置人死地,但受刑罚的人感到比重病还痛苦。不是巧辩的人审理案件,而是善良的人审理案件,就没有不公正合理的。从矛盾处考察真情,不服从的犯人也会服从。怀着哀怜的心情判决诉讼案件,明白地检查刑书,互相斟酌,都要谋求公正。当刑当罚,要详细察实啊!要做到案件判定了,人们信服;改变判决,人们也信服。刑罚贵在慎重,又可合并两种罪行,只罚一种。"

注释 1 极:痛苦。 2 佞:佞人,善于巧言的人。 3 差:指供词的矛盾。4 敬:当从《尚书大传》引作"矜",怜悯。 5 启:打开。胥:相。占:量度。6 庶:章太炎读为"度",谋求。上文"何度非及",马融注:"度,造谋也。"

7 输:变更。王引之说:“《广雅》‘输,更也’。狱词或有不实,又察其曲直而变更之,后世所谓平反也。狱辞定而人信之,其有变更而人亦信之,所谓民自以为不冤也。” 8 备:慎,见《说文》。上备,以慎重为上。9 有并两刑:两罪只罚一种,不责其余。

以上第二段,说明刑法的种类、条目,以及审理狱讼的方法。

原文

王曰:“呜呼!敬之哉!官伯族姓[1],朕言多惧。朕敬于刑,有德惟刑。今天相民[2],作配在下[3],明清于单辞[4],民之乱[5],罔不中听狱之两辞[6],无或私家于狱之两辞[7]!狱货非宝[8],惟府辜功[9],报以庶尤[10]。永畏惟罚[11],非天不中[12],惟人在命[13]。天罚不极[14],庶民罔有令政在于天下[15]。”

王曰:“呜呼!嗣孙,今往何监?非德?于民之中[16],尚明听之哉!哲人惟刑[17],无疆之辞[18],属于五极[19],咸中有

译文

王说:“啊,敬慎啊!诸侯国君以及同姓官员们,对我的话要多多戒惧。我重视刑罚,有德于老百姓的也是刑罚。如今上天扶助老百姓,你们在下面作天之配,应当明察一面之词,老百姓的治理,无不在于公正地审理双方的诉讼词,不要对诉讼双方的诉讼词贪图私利啊!狱讼接受贿赂不是好事,那是获罪的事,我将以众罪论处这些人。永远可畏的是上天的惩罚,不是天道不公平,只是人们自己终结天命。上天的惩罚不加到他们身上,在天下众民就不会有美好的政治了。”

王说:“啊!子孙们,从今以后,你们明察什么呢?难道不是行德吗?对于老百姓案情的判决,要明察啊!治理老百姓要运用刑罚,使无穷无尽的讼辞合于五刑,都能公正适当,就有福庆。你们

庆[20]。受王嘉师[21]，监于兹祥刑[22]！”	接受治理王家的好百姓，可要明察这种祥刑啊！”

注释 1 官伯：司政典狱。族姓：同姓大臣。 2 相：扶助。 3 配：天之配匹，就是天牧。 4 明清：明察。单辞：一面之词。 5 乱：治。 6 中听：公平审理。两辞：原告和被告两方面的诉讼词。 7 私家：私自谋利。孙星衍说。 8 狱货：诉讼中得了货财。 9 府：取。见《广雅·释诂》。辜：罪。功：事。 10 报：判决。尤：《说文》引作“訧”，罪。 11 畏：敬畏。 12 中：公平。 13 在：终。曾运乾说。 14 极：至。 15 令政：善政。 16 中：狱讼之成，即讼案的判决书。 17 哲：通“折”，制。王引之说：“哲，当读为‘折’，折之言制也。” 18 辞：讼辞。 19 属：合。见《周礼》注。五极：就是五刑。极，诛。见《诗·菀柳》笺。 20 中：公平。 21 师：众，民众。 22 监：明察。

以上第三段，说明惩办贪污和使用中刑的重要意义。

文侯之命

导读 文侯，指晋文侯，名仇，字义和。本篇是周平王表彰晋文侯功绩的册命。周幽王荒淫无道，宠爱褒姒，褒姒生子伯服。幽王废申后和太子宜臼，立褒姒为后，伯服为太子。申后的父亲申侯联合犬戎攻杀幽王。诸侯拥立宜臼为王，就是周平王。晋文侯、郑武公等辅佐周平王平定戎乱，东迁洛邑。平王表彰晋文侯的功绩，赐给车马弓矢，史官写了《文侯之命》。《史记》的《周本纪》《晋世家》和《新序·善谋篇》都认为本篇作于周襄王时，文侯为晋文公重耳。注家多采这种说法，这是误解。今按，《左传·隐公六年》说"周桓公言于王曰：我周之东迁，晋、郑焉依"；《国语·郑语》说"晋文侯于是乎定天子，故平王锡命焉"；《书序》说"平王锡晋文侯秬鬯、圭瓒，作《文侯之命》"。都说文侯是晋文侯。现在结合本篇内容考察，采取《书序》的意见。

原文

王若曰："父义和！[1] 丕显文、武，克慎明德[2]，昭升于上[3]，敷闻在下[4]，惟时上帝集厥命于文王[5]。亦惟先正克左右昭事厥辟[6]，越小大谋猷罔不率从[7]，肆先祖怀在位[8]。

译文

王这样说："族父义和啊！伟大光明的文王和武王，能够慎重行德，德辉升到上天，名声传播在下土，于是上帝降下那福命给文王、武王。也因为先前的公卿大夫能够辅佐、指导、服事他们的君主，对于君主的大小谋略无不遵从，所以先祖能够安然在位。

注释 1 王：周平王。若：这样。父：对同姓诸侯中尊长的称呼，周和晋同姓，所以平王称晋文侯为父。义和：文侯的字。 2 明：勉，努力。 3 昭：明，指光辉。上：上天。 4 敷：布。闻：名声。下：下土。 5 惟时：于是。

集:下,降。文王:当从《晋世家》作“文武”,上言文、武,这里不当只言文王。6 先正:郑玄说:“先臣,谓公卿大夫也。”左右:佐佑,辅佐。昭:指导。《尔雅·释诂》:“诏,导也。”辟:君。 7 越:于。猷:谋。率从:遵从。 8 肆:所以。怀:安。

原文

“呜呼!闵予小子嗣[1],造天丕愆[2]。殄资泽于下民[3],侵戎我国家纯[4]。即我御事[5],罔或耆寿俊在厥服[6],予则罔克[7]。曰[8]:‘惟祖惟父,其伊恤朕躬。[9]’呜呼!有绩予一人永绥在位[10]。

译文

“啊!不幸我这年轻人继承王位,遭到了上天的大责罚。没有福利德泽施给老百姓,侵犯我国家的人很多。现在我的治事大臣,没有老成人长期在职,我诚不能胜任。我意谓:‘祖辈和父辈的诸侯国君,会忧念我。’啊哈!您果然促成我长安在王位了。

注释 1 闵:不幸。嗣:继承。 2 造:遭受。愆:惩罚。指幽王被杀。《史记·周本纪》说:“申侯怒,与缯、西夷犬戎攻幽王,幽王举烽火征兵,兵莫至。遂杀幽王骊山下,虏褒姒,尽取周赂而去。” 3 殄:绝。资:财,指福利。泽:德泽。 4 侵戎:侵伐。纯:众多。 5 即:今。御事:治事大臣。 6 或:有。耆寿:老成人。俊:读为“骏”,长久。孙诒让说。服:位。 7 则:犹“诚”,副词。克:胜,胜任。 8 曰:谓,意谓。 9 惟祖惟父:祖辈父辈诸侯。伊:语气助词。恤:忧虑。 10 有:果。见《玉篇》。绩:成,促成。绥:安。

原文

“父义和!汝克绍乃显祖[1],汝肇刑文、武[2],用

译文

“族父义和啊!您能够光耀您的显祖唐叔,您努力制御文武百官,因会合

会绍乃辟[3],追孝于前文人[4],汝多修[5],扞我于艰[6],若汝,予嘉。”

诸侯延续了您的君主,追好于文王和武王。您很好,在困难的时候保卫了我,像您这样,我很赞美!”

注释 1 绍:当从唐石经作“昭”,光显,光耀。显祖:指唐叔,晋国的始封君主。 2 肇:勉力。刑:制御。《荀子·臣道》“刑下如影”注:“刑,制也。”文、武:文武百官。 3 会:会合诸侯。绍:继续,延续。辟:君。《竹书纪年》记载:“元年辛未,王东徙洛邑,晋侯会卫侯、郑伯、秦伯以师从王入于成周。”就是说的这件事。 4 孝:好。见《释名》。文人:有文德的人。前文人,指文王、武王。 5 修:长,引申为休美。 6 扞:保卫。扞我于艰,指救周驱逐犬戎。

以上第一段,表扬晋文侯保卫王朝的功绩。

原文

王曰:“父义和!其归视尔师[1],宁尔邦。用赉尔秬鬯一卣[2];彤弓一[3],彤矢百;卢弓一[4],卢矢百;马四匹。

“父往哉!柔远能迩[5],惠康小民[6],无荒宁[7]。简恤尔都[8],用成尔显德。”

译文

王说:“族父义和啊!要回去治理您的臣民,安定您的国家。现在我赐给您黑黍香酒一卣;红色的弓一张,红色的箭一百支;黑色的弓一张,黑色的箭一百支;四匹马。

“您回去吧!安抚远方,亲善近邻,爱护安定老百姓,不要荒废政事,贪图安逸。大力安定您的国家,以成就您显著的德行。”

注释 1 视:治理。师:众。 2 赉:音 lài,赏赐。秬鬯:黑黍和郁草合酿的香酒。秬,音 jù。鬯,音 chàng。卣:音 yǒu,酒器。 3 彤:赤色。 4 卢:

黑色。 **5** 柔:安抚。能:亲善。迩:近邻。 **6** 惠:爱。康:安。 **7** 荒宁:荒废和安逸。 **8** 简:大。恤:安。 都:国都,指代晋国。

以上第二段,赏赐和嘉勉晋文侯。

费誓

导读 费 bì 闭，地名，在今山东省费县西北。孙诒让说："凡策命有诰戒之词亦得谓之誓。"见《周礼春官正义》誓也是诰戒之辞。《史记·鲁世家》以为本篇写作于管、蔡叛乱时；晚出《孔传》以为作于周公归政之明年。近人曾运乾先生说："考《序》云'伯禽宅曲阜'，《经》云'鲁人三郊三遂'。若在管、蔡时，伯禽方就国，其郊遂区画，恐尚未臻完善也。当以成王初元说为当。"见《尚书正读》按曾先生的意见，合于事理。周公归政之明年，即公元前1056年，徐州之戎和淮浦之夷联合起来侵害鲁国。鲁侯伯禽率领诸侯讨伐，到达费地而诰戒军士。史官记录伯禽的誓词，名为《费誓》。

原文

公曰[1]："嗟！人无哗，听命。徂兹淮夷、徐戎并兴[2]。善敹乃甲胄[3]，敽乃干[4]，无敢不吊[5]！备乃弓矢，锻乃戈矛[6]，砺乃锋刃[7]，无敢不善！

"今惟淫舍牿牛马[8]，杜乃擭[9]，敜乃阱[10]，无敢伤牿[11]！牿之伤，汝则有常刑[12]！

译文

公说："喂！大家不要喧哗，听取我的命令。现今淮夷、徐戎同时起来作乱。好好缝缀你们的军服头盔，系连你们的盾牌，不许不好！准备你们的弓箭，锻炼你们的戈矛，磨利你们的锋刃，不许不好！

"现在要大放圈中的牛马，掩盖你们捕兽的工具，填塞你们捕兽的陷阱，不许伤害牛马！伤害了牛马，你们就要受到常刑！

注释 1 公：指鲁侯伯禽，周公的儿子。 2 徂：读为"且"。且，此。此兹，犹言今兹。淮夷：淮浦之夷。徐戎：徐州之戎。兴：起。 3 敹：音 liáo，缝缀。

甲:军衣。胄:头盔。 4 敿:音 jiǎo,系连。干:盾牌。 5 吊:善。 6 锻:锻炼。 7 砺:磨。 8 淫:大。舍:放。牿:音 gù,《说文》:“牿,牛马牢也。” 9 杜:闭。擭:音 huò,装着机关的捕兽器。 10 敜:音 niè,填塞。阱:陷阱。 11 伤牿:指伤牛马。承上文牿牛马而言,这是一种借代方法。 12 有:得到。《玉篇》:“有,得也。”

以上第一段,告诫鲁人治理兵器和清除道路。

原文

“马牛其风[1],臣妾逋逃[2],勿敢越逐[3]!祗复之[4],我商赉尔[5],乃越逐不复[6],汝则有常刑!无敢寇攘[7],逾垣墙,窃马牛,诱臣妾,汝则有常刑!

译文

“牛马走失了,男女奴仆逃跑了,不许离开队伍去追赶!得到了的,要恭敬送还原主,我会赏赐你们。如果你们离开队伍去追赶,或者不归还原主,你们就要受到常刑!不许抢夺掠取,跨过围墙,偷窃马牛,骗取别人的男女奴仆,这样,你们都要受到常刑!

注释 1 风:走失。郑玄说:“风,走逸也。”2 臣妾:奴仆。古代男仆叫臣,女仆叫妾。逋:逃跑。 3 越逐:离开部队去追逐。越,逾。 4 祗:敬。复:还,指归还原主。 5 商:赏。于省吾说:“金文‘赏’每作‘商’。”赉:赐予。 6 乃:如果。 7 寇:劫取。攘:偷取。郑玄说:“因其亡失曰攘。”《淮南子·泛率训》“直躬其父攘羊而子证之”高诱注:“凡六畜自来而取之曰攘也。”

以上第二段,宣布军事纪律。

原文

“甲戌,我惟征徐戎。峙乃糗粮[1],无敢不

译文

“甲戌这天,我们征伐徐戎。准备你们的干粮,不许不到;不到,你们就要受

逮[2];汝则有大刑[3]!鲁人三郊三遂[4],峙乃桢干[5]。甲戌,我惟筑[6],无敢不供,汝则有无余刑[7],非杀。鲁人三郊三遂,峙乃刍茭[8],无敢不多[9];汝则有大刑[10]!”

到死刑!我们鲁国三郊三遂的人,要准备你们的筑墙工具。甲戌这天,我们要修筑营垒,不许不供给;如果不供给,你们将受到终身不释放的刑罚,只是不杀头。我们鲁国三郊三遂的人,要准备你们的生草料和干草料,不许不够;如果不够,你们就要受到死刑!”

注释 1 峙:具备,准备。糗:音 qiǔ,炒熟的米麦。糗粮,就是干粮。2 逮:及,到。 3 大刑:死刑。“汝则有大刑”的上面,省去了“不逮”二字。4 郊:近郊。遂:远郊。三郊三遂,成公元年《左传》疏说:“诸侯出兵,先尽三乡三遂,乡遂不足,然后总征境内之兵。” 5 桢干:筑墙的工具。桢用在墙的两端,干用在墙的两旁。 6 筑:修筑营垒。 7 余:释放。孙诒让说:“余馀,舍二字得相通借。舍,释也。”无余刑,就是终身监禁而不释放。 8 刍:生草。茭:干草。郑玄说:“干刍”。 9 多:当从《史记·鲁世家》作“及”,形近而误。 10 大刑:孙星衍说:“刍茭不至,牛马不得食,不可以战,故有大刑。”

以上第三段,宣布作战日期和军事任务。

秦誓

导读　鲁僖公三十三年公元前627年，秦穆公派遣大将孟明视、西乞术、白乙丙率领军队远道袭击郑国。老臣蹇叔和百里奚谏说，穆公不听。军行到崤山今河南洛宁县西北，遭到了晋军的伏击，竟至全军覆灭。当秦军将帅回国时，秦穆公对他们说了这篇自我责备的诰辞，名叫《秦誓》。《荀子·大略篇》说："《春秋》贤穆公以为能变也。"杨倞注："谓前不用蹇叔、百里之言，败于崤、函而自变悔，作《秦誓》，询兹黄发是也。"悔恨而能变改，这是本篇的要旨。

原文

公曰："嗟！我士[1]，听无哗！予誓告汝群言之首[2]。

"古人有言曰：'民讫自若[3]，是多盘[4]。'责人斯无难，惟受责俾如流[5]，是惟艰哉！我心之忧，日月逾迈[6]，若弗云来[7]！

"惟古之谋人[8]，则曰'未就予忌[9]'，惟今之谋人，姑将以为亲[10]。虽则云然[11]，尚猷询兹黄发[12]，则罔所愆[13]。"

译文

穆公说："啊！我的官员们，听着，不要喧哗！我有重要的话告诉你们。

"古人有话说：'人只顺从自己，就会多出差错。'责备别人不是难事，受到别人责备，听从它如流水一样地顺畅，这就困难啊！我心里的忧虑，在于时间过去，就不回来啊！

"往日的谋臣，我却说'未能顺从我的意志'；现在的谋臣，我将要以他们为亲人。虽说这样，还是要请教黄发老人，才没有失误。

注释　1 士：官员。　2 首：首要，紧要处。　3 讫：尽。若：顺。自若，随心所欲。 4 盘:通“般”,邪辟。俞樾说。 5 俾:依从。《尔雅·释诂》:“俾,从也。” 6 逾:过去。迈:行。日月逾迈,时间一天天过去。 7 若:乃。《小尔雅》:“若,乃也。”云:隶古定本作“员”。员,旋,回转的意思。“日月”二句是说日月不回,恐改过不及了。 8 古:往日。谋人:谋臣。 9 曰:说。就:顺从。《庄子·人间世》“就不欲入”注:“就者形顺。”忌:当从《说文》作“惎”,《广雅》:“惎,意志也。”未就予忌,未顺从我的意志。 10 姑:且,将。 11 然:这样。 12 猷:通“犹”,还。尚犹,同义复合词。询:谋。黄发:老人。老人头发白而复黄,所以用黄发来指老人。这里是指蹇叔等老臣。 13 愆:过失。

以上第一段,穆公悔恨顺从自己,愿意亲近谋臣。

原文

“番番良士[1],旅力既愆[2],我尚有之[3]。仡仡勇夫[4],射御不违[5],我尚不欲[6]。惟截截善谝言[7],俾君子易辞[8],我皇多有之[9]!

“昧昧我思之[10],如有一介臣[11],断断猗无他技[12],其心休休焉[13],其如有容[14]。人之有技,若己有之。人之彦圣[15],其心好之,不啻若自其口出[16]。是能容之[17],以保我子孙黎民,亦职有利哉[18]!

译文

“白发苍苍的良士,体力已经衰了,我还亲近他们。强壮勇猛的武士,射箭和驾车都不错,我还不大喜爱。只是那些浅薄善辩的人,使君子容易疑惑,我大多亲近他们!

“我暗暗思量着,如果有一个官员,诚实专一而没有别的技能,他的胸怀宽广而能容人。别人有能力,好像自己的一样。别人美好明哲,他的心里喜欢他,又超过了他口头的称道。这样能够容人,用来保护我的子孙众民,也当有利啊!

注释 1 番番:就是皤皤,白发苍苍的样子。 2 旅:通“膂”,脊骨。愆:

亏损。 3 有之:亲之。古代谓相亲为有。 4 仡仡:勇武壮健的样子。5 射:射箭。御:驾车。违:失误。 6 欲:喜欢。王引之说:“欲,犹‘好’也。”7 截截:即戋戋,浅薄的样子。见《公羊传》何休注。谝:音 pián,巧言。8 易辞:当从《公羊传》作“易怠”。王引之说:“怠,疑惑也。言使君子易为其所惑也。”见《经义述闻·通说》。 9 皇:大。 10 昧昧:暗暗。 11 介:个。《大学》引作“个”。 12 断断:诚实专一。猗:语气助词。技:阮刻本作“伎”,假借字。 13 休休:宽容。郑玄说:“休休,宽容貌。” 14 其:乃。如:能。《公羊传》引作“能”。 15 彦:美士。指贤良。圣:明。 16 不啻:不但。自:从。不啻若自其口出,《孔疏》说:“爱彼美圣,口必称扬而荐达之,其心爱之,又甚于口,言其爱之至也。”17 是:这样。 18 职:当。见《词诠》。

原文

“人之有技,冒疾以恶之[1]。人之彦圣,而违之俾不达[2]。是不能容,以不能保我子孙黎民,亦曰殆哉[3]!

“邦之杌陧[4],曰由一人[5];邦之荣怀[6],亦尚一人之庆[7]。”

译文

“别人有能力就妒忌,就厌恶。别人美好明哲,却阻挠使他不顺利。这样不能宽容人,用来不能保护我的子孙众民,也很危险啊!

“国家的危险不安,由于一人,国家的繁荣安定,也还是一人的善良啊!”

注释 1 冒疾:就是媢嫉,妒忌的意思。 2 违:违背壅塞,阻挠。达:通,顺利。 3 曰:语中助词。殆:危险。 4 杌陧:音 wù niè,不安。 5 曰:通“聿”,语首助词。 6 荣怀:光荣和安宁。 7 尚:犹,还。庆:善。

以上第二段,穆公悔恨待士的偏差,希望容人之善。

尚书词典

钱宗武

附录

例　言

一、本词典所收语词着重于今古文《尚书》中释义比较古僻或易于误解的。对于联系上下文能够理解的山名、水名、人名、地名等专有名词也不列词条，一切为入门服务。

二、编排按字头笔画。同笔画的字依起笔分为点、横、竖、撇四类。横折、竖折、撇折分别纳入横、竖、撇，不另分类。

三、每个词条包括词目、释义和例句三项内容。词目后空一格，释义和例句用句号隔开。多义词用序号标明各个义项。

四、古僻的语词用汉语拼音和直音注音。

五、释义力求通俗、准确、简明，限于篇幅，不注明出处，不写考证。每个义项仅举一个例句。

六、释义主要根据《尚书正义》《书集传》《尚书易解》《古典名著普及库·尚书》和《今古文尚书全译》。

一画

【一】

一　①纯美专一。《咸有一德》:“一哉!王心。”　②同样、同心。《盘庚中》:“今予命汝一。”　③专一。《大禹谟》:“惟精惟一。”　④数词。《说命下》:“一夫不获。”　⑤都。《金縢》:“一习吉。”

一人　指国君。《太甲下》:“一人元良,万邦以贞。”

二画

【一】

二　数词。《君奭》:“襄我二人。”

二三　三心二意,不专一。《咸有一德》:“德二三。”

七世之庙　古代帝王为了进行宗法统治,立七庙供奉七代祖先。《咸有一德》:“七世之庙,可以观德。”

又　通“有”;又曰,有人说。《君奭》:“又曰:无能往来。”

【丨】

卜筮　古时用龟甲占吉凶叫卜,用蓍草占吉凶叫筮,合称卜筮。《洪范》:“择建立卜筮人。”

【丿】

人　①指普通人。《君陈》:“凡人未见圣。”　②指道德高尚的人。《吕刑》:“何择,非人?”　③指官吏。《皋陶谟》:“在知人,在安民。”

八音　金、石、丝、竹、匏、土、革、木八类乐器,这里泛指一切音乐。《舜典》:“遏密八音。”

八蛮　泛指古代南方各民族。《旅獒》:“遂通道于九夷八蛮。”

九　数词。《尧典》:“九族既睦。”

九江　今天的洞庭湖。《禹贡》:“九江孔殷。”

九有　九州。《咸有一德》:“九有以亡。”

九夷　泛指古代东方各民族。《旅獒》:“遂通道于九夷八蛮。”

乂　①治理、安定。《尧典》:“有能俾乂。”　②养。《康诰》:“往敷求于殷先哲王用保乂民。”　③通“艾”,辅助。《君奭》:“用乂厥辟。”　④杀。《微子》:“用乂雠敛。”

几　几案。《顾命》:“凭玉几。”

乃　①往。《康诰》:“乃由裕民。”　②能够。《洛诰》:“殷乃引考。”　③你们、你们的。《舜典》:“乃言厎可绩。”《大禹谟》:“时乃功。”《盘庚上》:“猷黜乃心。”　④他的。《酒诰》:“不惟自息乃逸。”　⑤才。《说命下》:“学于古训乃有获。”　⑥竟然。《多方》:“尔乃迪屡不静。”　⑦于是,就。《尧典》:“乃命羲和。”　⑧宁、难道。《西伯戡黎》:“乃能责命于天。”　⑨如果、假如。《盘庚上》:“乃不畏戎毒于远迩。”

三画

【丶】

之　①如果。《金縢》:“尔之许我。”　②连词,与,和。《立政》:“惟有司之牧夫是训是违。”　③结构助词。《蔡仲之命》:“惟惠之怀。”

【一】

三　数词。《舜典》:“五宅三居。”

三苗　古国名。《舜典》:“窜三苗于三危。”

三危　①地名,今甘肃敦煌。《舜典》:“窜三苗于三危。”　②山名。《禹贡》:“三危既宅。”

三正　“正”,通“政”,谓政事。三事,就是正德、利用、厚生三大政事。《甘誓》:“怠弃三正。”

三澨 水名。《禹贡》:"过三澨。"

三宅 三有宅,就是宅事、宅牧、宅准。《立政》:"兹乃三宅无义民。"

三亳 殷商故都,亳有三处,这里的三亳,是指殷商遗民居住的地方。《立政》:"三亳阪尹。"

三细 奸宄、败常、乱俗三者中的小罪。《顾命》:"三细不宥。"

工 ①从事各种手艺技术的劳动者。《胤征》:"工执艺事以谏。" ②官。《益稷》:"工以纳言。" ③功,事情。《益稷》:"百工熙哉。"

士 ①官名,狱官之长。《舜典》:"汝作士。" ②官员。《秦誓》:"我士,听无哗!" ③事,服务。《康诰》:"士于周。"

士女 古代男女的称呼。《武成》:"绥厥士女。"

下 ①天下。《仲虺之诰》:"以布命于下。" ②堂下。《益稷》:"下管鼗鼓。" ③地。《尧典》:"格于上下。" ④指草泽。《舜典》:"畴若予上下草木鸟兽。" ⑤臣下。《伊训》:"为下克忠。" ⑥下属。《咸有一德》:"为下为民。" ⑦下面。《洪范》:"水曰润下。" ⑧下等。《禹贡》:"厥田惟中下。" ⑨轻视。《五子之歌》:"民可近,不可下。" ⑩低。《禹贡》:"下土坟垆。"

大 普遍地。《武成》:"大告武成。"

大麓 官名,主管山林。《舜典》:"纳于大麓。"

大统 统一天下大业。《武成》:"大统未集。"

大家 指卿大夫。《梓材》:"以厥庶民暨厥臣达大家。"

大介 大而好。介,善。《尚书正读》:大介当为"夰 gài)",一字误为两字。夰,大也。《多方》:"我有周惟其大介赉尔。"

大训 记载先王训戒的典籍。见《顾命》。

土功 治理水土的事。《益稷》:"惟荒度土功。"

土物 指土里生长出来的农作物,指粮食。《酒诰》:"惟曰我民迪小子惟土物爱。"

土中 指洛邑,洛邑在九州的中心。《召诰》:"自服于土中。"

干 ①盾牌。《牧誓》:“比尔干。” ②求。《大禹谟》:“罔违道以干百姓之誉。” ③冒犯。《大禹谟》:“罔或干予正。” ④安。《多士》:“尔乃尚宁干止。”

于 ①介词。《尧典》:“格于上下。” ②为。《康诰》:“于父不能字厥子。” ③大、重视。《洪范》:“惟时厥庶民于汝极。” ④往。《牧誓》:“于商郊。” ⑤在。《舜典》:“受终于文祖。” ⑥对于。《大禹谟》:“于父母,负罪引慝。” ⑦以、用。《吕刑》:“士制百姓于刑之中。” ⑧由。《康诰》:“不于我政人得罪。” ⑨与,和。《多方》:“不克敬于和。” ⑩乎。《君奭》:“我咸成文王功于。”

与 ①许可。《胤征》:“咸与惟新。” ②结交。《伊训》:“与人不求备。” ③帮助。《咸有一德》:“民主罔与成厥功。”

子 ①儿子。《尧典》:“胤子朱启明。” ②爱。《益稷》:“予弗子。” ③通“慈”,慈爱。《太甲中》:“先王子惠困穷。” ④您。《洛诰》:“朕复子明辟。”

子保 子,通“慈”;慈保,指贤人。《召诰》:“天迪从子保。”

习 ①重复。《大禹谟》:“卜不习吉。” ②作不义的事形成习惯。《太甲上》:“习与性成。” ③近习,指左右亲幸的人。《立政》:“乃惟庶习逸德之人。”

尸 主管、主持。《胤征》:“羲和尸厥官,罔闻知。”

尸位 尸,主。古代祭祀时,鬼神的代表叫尸。像鬼神的代表一样处在位子上,而不做事,叫尸位。《五子之歌》:“太康尸位。”

【丨】

上 ①上天。《文侯之命》:“昭升于上。” ②上帝。《吕刑》:“方告无辜于上。” ③指丘陵。《舜典》:“畴若予上下草木鸟兽。”

上下 ①指天地。《尧典》:“格于上下。” ②上指天神,下指地祇。《召诰》:“毖祀于上下。” ③上指天子,下指臣民。《召诰》:“上下勤恤。” ④指上天和下民。《君奭》:“大弗克恭上下。”

上日　善日，吉日。《舜典》："正月上日。"

上刃　刃外向。《顾命》："执戈上刃。"

上公　周制，三公八命，出封时加一命，称上公。《微子之命》："庸建尔于上公。"

小　①渺小。《仲虺之诰》："自用则小。"　②小德。《伊训》："尔惟德罔小。"

小人　小民，指老百姓。《旅獒》："狎侮小人。"

小大　①小指老百姓，大指群臣。《无逸》："至于小大，无时或怨。"　②指小法大法。《无逸》："乃变乱先王之正刑，至于小大。"

小子　①年轻人。《蔡仲之命》："小子胡。"　②周公谦称。《君奭》："小子同未在位。"　③指子孙。《多士》："尔小子乃兴。"

小尹　趣马的属官。《立政》："趣马、小尹。"

小物　小事。《毕命》："克勤小物。"

【丿】

乂　①法。《洪范》："遵王之乂。"　②善。《皋陶谟》："强而乂。"　③宜，合理。《康诰》："用其义刑义杀。"　④贤。《立政》："兹乃三宅无义民。"　⑤应当。《大诰》："义尔邦君越尔多士、尹氏、御事绥予曰。"

义民　邦君。《多方》："乃惟以尔多方之义民不克永于多享。"

义嗣　就是礼辞，以礼辞谢，不坚决拒绝。《康王之诰》："王义嗣。""嗣"，通"辞。"

义和　晋文侯。《文侯之命》："父义和。"

千户长　官名。见《牧誓》。

女　把女儿嫁给人。《尧典》："女于时。"

及　①适宜。《吕刑》："何度，非及？"　②与，授予。《说命中》："官不及私昵。"　③继承。《康诰》："我惟有及。"　④参预。《洛诰》："王如弗敢及天基命定命。"　⑤急切。《盘庚下》："朕及笃敬。"　⑥汲汲，努力的意思。《洛诰》:“厥若彝及抚事如予。”

四画

【丶】

六宗 天地春夏秋冬。《舜典》:“禋于六宗。”

六府 水火金木土谷称为六府。《大禹谟》:“六府三事允治。”

六律 指黄钟、太簇、姑洗、蕤宾、夷则、无射。《益稷》:“予欲闻六律五声八音。”

六卿 夏商周时,天子有六军,六军的主将称六卿。《甘誓》:“乃召六卿。”

六师 即六军。《胤征》:“胤侯命掌六师。”

六事 指六军的全体将士。《甘誓》:“六事之人。”

六服 周代把王都周围的土地,按距离分为侯服、甸服、男服、采服、卫服、蛮服,统称六服。《周官》:“六服群辟。”

文 ①指治理天下的意思。《尧典》:“钦明文思安安。” ②善、贤。《立政》:“继自今文子文孙。” ③通“紊”,乱。《洛诰》:“咸秩无文。”

文祖 尧太祖的宗庙。《舜典》:“受终于文祖。”

文命 大禹名。《大禹谟》:“文命敷于四海。”

文考 指文王。《泰誓上》:“命我文考肃将天威。”

文武 指文武百官。《洛诰》:“文武勤教。”

文人 有文德的人。前文人,指祖先。《文侯之命》:“追孝于前文人。”

方 ①并。《微子》:“小民方兴。” ②常禄。江声说:“方,犹常也。谷,禄也。”《洪范》:“既富方谷。” ③国。《梓材》:“兄弟方来。” ④通“旁”,普遍。《吕刑》:“方告无辜于上。” ⑤通“放”,放弃。《尧典》:“方命圮族。” ⑥通“防”,防治水患。《尧典》:“共工方鸠僝功。”

方夏 四方中夏。《武成》:“以抚方夏。”

方物 地方土特产。《旅獒》:"毕献方物。"

卞 法。《顾命》:"率循大卞。"

心 私心。《盘庚上》:"猷黜乃心。"

【一】

天 ①天空。《尧典》:"浩浩滔天。" ②上天。《尧典》:"象恭滔天。"

天工 天下大事。《舜典》:"惟时亮天功。"

天明 即天命。《大诰》:"绍天明。"

天显 ①指天伦。《康诰》:"于弟弗念天显。" ②天所明示,指天意。《多士》:"罔顾于天显民祇。"

天下 天下的人。《五子之歌》:"予视天下。"

王 ①泛指君王。《梓材》:"王启监。" ②称王,统治天下。《仲虺之诰》:"能自得师者王。"

王宾 指助祭的诸侯。《洛诰》:"王宾杀禋咸格。"

王人 指商的同姓官员。《君奭》:"则商实百姓王人。"

元 ①善。《酒诰》:"兹亦惟天若元德。" ②大。《康诰》:"元恶大憝。" ③长。《金縢》:"惟尔元孙某。" ④首。《召诰》:"其惟王位在德元。"

井 古制八家为井,引申为乡里家宅。《毕命》:"殊厥井疆。"

夫 人们。《召诰》:"夫知保抱携持厥妇子。"

夫子 指将士。《泰誓中》:"勖哉夫子!"

夫人 众人。《顾命》:"思夫人自乱于威仪。"

丰 文王时的周都,在今陕西省鄠邑 hù yì) 区。《武成》:"至于丰。"

丰席 莞草编的席子。《顾命》:"敷重丰席。"

无 ①通"毋""勿",不要。《舜典》:"刚而无虐。" ②句首语气助词,无义。《洛诰》:"无远用戾。"

云 隶古定本作"员"。员,旋,回转的意思。《秦誓》:"若弗云来。"

开 ①启发。《多方》:"开厥顾天。" ②通,开展。《多方》:"大不克开。” ③明。《多方》:“不克开于民之丽。”

艺 ①技术。《金縢》:“多材多艺。” ②种植。《禹贡》:“蒙、羽其艺。” ③治。《禹贡》:“岷、嶓既艺。”

艺祖 即文祖。《舜典》:“格于艺祖。”

艺人 征收赋税的官。《立政》:“大都小伯、艺人。”

木铎 一种铃子,铃身是金属的,铃舌是木质的。《胤征》:“遒人以木铎徇于路。”

友 ①同僚。《酒诰》:“矧太史友、内史友。” ②群。《大诰》:“乃有友伐厥子。” ③友爱。《君陈》:“友于兄弟。” ④亲近。《洪范》:“强弗友刚克。”

历 ①经过。《毕命》:“既历三纪。” ②推算。《尧典》:“历象日月星辰。” ③久。《大诰》:“嗣无疆大历服。” ④通“磿”,俘虏。《梓材》:“历人,宥。”

太室 清庙中央之室。《洛诰》:“王入太室。”

太常 周代王家的旗帜名。《君牙》:“纪于太常。”

五 数词。《舜典》:“五载一巡守。”

五刑 即墨、劓、剕、宫、大辟。《舜典》:“流宥五刑。”

五极 就是五刑。《吕刑》:“属于五极。”

五辞 入于五刑的讼辞。《吕刑》:“师听五辞。”

五典 五种人伦关系,即父义、母慈、兄友、弟恭、子孝,也称五教或五常。《舜典》:“慎徽五典。”

五瑞 诸侯作为符信用的五种玉。《舜典》:“辑五瑞。”

五品 父母兄弟子。《舜典》:“五品不逊。”

五言 东西南北中五方的言论。《益稷》:“以出纳五言。”

五声 宫、商、角、徵、羽。《益稷》:“予欲闻六律五声八音。”

五服 ①天子、诸侯、卿、大夫、士五等礼服。《皋陶谟》:“五服五章哉。” ②指甸服、侯服、绥服、要服、荒服。《益稷》:“弼成五服。”

尤　①过失。《君奭》:“罔尤违。”　②《说文》引作“訧”,罪。《吕刑》:“报以庶尤。”

不行　指已废除的法律。《吕刑》:“勿用不行。”

不见　指不明显的过失。《五子之歌》:“怨岂在明？不见是图。”

比　①近日。《多士》:“比事臣我宗多逊。”　②排列。《牧誓》:“比尔干。”　③亲近。《伊训》:“比顽童。”　④比照。《吕刑》:“上下比罪。”　⑤入,陷入。《盘庚中》:“非汝有咎比于罚。”

孔　①大。《禹贡》:“九江孔殷。”　②很。《伊训》:“嘉言孔彰。”

予一人　古代天子自称。《汤诰》:“明听予一人诰。”

予冲子　我这个年轻人。《洛诰》:“明保予冲子。”

劝　①乐、安于。《盘庚中》:“汝诞劝忧。”　②勉力。《多方》:“不克终日劝于帝之迪。”　③教导。《顾命》:“安劝小大庶邦。”

尹　①正,官长。《益稷》:“庶尹允谐。”　②治理。《微子之命》:“尹兹东夏。”

引　①取得、招来。《大禹谟》:“负罪引慝。”　②增长。《康诰》:“时乃引恶。”　③制止。《多士》:“上帝引逸。”

【丨】

曰　①说。《尧典》:“帝曰”。　②叫做。《尧典》:“帝尧曰放勋。”　③通“聿”,句首语气助词。《文侯之命》:“曰惟祖惟父。”　④通“聿”,句中语气助词。《洪范》:“水曰润下。”　⑤通“越”,与。《立政》:“曰三有俊”。

曰若　又写作“越若”“粤若”,发语辞,无义,常用在追叙往事的开头。《尧典》:“曰若稽古。”

中　①中正之道。《大禹谟》:“民协于中。”　②身,自己。《高宗肜日》:“民中绝命。”　③公平。《吕刑》:“非天不中。”　④狱讼之成,即讼案的判决书。《吕刑》:“于民之中。”

中身　中年。《无逸》:“文王受命惟中身。”

内 ①国内。《洪范》:“作内吉。” ②谄媚内亲。《吕刑》:“惟内。”

见 ①泄露。《梓材》:“肆亦见厥君事。” ②同“现”,显扬。《立政》:“用丕式见德。”

止 ①至,到。《太甲上》:“钦厥止。” ②停止。《牧誓》:“乃止齐焉。” ③句末语气助词。《多士》:“尔乃尚宁干止。”

以 ①率领。《大诰》:“肆朕诞以尔东征。” ②用。《尧典》:“以闰月定四时成岁。” ③与。《金縢》:“天大雷电以风。” ④因为。《蔡仲之命》:“罔以侧言改厥度。”

【丿】

从 ①正当合理。《洪范》:“言曰从。” ②顺从。《召诰》:“天迪从子保。” ③追求。《无逸》:“惟耽乐之从。”

允 ①长期。《酒诰》:“兹乃允惟王正事之臣。” ②信、真的。《大诰》:“允蠢鳏寡。”③用。《尧典》:“允厘百工。”

长 ①首领。《咸有一德》:“万夫之长。” ②延长。《立政》:“以长我王国。” ③尊敬。《牧誓》:“是崇是长。” ④长久、永久。《盘庚中》:“汝不谋长以思乃灾。”

仇 ①仇敌。《泰誓下》:“虐我则仇。” ②怨。《五子之歌》:“万姓仇予。”

夭 ①夭折。《高宗肜日》:“非天夭民。” ②茂盛。《禹贡》:“厥草惟夭。”

仁若 柔顺。《金縢》:“予仁若考能。”

卬 áng 我。《大诰》:“不卬自恤。”

仍几 没有油漆装饰的几案。《顾命》:“仍几。”

币 贡物。《康王之诰》:“宾称奉圭兼币。”

化居 《史记·夏本纪》作“徙居”,迁移居积的货物。《益稷》:“懋迁有无,化居。”

化诱　教导。《大诰》:"肆予大化诱我友邦君。"

升　①从下往上。《君陈》:"允升于大猷。"　②登。《太甲下》:"若升高。"

升降　好坏。《毕命》:"道有升降。"

反　①"返"的古字,返回。《五子之歌》:"十旬弗反。"　②反驳。《西伯戡黎》:"祖伊反曰。"　③废除。《武成》:"乃反商政。"　④报恩怨。《吕刑》:"惟反。"

今往　从今以后。《吕刑》:"今往何监。"

风　①政教、教化。《说命下》:"时乃风。"　②走失。《费誓》:"马牛其风。"

介　①善。《多方》:"克阅于乃邑谋介。"　②同"个"。《秦誓》:"如有一介臣。"　③通"界",限制。《酒诰》:"尔乃自介用逸。"　④古本作"尔",今文当作"迩"。迩,近。《召诰》:"比介于我有周御事。"

五画

【、】

永　①长远。《太甲上》:"惟怀永图。"　②经常,长期。《君奭》:"厥基永孚于休。"

训　①教训。《洪范》:"是彝是训。"　②通"顺",依循。《立政》:"不训于德。"

玄牡　黑色的公牛。《汤诰》:"敢用玄牡。"

玄黄　指玄黄二色丝帛。《武成》:"篚厥玄黄。"

讨　治、惩罚。《皋陶谟》:"天讨有罪。"

让　①让贤。《尧典》:"允恭克让。"　②通"襄",帮助。《君奭》:"在让后人于丕时。"

宁　①安定。《文侯之命》:"宁尔邦。"　②问安、问候。《洛诰》:

"乃命宁予以秬鬯二卣。" ③安然享受。《君奭》:"我亦不敢宁于上帝命。" ④安宁。《周官》:"万邦咸宁。"

【一】

正 ①长官。《洛诰》:"笃叙乃正父罔不若予。" ②表率。《说命上》:"以台正于四方。" ③掌管、领导,治理。《蔡仲之命》:"正百工。" ④纠正。《高宗肜日》:"正厥事。" ⑤通"政"。《大禹谟》:"罔或干予正。" ⑥通"征",赋税。《禹贡》:"庶土交正。"

刊木 用刀或斧头砍树木作为认路的标志。《益稷》:"随山刊木。"

功 ①功绩。《尧典》:"共工方鸠僝功。" ②工作、事情。《益稷》:"各迪有功。" ③质、抵押。《金縢》:"公乃自以为功。" ④善。《洛诰》:"公功棐迪。"

丕 ①大。《大禹谟》:"嘉乃丕绩。" ②乃。《康诰》:"丕蔽要囚。" ③语气助词。《酒诰》:"丕惟曰尔克永观省。" ④通"不"。《多方》:"罔丕惟进之恭。"

丕则、丕乃 于是。《康诰》:"丕则敏德。"

左右 ①辅弼大臣。《咸有一德》:"左右惟其人。" ②帮助。《太甲上》:"惟尹躬克左右厥辟宅师。"

东后 东方诸侯的君长。《舜典》:"肆觐东后。"

东夏 指宋国。《微子之命》:"尹兹东夏。"

东序 堂东墙。《顾命》:"东序西向。"

玉食 美食。《洪范》:"惟辟玉食。"

玉几 用玉镶嵌的几案。《顾命》:"凭玉几。"

平 ①水土得到治理。《大禹谟》:"地平天成。" ②治理,平服。《周官》:"平邦国。" ③通"辨",辨别。《尧典》:"平章百姓。"

布 宣明,宣扬。《伊训》:"布昭圣武。"

布乘 《白虎通》作"黼黻",诸侯的礼服。《康王之诰》:"皆布乘黄朱。”

世　①后代。《大禹谟》:“赏延于世。” ②一生、一辈子。《太甲上》:“无俾世迷。” ③父子相继。《泰誓上》:“官人以世。”

甘　①甜。《洪范》:“稼穑作甘。” ②地名,有扈氏国都的南郊。《甘誓》:“大战于甘。” ③通“酣”,喜好。《五子之歌》:“甘酒嗜音。”

甘盘　人名,殷贤臣。《说命下》:“台小子旧学于甘盘。”

厉　①危险。《冏命》:“怵惕惟厉。” ②杀戮无罪的人。《梓材》:“予罔厉杀人。”

扑　槚楚,古代学校用来打人的木棍。《舜典》:“扑作教刑。”

弘　弘扬光大。《微子之命》:“弘乃烈祖。”

对扬　答谢、颂扬。《君牙》:“对扬文武之光命。”

司　①主管的职务。《胤征》:“遐弃厥司。” ②治理、管理。《康诰》:“汝陈时臬司师。” ③通“嗣”,继承。《高宗肜日》:“王司敬民。”

【丨】

四　数词。《无逸》:“或四、三年。”

四方　①天下。《说命上》:“以台正于四方。” ②指四方诸侯。《多士》:“予惟四方罔攸宾。”

四海　即四海之内,指天下。《伊训》:“终于四海。”

四表　指四海之外。《尧典》:“光被四表。”

四夷　东夷、西戎、南蛮、北狄的总称。《毕命》:“四夷左衽。”

四载　四种交通工具。《益稷》:“予乘四载。”

四岳　①尧舜时的四方部落首领。《周官》:“内有百揆四岳。” ②指东岳泰山、南岳衡山、西岳华山、北岳恒山。《周官》:“考制度于四岳。” ③再三。《太甲下》:“伊尹申诰于王。”

四邻、四辅　左辅、右弼、前疑、后丞,帮助天子处理政事的四种大臣。《益稷》:“钦四邻。”《洛诰》:“乱为四辅。”

申 ①重新。《毕命》:“申画郊圻。” ②再。《尧典》:“申命羲叔。” ③再三。《太甲下》:“伊尹申诰于王。”

旧 ①指商代旧时的善政。《武成》:“政由旧。” ②久。《无逸》:“旧为小人。”

出纳 进退。《益稷》:“以出纳五言。”

出入 反复。《君陈》:“出入自尔师虞。”

归 ①归来。《太甲中》:“归于亳。” ②归向。《咸有一德》:“惟民归于一德。” ③放归。《武成》:“归马于华山之阳。”

北 ①别。《舜典》:“分北三苗。” ②败逃。《武成》:“攻于后以北。”

由 ①枯树长出新的枝条。《盘庚上》:“若颠木之有由蘖。” ②教导。《梓材》:“合由以容。” ③顺从。《毕命》:“鲜克由礼。” ④用。《武成》:“政由旧。” ⑤于。《康诰》:“别求闻由古先哲王用康保民。”

田 同“畋”,打猎。《无逸》:“文王不敢盘于游田。”

甲 ①军衣。《费誓》:“善敹乃甲胄。” ②通“狎”,习。《多方》:“因甲于内乱。”

【丿】

用 ①施行。《皋陶谟》:“五刑五用哉。” ②取得。《泰誓中》:“我伐用张。” ③因此。《益稷》:“用殄厥世。” ④以,所以。《酒诰》:“我民用大乱丧德。”

矢 陈述。《盘庚上》:“率吁众慼出,矢言。”

尔 ①你们。《牧誓》:“称尔戈。” ②如此。《康诰》:“式尔。” ③语气助词。《立政》:“司寇苏公式敬尔由狱。”

丛 聚集。《无逸》:“是丛于厥身。”

丛脞 cuǒ 细碎、烦琐。《益稷》:“元首丛脞哉。”

刍 生草。《费誓》:“峙乃刍茭。”

外事 判断案件的事。见《康诰》。

生　①上进。《益稷》:“欲并生哉。”　②养、教养。《召诰》:“若生子。”　③同“性”。《君陈》:“惟民生厚。”

生生　营生。《盘庚中》:“汝万民乃不生生。”

令　善、美好。《太甲下》:“今王嗣有令绪。”

仡仡　壮健勇武的样子。《秦誓》:“仡仡勇夫。”

台 yí　我。《说命上》:“以台正于四方。”

失　①失去,放弃。《大禹谟》:“罔失法度。”　②失误。《五子之歌》:“一人三失。”　③废弃。《五子之歌》:“今失厥道。”　④违背。《多士》:“殷王亦罔敢失帝。”⑤通“佚”,轻忽。《盘庚中》:“无荒失朕命。”

发　①发出。《盘庚上》:“其发有逸口。”　②发放。《武成》:“发钜桥之粟。”　③头发。《秦誓》:“尚猷询兹黄发。”　④指周武王姬发。《牧誓》:“今予发惟恭行天之罚。”　⑤通“废”,废弃。《微子》:“我其发出狂。”

六画

【丶】

庆　①福庆。《吕刑》:“咸中有庆。”　②高兴。《酒诰》:“厥父母庆。”　③善。《吕刑》:“一人有庆。”

讹　运行。《尧典》:“平秩南讹。”

访　咨询。《洪范》:“王访于箕子。”

刘　①斧一类的兵器。《顾命》:“执刘。”　②杀。《君奭》:“咸刘厥敌。”

衣　通“殷”,指殷王朝。《武成》:“一戎衣,天下大定。”

亦　通“迹”,检验。《皋陶谟》:“亦行有九德。”

祁　大。《君牙》:“冬祁寒。”

字　爱。《康诰》:“于父不能字厥子。”

宅　①居处。《召诰》:“先周公相宅。”　②居于。《舜典》:“使宅百揆亮采。” ③居住。《尧典》:“宅嵎夷。” ④度量、考察。《立政》:“宅乃事。” ⑤同“咤”,奠酒,见《顾命》:“太保受同,祭,哜,宅,授宗人同,拜。”

交 俱。《禹贡》:“庶土交正。”

农 努力。《洪范》:“次三曰农用八政。”

农父 掌管农业的卿。《酒诰》:“农父若保。”

次 ①职位。《胤征》:“畔官离次。” ②驻扎。《泰誓中》:“王次于河朔。” ③第。《洪范》:“次二曰敬用五事。”

次辂 就是木路,木质无饰的车。《顾命》:“次辂在右塾之前。”

关 门关的税收。《五子之歌》:“关石和钧。”

闭 闭藏。《大诰》:“予不敢闭于天降威。”

问 通“闻”,知。清问,就是清楚地听到。《吕刑》:“皇帝清问下民鳏寡有辞于苗。”

齐 ①排列。《舜典》:“以齐七政。” ②率领。《洛诰》:“予齐百工。” ③整顿。《吕刑》:“天齐于民。” ④同。《吕刑》:“惟齐非齐。”

【一】

百姓、百工 指百官族姓。平章百姓。《尧典》:“允厘百工。”

百度 百事的处理。《旅獒》:“百度惟贞。”

圭 瑞玉。《禹贡》:“禹锡玄圭。”

在 ①观察。《尧典》:“平在朔易。” ②完成。《康诰》:“不废在王命。” ③介词。《召诰》:“其惟王位在德元。”

而 ①表并列关系。《洪范》:“而康而色。” ②通“胹”,和谐。《顾命》:“其能而乱四方以敬忌天威。”

西成 太阳西落的时刻。《尧典》:“平秩西成。”

西戎 古代我国西北部少数民族的总称。《禹贡》:“西戎即叙。”

西旅 国名。《旅獒》:“西旅厎贡厥獒。”

刑 ①法。《泰誓下》:“屏弃典刑。” ②同“型”,效法。《召诰》:“小民乃惟刑用于天下。”③通“型”，示范。《洛诰》：“公勿替刑。”④制御。《文侯之命》：“汝肇刑文、武。”

戎　①征伐。《泰誓中》：“戎商必克。”②大。《康诰》：“殪戎殷。”

有　①受到。《费誓》：“汝则有常刑。”②富足。《五子之歌》：“王府则有。”③或。《洛诰》：“无有遘自疾。”④虽然。《康诰》：“有厥罪小。”⑤助词。《多方》：“猷告尔有方多士暨殷多士。”⑥通“友”。《太甲中》：“并其有邦厥邻。”⑦通“佑”，佑助。《咸有一德》：“启迪有命。”⑧通“又”，用于零数和整数之间。《尧典》：“期三百有六旬有六日。”

夷　①平，指到平地居住。《尧典》：“厥民夷。”②和平相处。《禹贡》：“三百里夷。”

夷居　傲慢无礼。《泰誓上》：“乃夷居。”

夷人　平常人。《泰誓中》：“受有亿兆夷人。”

臣妾　奴仆，古代男仆叫臣，女仆叫妾。《费誓》：“臣妾逋逃。”

式　①法式、法令。《说命上》：“百官承式。”②榜样。《微子之命》：“万邦作式。”③用。《仲虺之诰》：“式商受命。”④语助词。《君奭》：“我式克至于今日休？”⑤应当。《召诰》：“式勿替有殷历年。”⑥通“代”。《立政》：“式商受命。”

毕　①攘除疾病。《大诰》：“予曷敢不于前宁人攸受休毕。”②都。《泰誓中》：“群后以师毕会。”

扬　①发扬。《泰誓中》：“我武惟扬。”②继续。《洛诰》：“以予小子扬文武烈。”

厌　饱。《洛诰》：“万年厌于乃德。”

夹　①接近。《禹贡》：“夹右碣石入于河。”②同“郏”，洛邑。《梓材》：“怀为夹。”

考　①考察。《舜典》：“询事考言。”②考虑。《大诰》：“越予小子考翼。”③考正。《周官》：“考制度于四岳。”④成就。《大诰》：“其考我民。”⑤终，死。《大诰》：“若兄考。”⑥老。《洪范》：“五曰考终命。”⑦巧。

《金縢》:“予仁若考能。” ⑧先父。《康诰》:“惟乃丕显考文王。”

执 通“垫”,指困境。《召诰》:“出执。”

死 恶。《盘庚上》:“用罪伐厥死。”

过 ①误犯的过失。《大禹谟》:“宥过无大。” ②责怪抱怨。《泰誓中》:“百姓有过。”

迈 ①行,履行。《说命下》:“予惟克迈乃训。” ②进,增进。《召诰》:“节性惟日其迈。” ③通“励”,勤勉。《大禹谟》:“皋陶迈种德。”

机 弓上发箭的装置。《太甲上》:“若虞机张。”

圮 毁坏、危害。《尧典》:“方命圮族。”

聿 于是。《汤诰》:“聿求元圣。”

阴阳 一切现象的正反两面,古代思想家叫做阴阳,现称矛盾。《周官》:“燮理阴阳。”

导 疏导。《禹贡》:“导弱水至于合黎。”

达 ①通达。《皋陶谟》:“达于上下。” ②通,顺利。《秦誓》:“而违之俾不达。” ③至。《梓材》:“以厥庶民暨厥臣达大家。” ④通“挞”,挞伐,引申为讨伐。《顾命》:“用克达殷集大命。”

达观 通看。《召诰》:“则达观于新邑营。”

【丨】

光 ①光辉。《尧典》:“光被四表。” ②广。《益稷》:“光天之下。”

贞 ①内卦。《洪范》:“曰贞,曰悔。” ②正,纯正。《太甲下》:“万邦以贞。” ③承当。《洛诰》:“我二人共贞。” ④志行坚定。《君牙》:“世笃忠贞。”

则 ①法则。《五子之歌》:“有典有则。” ②就。《无逸》:“则若时。” ③通“贼”,害。《盘庚中》:“汝有戕则在乃心。”

吊 ①至。《康诰》:“惟吊兹。” ②善。《盘庚下》:“吊由灵各。”

曲　酿酒或制酱时引起发酵的块状物,又写作“麹”“麯”或“粬。”《说命下》:“尔惟曲糵。”

曲直　可曲可直。《洪范》:“木曰曲直。”

收　通“纠”,纠正。《君奭》:“诞无我责收。”

师　①二千五百人。《益稷》:“州十有二师。”　②民众。《舜典》:“震惊朕师。”　③狱官。《吕刑》:“师听五辞。”　④效法。《说命下》:“事不师古。”　⑤斯,代词。《益稷》:“师汝昌言。”

师保　①古代担任辅导和协助帝王的官。《太甲中》:“既往背师保之训。”　②教诲、安抚。《君陈》:“昔周公师保万民。”

师师　①众位官长。《梓材》:“越曰我有师师。”　②互相效法。《皋陶谟》:“百僚师师。”

同　①酒杯。《顾命》:“上宗奉同瑁。”　②统一。《舜典》:“同律度量衡。”　③周代天子会见诸侯。《顾命》:“乃同。”　④和顺。《康诰》:“迪屡未同。”

同未　通“恫昧”,无知的意思。《君奭》:“小子同未在位。”

回　邪。《泰誓下》:“崇信奸回。”

【丿】

休　①休息。《吕刑》:“虽休勿休。”　②吉祥。《召诰》:“无疆惟休。”　③嘉惠。《大诰》:“天休于宁王。”　④高兴。《康诰》:“帝休。”　⑤美好。《说命中》:“乃罔不休。”

休休　宽容。《秦誓》:“其心休休焉。”

伊　语气助词。《文侯之命》:“其伊恤朕躬。”

任人　①佞人,指奸邪的人。《舜典》:“而难任人。”　②官名。《立政》:“任人、准夫、牧作三事。”

仲　一年四季,一季三个月,每季中间的那一个月叫仲。《尧典》:“以殷仲春。”

伐 ①一击一刺叫一伐。《牧誓》:"不愆于四伐、五伐、六伐、七伐。" ②自夸有功。《大禹谟》:"汝惟不伐。"

伏 凭借。《盘庚上》:"无或敢伏小人之攸箴。"

伤 妨碍。《泰誓中》:"谓暴无伤。"

行 ①道理。《康诰》:"告汝德之说于罚之行。" ②言辞。《酒诰》:"亦罔非酒惟行。" ③用物。《洪范》:"汩陈其五行。" ④为、做。《泰誓中》:"力行无度。"

旨 美。《说命中》:"旨哉。"

向 ①趋。《洛诰》:"伻向即有僚。" ②通"缅",劝勉。《洪范》:"向用五福。"

自 ①用,遵循。《皋陶谟》:"自我五礼有庸哉。" ②从。《汤诰》:"王归自克夏。" ③由、因此。《康诰》:"凡民自得罪。"

多 ①重视。《洛诰》:"享多仪。" ②及。《费誓》:"无敢不多。" ③通"侈",光大。《盘庚下》:"古我先王将多于前功。"

多方 ①指众诸侯国。《泰誓下》:"惟我有周诞受多方。" ②指众诸侯。《多方》:"乃惟成汤克以尔多方简。"

先 ①倡导。《盘庚上》:"乃既先恶于民。" ②重视。《召诰》:"王先服殷御事。"

先后 指导。《梓材》:"和怿先后迷民。"

后 ①君王。《大禹谟》:"后克艰厥后。" ②后裔。《立政》:"罔后。" ③后续、继续。《洛诰》:"命公后。" ④迟缓。《召诰》:"王不敢后。"

延 ①延续。《大禹谟》:"赏延于世。" ②间断、间隔。《大诰》:"不少延。" ③请。《顾命》:"延入翼室。"

迁 变化。《君陈》:"因物有迁。"

如 ①而,顺承连词。《舜典》:"如五器。" ②能。《秦誓》:"其如有容。"

如台 如何、怎样。《盘庚上》:"曰其如台。"

奸 邪恶。《尧典》:“乂不格奸。”

奸宄 guǐ 内外作乱。《盘庚上》:“乃败祸奸宄。”

奸慝 tè 指邪恶不正的人。《周官》:“诘奸慝。”

纪 ①记年单位,古代以十二年为一纪。《毕命》:“既历三纪。” ②组织。《大诰》:“纪其叙。” ③通“记”,记录。五纪,五种记时方法。《洪范》:“协用五纪。”

七画

【丶】

汭 河流弯曲的地方。《尧典》:“厘降二女于妫汭。”

沈 通“扰”,煽惑的意思。《盘庚上》:“恐沈于众。”

沉 沉湎。《胤征》:“沉乱于酒。”

沉潜 抑制。《洪范》:“沉潜刚克。”

汩 乱。《洪范》:“汩陈其五行。”

决 疏通。《益稷》:“予决九川距四海。”

序 堂上的东西墙叫序,西序就是西墙。《顾命》:“西序东向。”

庑 通“芜”,草长得茂盛。《洪范》:“庶草蕃庑。”

灼 ①烧。《洛诰》:“厥攸灼叙。” ②明。《立政》:“灼见三有俊心。”

闲 约束。《毕命》:“闲之惟艰。”

间 代替。《多方》:“有邦间之。”

闵 ①不幸。《文侯之命》:“闵予小子嗣。” ②忧虑。《君奭》:“予惟用闵于天越民。”

忱 ①诚信。《汤誓》:“尚克时忱。” ②通“煅”,下击上。《多方》:“图忱于正。”

忧 父丧。《说命上》:“王宅忧。”

忸怩 内心惭愧。《五子之歌》:“颜厚有忸怩。”

怀 ①包围。《尧典》:“荡荡怀山襄陵。” ②怀念。《大禹谟》:“黎民怀之。” ③心中存有。《说命下》:“允怀于兹。” ④来。《梓材》:“怀为夹。” ⑤安宁。《秦誓》:“邦之荣怀。”

怀保 和睦安定。《无逸》:“怀保小民。”

诅盟 誓约。《吕刑》:“以覆诅盟。”

识 ①音 zhì。记。《益稷》:“书用识哉。” ②音 shí。察识。《洛诰》:“汝其敬识百辟享。”

社 祭地。《泰誓下》:“郊社不修。”

祀 商代称年为祀。《洪范》:“惟十有三祀。”

羌 周西南方的诸侯国,见《牧誓》。

启 ①打开。《金縢》:“启籥见书。” ②建立。《梓材》:“王启监。”

戺 shì 阶旁的斜石。《顾命》: “夹两阶戺。”

【一】

严 ①敬畏。《吕刑》:“具严天威。” ②通“俨”,矜持、庄重的样子。《皋陶谟》:“日严祗敬六德。”

豆 古代祭器。《武成》:“执豆笾。”

克 ①战胜。《胤征》:“威克厥爱允济。” ②肩任,肩负。《吕刑》:“惟克天德。” ③能够。《尧典》:“允恭克让。” ④通“核”。《吕刑》:“其审克之。”

来 ①前来。《大禹谟》:“四夷来王。” ②回来。《秦誓》:“若弗云来。” ③马融本作“求”,意思是受人请求,徇私枉法。《吕刑》:“惟来。” ④通“徕”,伸展。《说命下》:“厥修乃来。”

来世 后世。《仲虺之诰》:“予恐来世以台为口实。”

丽 ①施,指所施。《顾命》:“奠丽陈教。” ②附。《多方》:“不克开于民之丽。” ③施行。《多方》:“慎厥丽。” ④靡丽。《毕命》:“敝化奢丽。”

否则　于是。《无逸》:“否则侮厥父母。”

求　招徕。《多士》:“肆予敢求尔于天邑商。”

志　射箭的标志,即箭靶。《盘庚上》:“若射之有志。”

苏　死而复生。《仲虺之诰》:“后来其苏。”

厎　①致,“致”是用的意思。《舜典》:“乃言厎可绩。”　②获得。《禹贡》:“震泽厎定。”　③至,来。《旅獒》:“西旅厎贡厥獒。”　④致,导致。《五子之歌》:“乃厎灭亡。”　⑤定。《盘庚上》:“厎绥四方。”

厎席　细竹篾制成的席子。厎,细致。《顾命》:“敷重厎席。”

忒　作恶。《洪范》:“民用僭忒。”

坟　肥美。《禹贡》:“厥土黑坟。”

杜　闭。《费誓》:“杜乃擭。”

极　①标准、表率。《君奭》:“作汝民极。”　②止、至,指居住的地方。《盘庚下》:“罔有定极。”　③放弃。《大诰》:“予曷其极卜。”　④痛苦。《吕刑》:“人极于病。”　⑤尽。《康诰》:“既道极厥罪。”　⑥通“亟”,快速。《大诰》:“予不敢不极卒宁王图事。”

材　技术。《金縢》:“多材多艺。”

杖　拿着。《牧誓》:“王左杖黄钺。”

杌陧 wù niè　不安。《秦誓》:“邦之杌陧。”

扰　①和顺。《皋陶谟》:“扰而毅。”　②安定。《周官》:“扰兆民。”

折民　制民。《吕刑》:“折民惟刑。”

投　掷。《大诰》:“遗大投艰于朕身。”

抑　谦下。《无逸》:“克自抑畏。”

抚　①抚爱。《泰誓下》:“抚我则后。”　②安定。《武成》:“以抚方夏。”　③主持。《洛诰》:“厥若彝及抚事如予。”　④安抚。《周官》:“惟周王抚万邦。”　⑤顺从。《皋陶谟》:“抚于五辰。”　⑥览。《酒诰》:“我其可不大监抚于时。”

违　①失误。《秦誓》:“射御不违。”　②避免。《太甲中》:“犹可违。” ③恨。《无逸》:“民否则厥心违怨。” ④违抗不顺,这里指“叛乱”。《酒诰》:“圻父薄违。” ⑤违背、阻挠。《秦誓》:“而违之俾不达。”

进 ①进谏、献策。《说命中》:“乃进于王曰。” ②任用。《君陈》:“进厥良。” ③通“赆”,财货。《多方》:“罔丕惟进之恭。”

迓 ①迎接。《顾命》:“敬迓天威。” ②通“御”,逆。《洛诰》:“迓衡不迷。” ③通“御”,阻止。《牧誓》:“弗迓克奔。”

忌 ①畏。《顾命》:“其能而乱四方以敬忌天威。” ②通“惎”,意志。《秦誓》:“则曰未就予忌。”

灵 ①善。《多士》:“今惟我周王丕灵承帝事。” ②通“令”,政令。《吕刑》:“苗民弗用灵。”

君 统治、主宰。《说命上》:“天子惟君万邦。”

即 ①从事。《无逸》:“即康功田功。” ②靠近。《汤诰》:“无即慆淫。” ③接受。《益稷》:“苗顽弗即功。” ④今。《文侯之命》:“即我御事。”

陂 不正。《洪范》:“无偏无陂。”

阼阶 主人站立的台阶,就是东阶。《顾命》:“由阼阶跻。”

陈 ①居处。《盘庚中》:“陈于兹。” ②列举。《康诰》:“汝陈时臬司师。” ③通“阵”,布阵。《武成》:“陈于商郊。”

【丨】

邑 封地。《胤征》:“酒荒于厥邑。”

旸谷 传说中日出的地方。《尧典》:“曰旸谷。”

足 ①能够。《仲虺之诰》:“言足听闻。” ②值得。《泰誓中》:“谓敬不足行。”

别 另外。《康诰》:“别求闻由古先哲王用康保民。”

听 ①顺从。《高宗肜日》:“不听罪。” ②审理。《吕刑》:“师听五辞。” ③听政。《洛诰》:“朕不暇听。”

时 ①天时,时节。《舜典》:“食哉惟时。 ②时机。《说命中》:“动惟厥时。” ③当时。《微子之命》:“功加于时。” ④顷刻。《太甲中》:“无时豫怠。” ⑤时间。《泰誓下》“时厥明。” ⑥及时。《洪范》:“时雨若。” ⑦依时。《益稷》:“时乃功。” ⑧时时。《康诰》:“我时其惟殷先哲王德。” ⑨善。《多士》:“今尔惟时宅尔邑。” ⑩通“是”,这。《汤誓》:“时日曷丧?” ⑪通“恃”,依靠。《君奭》:“时我。” ⑫通“莳”,耕种。《舜典》:“播时百谷。”

时叙　承顺的意思。《舜典》:“百揆时叙。”

时式　善法。《君牙》:“乃惟由先正旧典时式。”

卣 yǒu　古代盛酒的一种青铜酒器。《文侯之命》:“用赉尔秬鬯一卣。”

岐　①岐山,今陕西省岐山县东北。《禹贡》:“荆、岐既旅。” ②通“歧”,山的支脉。《禹贡》:“治梁及岐。”

【丿】

孥　通“奴”,降为奴隶。《甘誓》:“予则孥戮汝。”

孚　①相信。《君奭》:“若卜筮罔不是孚。” ②信服。《吕刑》:“狱成而孚,输而孚。” ③保。《汤诰》:“上天孚佑下民。” ④通“郛”,城郭。《洛诰》:“作周孚先。” ⑤通“付”,交付,给予。《高宗肜日》:“天既孚命正厥德。”

伯　通“赋”,赋税。《多方》:“越惟有胥伯小大多正。”

作　①开始。《尧典》:“平秩东作。” ②为。《益稷》:“傲虐是作。” ③立为君。《盘庚中》:“盘庚作。” ④兴起。《说命下》:“昔先正保衡作我先王。” ⑤产生。《洪范》:“润下作咸。” ⑥等到。《无逸》:“作其即位。” ⑦从事劳役。《梓材》:“庶邦享作。” ⑧则、就。《洪范》:“恭作肃。”

作册　官名。《洛诰》:“王命作册逸祝册。”

位　①安排。《武成》:“位事惟能。” ②同“立”,树立。《召诰》:“其惟王位在德元。”

佑 ①帮助。《仲虺之诰》:“佑贤辅德。” ②有。《金縢》:“敷佑四方。”

伻 ①使者。《洛诰》:“伻来毖殷。” ②使。《洛诰》:“伻来,来,视予卜,休恒吉。”

体 兆形。《金縢》:“体!王其罔害。”

攸 ①所。《大禹谟》:“嘉言罔攸伏。” ②行。《洪范》:“予攸好德。” ③通“悠”,长久。《多士》:“乃或言尔攸居。” ④通“猷,”谋求。《大诰》:“予曷其不于前宁人图功攸终。”

役 ①助。《牧誓》:“弗迓克奔以役西土。” ②役使。《大诰》:“予造天役。”

甸 治。《多士》:“俊民甸四方。”

甸服 古代在天子领地外围,每五百里为一区划,按距离远近分为甸服、侯服、绥服、要服、荒服。《禹贡》:“五百里甸服。”

乱 ①动乱。《仲虺之诰》:“取乱侮亡。” ②治理。《说命中》:“惟以乱民。” ③通“率”,语气助词。《洛诰》:“乱为四辅。” ④通“率”,大抵、大都。《梓材》:“厥乱为民。”

乱臣 指治世大臣。《泰誓中》:“予有乱臣十人。”

彤 红色。《文侯之命》:“彤弓一。”

肜 róng 殷商时的祭名,见《高宗肜日》。

谷 禄位。《洪范》:“既富方谷。”

角 额角,指头。厥角就是叩头。《泰誓中》:“若崩厥角。”

条 长的意思。《禹贡》:“厥木惟条。”

含 怀、藏。《盘庚上》:“惟汝含德。”

免丧 居丧期满。《说命上》:“既免丧。”

利用 为人民兴利除弊、交流财物、制作器皿而不缺乏。《大禹谟》:“正德、利用、厚生惟和。”

希革 通“稀翮”,羽毛稀疏。《尧典》:“鸟兽希革。”

飏　通“扬”。①继续。《益稷》:“皋陶拜手稽首飏言曰。”　②宣扬。《益稷》:“时而飏之。”

狃　习以为常。《君陈》:“狃于奸宄。”

狄　就是狄人,主持迁庙的官员。《顾命》:“狄设黼扆。”

纳　①采纳。《益稷》:“工以纳言。”　②选入的意思。《舜典》:“纳于百揆。”

纲　网的总绳。《盘庚上》:“若网在纲。”

纯　①边。《顾命》:“黼纯。”　②大,引申为多。《文侯之命》:“侵戎我国家纯。”

八画

【丶】

享　享有禄位。《多方》:“尔亦则惟不克享。”　②进献。《梓材》:“庶邦享作。”　③通“向”,劝告。《康诰》:“无我殄享。”

郊　①邑外叫郊。《毕命》:“申画郊圻。”　②祭天。《泰誓下》:“郊社不修。”

於　叹词,啊。《尧典》:“佥曰:‘於! 鲧哉。’”

戾　①罪。《汤诰》:“兹朕未知获戾于上下。”　②至、归附。《洛诰》:“无远用戾。”　③定。《多士》:“即于殷大戾。”

房　①房屋。《顾命》:“在西房。”　②星名,房宿指太阳与月亮相会的地方。《胤征》:“辰弗集于房。”

放　①驱逐。《仲虺之诰》:“成汤放桀于南巢。”　②放弃。《康诰》:“大放王命。”

府　取。《吕刑》:“惟府辜功。”

法　①法则。《君陈》:“无倚法以削。”　②办法。《大诰》:“既厎法。”　③常法。《吕刑》:“惟作五虐之刑曰法。”　④通“废”。《大诰》:“尔时罔敢易法。”

泯 混乱。《康诰》:“天惟与我民彝大泯乱。”

怙 ①仗恃、依靠。《毕命》:“怙侈灭义。” ②大。《康诰》:“惟时怙冒。”

怿 yì ①喜悦。《太甲上》:“惟朕以怿。” ②通“斁”,终、完成。《梓材》:“用怿先王受命。”

宗 ①宗庙,天子诸侯祭祀祖先的处所,代国家。《伊训》:“坠厥宗。” ②指宗人。官名。《洛诰》:“宗以功作元祀。” ③主。《顾命》:“恤宅宗。” ④尊。《酒诰》:“越献臣百宗工。”

定 止。留下的意思。《洛诰》:“公定。”

宜 祭社叫宜。《泰誓上》:“宜于冢土。”

宠 ①宠幸、宠爱。《说命中》:“无启宠纳侮。” ②爱护、保护。《泰誓上》:“宠绥四方。”

诘 ①治。《立政》:“其克诘尔戎兵以陟禹之迹。” ②查办。《周官》:“诘奸慝。” ③禁戒。《吕刑》:“以诘四方。”

诞 ①大。《汤诰》:“诞告万方。” ②语气助词。《酒诰》:“诞惟民怨。” ③通“延”,延续、延长。《无逸》:“既诞。”

话 会合。《盘庚中》:“乃话民之弗率。”

视 治理。《文侯之命》:“其归视尔师。”

单 ①大、光大。《洛诰》:“乃单文祖德。” ②同“殚”,尽的意思。《君奭》:“丕单称德。”

单辞 一面之辞。《吕刑》:“明清于单辞。”

【一】

玭珠 珠名。《禹贡》:“淮夷玭珠暨鱼。”

匦 杨梅。《禹贡》:“包匦菁茅。”

劼 jié 谨慎。《酒诰》:“予惟曰汝劼毖殷献臣。”

述　遵循。《五子之歌》:“述大禹之戒以作歌。”

垆 lú　黑色硬土。《禹贡》:“下土坟垆。”

茕　孤,泛指鳏寡孤独、无依无靠的人。《洪范》:“无虐茕独而畏高明。”

范　法。《洪范》:“不畀洪范九畴。”

或　①有。《旅獒》:“夙夜罔或不勤。”　②通“克”,能够。《多士》:“乃或言尔攸居。”

奔走　①勤勉。《酒诰》:“奔走事厥考厥长。”　②指效劳。《君奭》:“矧咸奔走。”

武　能定祸乱。《大禹谟》:“乃武乃文。”

奄　抚。《立政》:“奄甸百姓。”

事　①政事。《舜典》:“询事考言。”　②尽力。《咸有一德》:“民非后罔事。”　③施行。《康诰》:“汝陈时臬事罚。”　④治。《酒诰》:“乃事时同于杀。”

丧　迫使离开国土。《泰誓中》:“剥丧元良。”

表　①外、外面。《立政》:“方行天下,至于海表。”　②标志。《毕命》:“表厥宅里。”

表正　作为仪表、法式。《仲虺之诰》:“表正万邦。”

奉　①奉行。《泰誓中》:“惟辟奉天。”　②承受。《盘庚上》:“乃奉其恫。”　③帮助。《盘庚中》:“用奉畜汝众。”　④秉。《多士》:“非我一人奉德不康宁。”　⑤献。《康王之诰》:“宾称奉圭兼币。”

其　①岂、怎么。《多士》:“我其敢求位。”　②或许,表测度。《微子》:“今殷其沦丧。”　③将要。《汤誓》:“予其大赉汝。”　④就。《洛诰》:“其基作民明辟。”　⑤如果。《汤诰》:“其尔万方有罪。”　⑥之。《康诰》:“朕其弟。”　⑦语气助词。《召诰》:“不其延。”　⑧通“基”,谋。《洛诰》:“其大惇典殷献民。”

若　①顺从。《梓材》:“汝若恒。”　②好像。《微子》:“若涉大水。” ③顺遂。《伊训》:“暨鸟兽鱼鳖咸若。” ④你的。《酒诰》:“矧惟若畴。” ⑤其,他们。《召诰》:“嗣若功。” ⑥及、到了。《召诰》:“若翼日乙卯。” ⑦乃、才。《召诰》:“若有功。” ⑧如果。《益稷》:“若不在时。”

枚卜 古代用占卜的办法选官,对被选的人逐一占卜,吉祥的人入选。《大禹谟》:“枚卜功臣。”

构 盖,盖屋。《大诰》:“矧肯构。”

拊 轻轻地敲击。《舜典》:“予击石拊石。”

择 同“斁”,败。择言,败言,坏话。《吕刑》:“罔有择言在身。”

刵 èr 古代割耳的刑罚。《康诰》:“非汝封又曰劓刵人。”

居 ①事业。《多士》:“继尔居。” ②居止,行为举止。《说命中》:“惟厥攸居。”

驿 色泽而光明。《洪范》:“曰驿。”

肃 ①肃敬。《洪范》:“曰肃。” ②通“速”,迅速。《洛诰》:“公功肃将祗欢。”

画 划分。《毕命》:“申划郊圻。”

建 布告。《盘庚下》:“懋建大命。”

阸 jī ①坠落。《微子》:“予颠阸。” ②升上。登上。《顾命》:“由宾阶阸。”

陑 ér 地名,今潼关附近。《汤誓序》:“升自陑。”

降 ①减少。《盘庚中》:“用降我凶。” ②下达。《多士》:“予大降尔四国民命。” ③颁布。《吕刑》:“伯夷降典。”

【丨】

昌 美。《大禹谟》:“禹拜昌言曰。”

旻 mín 天 泛指上天。《多士》:“弗吊旻天。”

昃 zè 日西斜。《无逸》:“自朝至于日中昃。”

昆 后。《大禹谟》:“昆命于元龟。”

具　详细。《伊训》:"具训于蒙士。"

败　①败坏、破坏。《太甲中》:"欲败度,纵败礼。"　②灾难。《微子》:"我兴受其败。"

咈 fú　违戾。《尧典》:"咈哉。"

易　延续。《盘庚中》:"无俾易种于兹新邑。"

易法　即"易废",易废就是怠弃的意思。《大诰》:"尔时罔敢易法。"

易辞　《公羊传》作"易怠",怠,疑惑。《秦誓》:"俾君子易辞。"

明　①宣布。《酒诰》:"明大命于妹邦。"　②明察。《伊训》:"居上克明。"　③明晓。《康诰》:"敬明乃罚。"　④贤明。《舜典》:"黜陟幽明。"　⑤明显。《五子之歌》:"怨岂在明。"　⑥努力。《皋陶谟》:"夙夜浚明有家。"

明明　十分英明、圣明。《五子之歌》:"明明我祖。"

明畏　明是表彰好人,畏是惩治坏人。《皋陶谟》:"天明畏。"

明辟　明法。《洛诰》:"朕复子明辟。"

明清　明察。《吕刑》:"明清于单辞。"

齿　①象牙。《禹贡》:"厥贡惟金三品,瑶、琨、筱、簜、齿……。"　②录用。《蔡仲之命》:"三年不齿。"

图　①图谋、打算。《太甲上》:"惟怀永图。"　②以为大,偏重。《多方》:"洪惟图天之命。"

虎贲　勇士。《顾命》:"以二干戈、虎贲百人逆子钊于南门之外。"

畀　给予。《洪范》:"不畀洪范九畴。"

非德　不恰当的赏赐,也包括不恰当的惩罚。《盘庚上》:"予亦不敢动用非德。"

典　①典章。《五子之歌》:"有典有则。"　②法。《多方》:"尔乃自作不典。"　③守法。《洛诰》:"其大惇典殷献民。"　④主持。《舜典》:"有能典朕三礼。"　⑤常。《康诰》:"典听朕告。"　⑥通"腆",善。《高宗肜日》:"典厥义。"

尚 ①崇尚。《毕命》:"辞尚体要。" ②犹,还。《多士》:"尔乃尚有尔土。" ③庶几,表祈使语气。《汤誓》:"尔尚辅予一人。"

戕 qiāng 残害。《梓材》:"戕败人,宥。"

迪 ①由,遵行。《西伯戡黎》:"不迪率典。" ②教导,引导。《召诰》:"天迪从子保。" ③行。《微子》:"诏王子出迪。" ④蹈,踏。《说命上》:"迪我高后。" ⑤道,正路。《盘庚中》:"乃有不吉不迪。" ⑥道理。《大禹谟》:"惠迪吉。" ⑦语气助词。《酒诰》:"在昔殷先哲王迪畏天显小民。" ⑧通"由",辅助,作名词指辅臣。《多士》:"夏迪简在王庭。" ⑨通"犹",还。《君奭》:"武王惟兹四人尚迪有禄。" ⑩通"攸",长。《盘庚中》:"予丕克羞尔用怀尔。"

【丿】

依 指苦衷。《无逸》:"则知小人之依。"

侈 强大。《毕命》:"怙侈灭义。"

侧陋 指地位卑微的人。《尧典》:"明明扬侧陋。"

侧阶 北堂北下阶。《顾命》:"立于侧阶。"

侗 未成器的人。《顾命》:"在后之侗。"

征 ①征兆。《洪范》:"次八曰念用庶征。" ②征伐。《周官》:"四征弗庭。" ③被征召。《舜典》:"舜生三十征。"

徂 ①往。《太甲上》:"王徂桐宫居忧。" ②通"且",今的意思。《费誓》:"徂兹淮夷。" ③通"诅",诅咒。《召诰》:"徂厥亡。" ④通"助",辅助。《酒诰》:"我西土棐徂邦君御事小子。"

经 ①行。《酒诰》:"经德秉哲。" ②治理。《周官》:"论道经邦。"

经营 规划,指测量地基。《召诰》:"则经营。"

经历 长久。《君奭》:"弗克经历。"

绎 施行。《君陈》:"庶言同则绎。"

细行 小节,小事。《旅獒》:"不矜细行。"

绍 ①继续。《盘庚上》:“绍复先王之大业。” ②继承。《冏命》:“俾克绍先烈。” ③通“劭”,尽力。《康诰》:“绍闻衣德言。” ④通“卲”,卜问。《召诰》:“王来绍上帝。”

终 ①终结。《君奭》:“其终出于不祥。” ②好的结局。《汤诰》:“乃亦有终。” ③成。《吕刑》:“非终惟终。” ④常。《康诰》:“乃惟终。”

纻 苎麻。《禹贡》:“厥贡漆枲絺纻。”

命 ①命令。《尧典》:“乃命羲和。” ②诰。《顾命》:“兹予审训命汝。” ③任命。《康王之诰》:“用端命于上帝。” ④教命。《君陈》:“违上所命。” ⑤遗命。《顾命》:“道扬末命。” ⑥册命。文侯之命。 ⑦命运。《康王之诰》:“皇天改大邦殷之命。” ⑧政令。《武成》:“受命于周。”

念 审察。《洪范》:“次八曰念用庶征。”

舍 放。《费誓》:“今惟淫舍牿牛马。”

昏 加强,努力。《盘庚上》:“不昏作劳。”

昏垫 昏指没,垫指陷,意思是沉没陷落。《益稷》:“下民昏垫。”

和 ①平治。《立政》:“和我庶狱庶慎。” ②和顺。《周官》:“庶政惟和。” ③和悦。《康诰》:“四方民大和会。” ④和睦。《周官》:“百官乃和。” ⑤平。《五子之歌》:“关石和钧。” ⑥通“宣”,宣布。《盘庚上》:“汝不和吉言于百姓。”

阜 大,大力。《周官》:“阜成兆民。”

参 通“儽lěi”,懒惰、懈怠。《西伯戡黎》:“参在上。”

妹邦 即“沬邦”,指卫国。《酒诰》:“明大命于妹邦。”

所 ①道,办法。《大诰》:“天闷毖我成功所。” ②指居官。《无逸》:“君子所。” ③邑居。《召诰》:“王敬作所。” ④如果。《牧誓》:“尔所弗勖。” ⑤时。《君奭》:“多历年所。”

周 ①指镐京。《武成》:“王朝步自周。” ②忠信。《太甲上》:“自周有终。” ③至。《泰誓中》:“虽有周亲。”

周孚 周王城的外城,指洛邑。孚,通“郛”。《洛诰》:“作周孚先。”

备 慎;上备,以慎重为上。《吕刑》:“其刑上备。”

咎 ①灾祸。《大禹谟》:“天降之咎。” ②过错。《盘庚中》:“非汝有咎比于罚。” ③刑罚。《康王之诰》:“富不务咎。”

牧 ①官长。《舜典》:“觐四岳群牧。” ②治民,指治民的官。《吕刑》:“非尔惟作天牧。”

制 ①指古代的典章制度。《周官》:“议事以制。” ②法制。《君陈》:“宽而有制。” ③断绝,制止。《酒诰》:“矧汝刚制于酒。” ④裁决。《仲虺之诰》:“以义制事。” ⑤制御。《吕刑》:“士制百姓于刑之中。”

服 ①事。《大诰》:“嗣无疆大历服。” ②服从。《舜典》:“蛮夷率服。” ③使用。《武成》:“示天下弗服。” ④受。《召诰》:“兹服厥命。” ⑤任事。《召诰》:“王乃初服。”

朋 ①群。《益稷》:“朋淫于家。” ②古“凤”字,引申为奋起、振奋义。《洛诰》:“孺子其朋。”

货 ①财物。《伊训》:“敢有殉于货色。” ②指索贿受贿。《吕刑》:“惟货。”

忽 乱。《益稷》:“在治忽。”

彼 往。《洛诰》:“彼裕我民。”

凭 靠着。《顾命》:“凭玉几。”

采 ①事,指政事。《尧典》:“畴咨若予采。” ②采服。《康诰》:“采卫百工。”

季秋 秋季的最后一个月,即阴历九月。《胤征》:“乃季秋月朔。”

忝 侮辱。《太甲上》:“忝厥祖。”

垂 ①人名。《舜典》:“垂哉。” ②堂的旁面。《顾命》:“立于东垂。” ③流传。《微子之命》:“德垂后裔。”

垂拱 垂衣拱手。《武成》:“垂拱而天下治。”

秉 执、拿着。《牧誓》:“右秉白旄以麾。”

侉 通“夸”,夸大。《毕命》:“骄淫矜侉。”

九画

【、】

亮　①领导。《舜典》:“惟时亮天功。”　②辅助。《皋陶谟》:“亮采有邦。”　③明。《周官》:“寅亮天地。”

亮阴　信默。《说命上》:“亮阴三祀。”

羑yǒu　善;羑若,等于说福祥。《康王之诰》:“惟周文武诞受羑若。”

咨　①叹息。《尧典》:“下民其咨。”　②语气助词。《尧典》:“畴咨若时登庸。”

将　①欲。《盘庚下》:“古我先王将多于前功。”　②养。《微子》:“将食无灾。”　③行。《泰誓上》:“肃将天威。”　④扶持。《洛诰》:“公功迪将。”　⑤大。《洛诰》:“惇宗将礼。”

闻　①令闻,好名声。《毕命》:“亦有无穷之闻。”　②传布。《康诰》:“秽德彰闻。”　③通“问”,恤问。《多士》:“惟时天罔念闻。”

类　①祭天,以事类祭天,就叫类。《泰誓上》:“类于上帝。”　②法则。《泰誓下》:“厥类惟彰。”　③善。《说命上》:“惟恐德弗类。”

养　长,民养,人民的长官。《大诰》:“民养其劝弗救。”

差　①指供辞中矛盾的地方。《吕刑》:“察辞于差。”　②差减、减免。《吕刑》:“罔差有辞。”

施　①延。《君奭》:“迪惟前人光施于我冲子。”　②移。《君陈》:“克施有政。”

度　①法度。《太甲中》:“欲败度。”　②考虑。《益稷》:“惟荒度土功。”　③通“敷”,闭。《盘庚上》:“度乃口。”

宣　①显示、表现。《皋陶谟》:“日宣三德。”　②用。《益稷》:“予欲宣力四方。”　③和协。《盘庚中》:“乃咸大不宣乃心。”

宪　①法度。《益稷》:“慎乃宪。”　②效法、摹仿。《说命中》:“惟圣时宪。”

宫　宫刑，即椓刑，割去生殖器。《吕刑》："宫辟疑赦。"

逆　①违背。《太甲下》："有言逆于汝心。"　②迎接。《金縢》："惟朕小子其新逆。"　③恶。《大禹谟》："从逆凶。"

适　①节制。《多士》："有夏不适逸。"　②往。《盘庚上》："民不适有居。"　③善。《康诰》："不适。"　④宜、应当。《吕刑》："上刑适轻。"

洮 táo　洗头发。《顾命》："王乃洮颒水。"

洪　①代替。《康诰》："乃洪大诰治。"　②大。《洪范》："不畀洪范九畴。"

洪惟　句首语气助词。《大诰》："洪惟我幼冲人。"

洋洋　美善。《伊训》："圣谟洋洋。"

诪 zhōu 张　欺诈。《无逸》："民无或胥诪张为幻。"

说　人名。《说命上》："说筑傅岩之野。"

诮　责备。《金縢》："王亦未敢诮公。"

恤　①怜惜。《酒诰》："惟我一人弗恤弗蠲。"　②安定。《康王之诰》："克恤西土。"　③忧。《顾命》："恤宅宗。"　④谨慎。《舜典》："惟刑之恤哉。"

恒　①常，指常典；若恒，就是遵从殷先哲王制定的常典，治理殷民。《梓材》："汝若恒。"　②遍。《洛诰》："休恒吉。"

恬　安。《梓材》："引养引恬。"

恫　痛苦。《盘庚上》："乃奉其恫。"

祠　告祭于庙。《伊训》："伊尹祠于先王。"

祝　①读册告神叫做祝。《洛诰》："王命作册逸祝册。"　②断，指断然。《泰誓下》："祝降时丧。"

祗　①重视。《酒诰》："尹人祗辟。"　②敬。《泰誓下》："予小子夙夜祗惧。"

祗若　恭敬顺服。《冏命》："下民祗若。"

【一】

要　①要求。《吕刑》:“有伦有要。”　②通“幽”,监禁。要囚,即监禁犯人。《康诰》:“丕蔽要囚。”

要服　参见七画“甸服”条。

面　①当面,面从,即当面听从。《益稷》:“汝无面从。”　②通“勔”,努力。《召诰》:“面稽天若。”

括　箭末端扣弦的地方。《太甲上》:“往省括于度则释。”

指　通“旨”。①旨意。《盘庚上》:“不匿厥指。”　②美好。《大诰》:“敢弗于从率宁人有指疆土。”

耇 gǒu　老,指长辈。《酒诰》:“尔大克羞耇惟君。”

哉　①开始。《武成》:“哉生明。”　②语气助词。《洛诰》:“公无困哉。”

威　刑威、惩罚。《益稷》:“否则威之。”

威侮　轻慢。《甘誓》:“威侮五行。”

咸　①皆、都、全。《尧典》:“庶绩咸熙。”　②共同。《君奭》:“我咸成文王功于。”　③通“覃”,延续。《酒诰》:“自成汤咸至于帝乙。”　④通“諴”,和。《无逸》:“用咸和万民。”

政　①政事。《舜典》:“齐七政。”　②通“正”,长。立政,设立官长。《周官》:“明王立政。”

政人　行政人员。《康诰》:“不于我政人得罪。”

故　故意犯罪。《大禹谟》:“刑故无小。”

相　①君王的侍从官员。《顾命》:“相被冕服。”　②视、看、观察。《召诰》:“相古先民有夏。”　③治理。《立政》:“相我受民。”　④辅佐、帮助。《西伯戡黎》:“非先王不相我后人。”

柷 zhù　一种打击乐器。《益稷》:“合止柷敔。”

厚　淳厚。《君陈》:“惟民生厚。”

厚生　轻徭薄赋,不夺农时,使人民丰衣足食。《大禹谟》:“正德、利用、厚生。”

厘 ①命令。《尧典》:“厘降二女于妫汭。” ②治理。《毕命》:“命毕公保厘东郊。”

殆 ①危险。《秦誓》:“亦曰殆哉。” ②几乎。《顾命》:“殆弗兴弗悟。”

殄 ①灭绝。《多方》:“刑殄有夏。” ②病、危害。《舜典》:“朕堲谗说殄行。”

毒 ①害。《盘庚上》:“乃不畏戎毒于远迩。” ②厚,《微子》:“天毒降灾荒殷邦。”

封 堆土;封比干墓,在比干墓上添土重修以表尊重。《武成》:“封比干墓。”

胡 ①人名。《蔡仲之命》:“小子胡。” ②何,怎么。《太甲下》:“弗虑胡获。”

贰 ①有二心。《五子之歌》:“黎民咸贰。” ②副职,作动词“协助”解。《周官》:“贰公弘化。”

贲 ①美。《盘庚下》:“用宏兹贲。” ②文饰。《汤诰》:“贲若草木。”

垣 矮墙。《梓材》:“既勤垣墉。”

毖 ①谨慎。《召诰》:“毖祀于上下。” ②畏慎,恐惧。《大诰》:“无毖于恤。” ③告诉。《大诰》:“天閟毖我成功所。” ④告诫。《毕命》:“毖殷顽民。” ⑤慰劳。《洛诰》:“伻来毖殷。” ⑥通“必”,敕。《酒诰》:“厥诰毖庶邦庶士越少正御事朝夕曰。”

革 ①犀皮。《禹贡》:“厥贡惟金三品……革。” ②变革。《洪范》:“金曰从革。” ③代替。《多士》:“乃命尔先祖成汤革夏。”

草 通“抄”,掠。《微子》:“殷罔不小大好草窃奸宄。”

茨 用茅草盖屋。《梓材》:“惟其涂塈茨。”

茭 干草。《费誓》:“峙乃刍茭。”

荒 ①荒野。《微子》:“吾家耄逊于荒。” ②荒废。《泰誓下》:“荒怠弗敬。” ③废弃。《周官》:“怠忽荒政。” ④迷乱。《五子之歌》:“内作色荒,外作禽荒。" ⑤大。《吕刑》:"荒度作刑。" ⑥虚。《微子》:"天毒降灾荒殷邦。"

荒服　参见七画"甸服"条。

荒宁　荒废政事,贪图安逸。《文侯之命》:"无荒宁。"

兹　①这、这样、这个、这里、这些。《旅獒》:"允迪兹。"《大禹谟》:"允若兹。"《盘庚上》:"爰宅于兹。"《无逸》:"嗣王其监于兹。" ②语末助词,与"哉"同。《大诰》:"卜陈惟若兹。" ③通"则",才。《酒诰》:"祀兹酒。" ④通"已",终止。《召诰》:"兹大国殷之命。" ⑤通"孜",努力。《君奭》:"兹迪彝教。" ⑥通"滋",益。《君奭》:"天休滋至。"

陟　①上古称天子死为陟。《康王之诰》:"惟新陟王毕协赏罚。" ②登上。《舜典》:"汝陟帝位。" ③升,指行走。《太甲下》:"若陟遐。"

陟方　巡狩。《舜典》:"陟方乃死。"

逊　①遁,回避。《微子》:"吾家耄逊于荒。" ②顺从。《康诰》:"乃汝尽逊曰时叙。"

羿　有穷国国君的名字。《五子之歌》:"有穷后羿因民弗忍。"

屏　①蔽,树屏,等于说树立保卫力量。《康王之诰》:"乃命建侯树屏。" ②收藏。《金縢》:"我乃屏璧与珪。"

既　①尽。《泰誓上》:"既于凶盗。" ②已经。《尧典》:"九族既睦。" ③到了。《武成》:"既戊午。" ④通"其",恐怕、大概。《西伯戡黎》:"天既讫我殷命。"

矜　①自以为贤。《大禹谟》:"汝惟不矜。" ②怜悯。《泰誓上》:"天矜于民。" ③慎。《旅獒》:"不矜细行。"

胥　①徭役。《多方》:"越惟有胥伯小大多正。" ②互相。《太甲上》:"罔克胥匡以生。" ③"谞"的古字,今意清楚。《盘庚中》:"后胥感鲜。"

斁　①音 yì,已止。《太甲中》:"朕承王之休无斁。" ②音 yì,厌倦。《微子之命》:"俾我有周无斁。" ③音 dù,败坏。《洪范》:"彝伦攸斁。"

柔　①安定。《顾命》:"柔远能迩。" ②温和。《皋陶谟》:"柔而立。"

厖 通“龙”,杂乱。《周官》:“不和政厖。”

【丨】

峙 准备。《费誓》:“峙乃糗粮。”

柴 祭名。《舜典》:“至于岱宗,柴。”

蚁裳 色黑如蚁的礼服。《顾命》:“卿士邦君麻冕蚁裳。”

省 ①音 xǐng,视察治理政事。《洪范》:“曰王省惟岁。” ②音 shěng,通“眚”,灾祸。《说命中》:“惟干戈省厥躬。”

虐 ①残暴。《泰誓中》:“贼虐谏辅。” ②通“谑”,戏谑,开玩笑。《益稷》:“傲虐是作。”

曷 何,什么时候。《汤誓》:“时日曷丧。”

昭 ①昭示。《旅獒》:“王乃昭德之致于异姓之邦。” ②发扬光大。《君陈》:“懋昭周公之训。” ③见。《尔雅·释诂》:“昭,见也。”《武成》:“昭我周王。” ④通“诏”,指导。《益稷》:“徯志以昭受上帝。” ⑤通“诏”,告。《洛诰》:“考朕昭子刑。” ⑥通“诏”,帮助。《君奭》:“乃惟时昭文王迪见冒。”

是 ①这时、这样。《金縢》:“若尔三王是有丕子之责于天。”《秦誓》:“是能容之。” ②助成宾语前置的结构助词。《益稷》:“惟慢游是好。”

显 ①显扬。《仲虺之诰》:“显忠遂良。” ②显明。《说命下》:“暨厥终罔显。” ③显示。《康诰》:“显民。” ④光明。《康诰》:“惟乃丕显考文王。” ⑤通“宪”,思。《太甲上》:“先生昧爽丕显。”

哜 jì 尝。《顾命》:“太保受同、祭,哜。”

咤奠 奠爵酒。《顾命》:“三咤。”

胄 头盔。《费誓》:“善敹乃甲胄。”

胄子 未成年的人。《舜典》:“教胄子。”

冒 ①触犯、冒犯。《顾命》:“尔无以钊冒贡于非幾兹。” ②贪欲。《泰誓上》:“沈湎冒色。” ③通“勖”,努力。《康诰》:“惟时怙冒。”

冒疾　就是媢嫉，妒忌。《秦誓》："冒疾以恶之。"

畏　①敬畏。《无逸》："克自抑畏。"　②通"威"，德。《康诰》："天畏棐忱。"

畏慕　害怕行恶得祸，敬慕行善得福。《毕命》："俾克畏慕。"

毗　辅佐。《微子之命》："毗予一人。"

畎　①田间水沟。《梓材》："为厥疆畎。"　②山谷。《禹贡》："岱畎丝、枲、铅、松、怪石。"

畋　①打猎。《五子之歌》："畋于有洛之表。"　②整治田地。《多方》："畋尔田。"

思　道德纯备。《尧典》："钦明文思安安。"

【丿】

俞　然，是的。《尧典》："俞。"

食　龟兆，吉兆。《洛诰》："惟洛食。"

秕　中空的谷粒。《仲虺之诰》："若粟之有秕。"

钜桥　仓库名。《武成》："发钜桥之粟。"

钦　①敬慎。《盘庚下》："罔有弗钦。"　②处事谨慎，节约用度。《尧典》："钦明文思安安。"　③通"廞"，兴。《多方》："亦惟有夏之民叨懫日钦。"

钧　通"均"。①平均。《五子之歌》："关石和钧。"　②相等、相同。《泰誓上》："厥罪惟钧。"

信　①诚信。《武成》："惇信明义。"　②相信。《汤誓》："尔无不信。"　③信任。《牧誓》："是信是使。"　④确实。《金縢》："信。噫！公命我勿敢言。"　⑤通"申"，申说。《盘庚上》："起信险肤。"

侯　①箭靶，用箭射靶。《益稷》："侯以明之。"　②诸侯，用如动词，做诸侯。《蔡仲之命》："肆予命尔侯于东土。"

侯服　参见七画"甸服"条。

保 ①保护。《大禹谟》:“民弃不保。” ②通“褓”,背负。《召诰》:“夫知保抱携持厥妇子。”

俊 ①大。《尧典》:“克明俊德。” ②俊彦。《立政》:“以克俊有德。” ③通“骏”,长久。《文侯之命》:“罔或耆寿俊在厥服。”

修 ①长,引申为休美。《文侯之命》:“汝多修。” ②善良。《君陈》:“简厥修。” ③施行。《微子之命》:“修其礼物。” ④勉励。《冏命》:“交修不逮。” ⑤治理。《大禹谟》:“水火金木土谷惟修。”

衍 推演。《洪范》:“衍忒。”

徇 通“巡”,巡行。《胤征》:“遒人以木铎徇于路。”

矧 shěn ①何况。《大禹谟》:“矧兹有苗。” ②又、也。《康诰》:“矧惟不孝不友。” ③语气助词。《酒诰》:“矧汝刚制于酒。”

选 计算的意思。《盘庚上》:“世选尔劳。”

须 ①通“頾”,等待。《多方》:“天惟五年须暇之子孙。” ②“颁”字的讹误。《顾命》:“伯相命士须材。”

皇 ①君王。《洪范》:“次五曰建用皇极。” ②大。《顾命》:“皇后凭玉几。” ③更加。《无逸》:“则皇自敬德。”

朏 fěi 新月开始放出光明。《召诰》:“惟丙午朏。”

笃 ①理。《武成》:“公刘克笃前烈。” ②确实,真的。《君奭》:“笃棐时二人。” ③通“督”,督导。《洛诰》:“汝受命笃弼。”

爰 ①于是。《咸有一德》:“爰革夏正。” ②语气助词。《洪范》:“土爰稼穑。”

胤 ①后代。《高宗肜日》:“罔非天胤。” ②继。《洛诰》:“予乃胤保大相东土。” ③人名。《顾命》:“胤之舞衣。”

叙 ①绪,指基业。《康诰》:“惟时叙。” ②秩序,这里指规定人与人的伦理秩序。《皋陶谟》:“天叙有典。” ③次序,用作动词,等于说制定、规定。《洪范》:“彝伦攸叙。” ④铨叙。升迁官员。《洛诰》:“笃叙乃正父罔不若予。” ⑤顺从。《皋陶谟》:“惇叙九族。” ⑥残余,引申为残余力量。《大诰》:“殷小腆诞敢纪其叙。”

狱货　审理案件时接受贿赂。《吕刑》:“狱货非宝。”

枲 xǐ　不结子的大麻。《禹贡》:“岱畎丝、枲、铅、松、怪石。”

十画

【丶】

高　敬的意思。《康诰》:“高乃听。”

高明　显贵大臣。《洪范》:“高明柔克。”

亳 bó　汤的国都,在今河南商丘县北。《汤诰》:“至于亳。”

旁　普遍、广泛。《说命下》:“旁招俊乂。”

旁死魄　月亮大部分无光,指阴历每月二十五日至三十日这一段时间。《武成》:“惟一月壬辰,旁死魄。”

斋栗　庄敬战栗。《大禹谟》:“夔夔斋栗。”

衷　善。《皋陶谟》:“同寅协恭和衷哉。”

畜　畜养。《旅獒》:“犬马非其土性不畜。”

效　教导。《梓材》:“王其效邦君越御事。”

旅　①众,这里指军队。《武成》:“受率其旅若林。”　②治理。《禹贡》:“荆岐既旅。”　③陈述。《召诰》:“拜手稽首旅王。”　④同“膂”,膂力。《秦誓》:“旅力既愆。”

诸　“之于”的合音,“之”代词,“于”介词。《太甲上》:“伊尹放诸桐。”

害　何,为什么。《大诰》:“王害不违卜。”

容　隐藏。《微子》:“今殷民乃攘窃神祇之牺牷牲用以容。”

宾　①客。《微子之命》:“作宾于王家。”　②引导。《尧典》:“寅宾出日。”　③服从、归顺。《旅獒》:“四夷咸宾。”　④朝贡。《多士》:“予惟四方罔攸宾。”　⑤通“傧”,接待诸侯,导行礼节的官员。《康王之诰》:“宾称奉圭兼币。”

家 大夫的封地，卿大夫统治的地方。《皋陶谟》："夙夜浚明有家。"

浚 ①恭敬。《皋陶谟》："夙夜浚明有家。" ②疏通。《舜典》："浚川。" ③深邃。《舜典》："浚哲文明。"

浮 ①超过。《泰誓中》："惟受罪浮于桀。" ②罚。《盘庚中》："以不浮于天时。"

涂 同"斁"，终，完成。《梓材》："惟其涂塈茨。"

涉 ①徒步涉水。《泰誓下》："斮朝涉之胫。" ②引申为行走。《君牙》："涉于春冰。"

悔 外卦。《洪范》："曰悔。"

悟 同"寤"，这里是说话的意思。《顾命》："殆弗兴弗悟。"

憸 xiān 人 奸佞的人。《立政》："立政用憸人，不训于德。"

席 因，凭借，居处。《汉书·刘向传》颜师古注："席犹因也。言若人之坐于席也。"《毕命》："席宠惟旧。"

疾 ①病。《金縢》："王有疾。" ②恶。《康诰》："乃疾厥子。" ③加速。《召诰》："王其疾敬德。"

祥刑 善刑。《吕刑》："告尔祥刑。"

被 ①覆盖。《尧典》："光被四表。" ②披。《顾命》："相被冕服。" ③及、到达。《禹贡》："西被于流沙。" ④通"陂"，壅塞、筑堤防的意思。《禹贡》："被孟猪。"

敉 mǐ 通"弥"，终，完成的意思。《大诰》："以于敉宁武图功。"

朔 ①北。《尧典》："宅朔方。" ②阴历的每月初一。《大禹谟》："正月朔旦。"

阅 容。《多方》："克阅于乃邑谋介。"

【一】

珪 上圆下方形状的玉。《金縢》："植璧秉珪。"

班 通"颁"，分发。《舜典》："班瑞于群后。"

格 ①至,到。《尧典》:“格于上下。” ②来,呼语。《舜典》:“格,汝舜。” ③至,这里指归顺。《大禹谟》:“七旬有苗格。” ④改过、改正。《益稷》:“格则承之庸之。” ⑤通“假”,宽解。《高宗肜日》:“惟先格王。” ⑥通“假”,嘉许。《君奭》:“格于皇天。” ⑦通“假”,升。《吕刑》:“罔有降格。” ⑧通“路”,教令。《多士》:“则惟帝降格。” ⑨通“假”,嘉。《吕刑》:“庶有格命。”

桢干 筑墙用的木板。《费誓》:“峙乃桢干。”

桓桓 威武的样子。《牧誓》:“尚桓桓。”

莫 无指代词。①没有谁。《大禹谟》:“天下莫与汝争能。” ②没有什么事。《君陈》:“莫或不艰。”

荼毒 痛苦。《汤诰》:“弗忍荼毒。”

莠 一种有害农作物生长的杂草。《仲虺之诰》:“若苗之有莠。”

烈 事业。《盘庚上》:“矧曰其克从先王之烈。”

殊 异,这里是分别、区别。《毕命》:“殊厥井疆。”

殉 贪求。《伊训》:“敢有殉于货色。”

耽乐 过度享乐。《无逸》:“惟耽乐之从。”

耿 明。《立政》:“丕釐上帝之耿命。”

恭 ①奉。《泰誓下》:“恭行天罚。” ②不懈于位。《尧典》:“允恭克让。” ③谦逊。《舜典》:“温恭允塞。”

索 空、尽。《牧誓》:“惟家之索。”

致 ①用。《汤誓》:“致天之罚。” ②得到。《酒诰》:“致用酒。” ③通“至”,大。《多士》:“降致罚。”

速 招致。《酒诰》:“惟民自速辜。”

逋 bū 逃亡。《牧誓》:“乃惟四方之多罪逋逃。”

夏 大。《禹贡》:“羽畎夏翟。”

匪 通“非”,不。《汤诰》:“无从匪彝。”

哲 ①明智的人。《大诰》:“弗造哲。” ②智慧。《舜典》:“浚哲文明。”③明。《召诰》:“自贻哲命。”④同“悊”,敬。《酒诰》:“经德秉哲。”⑤通“折”,治理。《吕刑》:“哲人惟刑。”

都 感叹词,表赞美语气。《尧典》:“都!共工方鸠僝功。”

耆qí寿 指老成人。《文侯之命》:“罔或耆寿俊在厥服。”

耄mào 八十、九十曰耄。《吕刑》:“耄,荒度作刑。”

砺 ①磨石。《说命上》:“用汝作砺。”②磨利。《费誓》:“砺乃锋刃。”

贾gǔ 做买卖。《酒诰》:“远服贾用。”

辂lù 国君乘坐的车辆,一作“路”。《顾命》:“大辂在宾阶面。”

振旅 整顿士众。《大禹谟》:“班师振旅。”

载 ①年。《尧典》:“九载。”②事。《舜典》:“有能奋庸熙帝之载。”③事、侍奉。《大禹谟》:“祇载见瞽叟。”④施工。《禹贡》:“既载壶口。”

蚕 养蚕。《禹贡》:“桑土既蚕。”

剥 伤害。《泰誓中》:“剥丧元良。”

难 拒绝。《舜典》:“而难任人。”

堲jí 厌恶。《舜典》:“朕堲谗说殄行。”

骍xīng 赤色。《洛诰》:“文王骍牛一。”

骏 速。《武成》:“骏奔走。”

屑 ①通“泆”,安逸。《多方》:“图天之命屑有辞。”②通“悉”,皆。《多方》:“尔乃屑播天命。”

展 展示。《旅獒》:“时庸展亲。”

烝 ①冬祭。《洛诰》:“王在新邑烝。”②君长。《立政》:“卢烝。”③众多。《武成》:“害虐烝民。”④美好。《多方》:“图厥政不蠲烝。”

顾 ①顾念。《太甲上》:“先王顾諟天之明命。”②顾虑。《微子》:“我不顾,行遁”

陵 欺侮。《毕命》:“以荡陵德。”

挚 至、到来。《西伯戡黎》:“大命不挚。”

【丨】

剕 fèi　即“跸”,斫去膝盖骨。《吕刑》:“剕辟疑赦。”

剔　把肉从骨头上刮下来。《泰誓上》:“刳剔孕妇。”

贼　①杀害。《泰誓中》:“贼虐谏辅。” ②通“则”,就。《舜典》:“怙终贼刑。”

畔　通“叛”,违背。《胤征》:“畔官离次。”

监　①诸侯。《梓材》:“王启监。” ②监视。《咸有一德》:“监于万方。” ③通“鉴”,鉴戒。《召诰》:“我不可不监于有夏。” ④看。《君奭》:“君肆其监于兹。”

【丿】

俾　①使。《牧誓》:“俾暴虐于百姓。” ②服从。《微子之命》:“俾我有周无斁。” ③职、引申为任用。《吕刑》:“俾我一日。”

倚　①凭借、倚恃。《君陈》:“无倚法以削。” ②偏斜,使偏斜。《盘庚中》:“恐人倚乃身。”

俶 chù　始。《胤征》:“俶扰天纪。”

徒　同一类的人。《仲虺之诰》:“实繁有徒。”

特　公牛。《舜典》:“用特。”

牺　毛色纯一的牲畜。《微子》:“今殷民乃攘窃神祇之牺牲牷用以容。”

牺牲　古时祭祀用牲的通称。《泰誓上》:“牺牲粢盛。”

牷 quán　纯色的全牲。《微子》:“今殷民乃攘窃神祇之牺牲牷用以容。”

造　①到。《盘庚中》:“其有众咸造。” ②遭遇。《大诰》:“弗造哲。” ③遭受。《文侯之命》:“造天丕愆。” ④告。《康诰》:“乃别播敷造民。” ⑤成。《君奭》:“耇造德不降我则。” ⑥开始。《伊训》:“造攻自鸣条。”

逖 tì　远。《牧誓》:"逖矣。"

逢　兴旺。《洪范》:"子孙其逢。"

殷　①盛。《盘庚中》:"殷降大虐。"　②定。《禹贡》:"九江孔殷。"　③众。《多方》:"猷告尔四国多方惟尔殷侯尹民。"　④古地名,今河南省安阳市小屯村。《盘庚上》:"盘庚迁于殷。"　⑤殷商。《西伯戡黎》:"天既讫我殷命。"

鸱鸮 chī xiāo　《诗经》篇名。《金縢》:"名之曰《鸱鸮》。"

鸱义　冒没不正。《吕刑》:"鸱义奸宄。"

秬鬯 jù chàng　黑黍香酒。《洛诰》:"乃命宁予以秬鬯二卣。"

臭　朽。《盘庚中》:"臭厥载。"

奚　何,为什么。《仲虺之诰》:"奚独予后。"

爱　①爱惜。《酒诰》:"惟曰我民迪小子惟土物爱。"　②顺从。《多方》:"尔心未爱。"　③慈爱。《胤征》:"威克厥爱允济。"

乘　①乘坐。《盘庚中》:"若乘舟。"　②通"承",承受。《君奭》:"在亶乘兹大命。"

毨 xiǎn　鸟兽更生新毛。《尧典》:"鸟兽毛毨。"

臬 niè　法。《康诰》:"汝陈时臬司师。"

眚 shěng　过失。《康诰》:"小人有罪,非眚。"

颁　颁布。《洛诰》:"乃惟孺子颁。"

称　①举起。《牧誓》:"称尔戈。"　②举行。《洛诰》:"肇称殷礼。"　③发动。《汤誓》:"敢行称乱。"　④发扬。《洛诰》:"公称丕显德。"　⑤称赞。《君奭》:"丕单称德。"　⑥呼。《康王之诰》:"宾称奉圭兼币。"

笋席　用青竹皮编织的席。《顾命》:"敷重笋席。"

钺 yuè　大斧。《牧誓》:"王左杖黄钺。"

砮 nǔ　石制的箭镞。《禹贡》:"砺砥砮丹……"

能　①才能。《武成》:"位事惟能。"　②善。《舜典》:"柔远能迩。"

绥　①安。《汤诰》:"克绥厥猷惟后。"　②安慰。《大诰》:"义尔邦君越尔多士、尹氏、御事绥予曰。” ③告诉。《盘庚下》:“绥爰有众。” ④通“绥”,继承。《康王之诰》:“绥尔先公之臣服于先王。”

十一画

【丶】

宿 进。《顾命》:“王三宿。”

寅 恭敬。《尧典》:“寅宾出日。”

寇 抢劫。《舜典》:“寇贼奸宄。”

渐 ①入。《禹贡》:“东渐于海。” ②欺诈。《吕刑》:“民兴胥渐。” ③剧。《顾命》:“疾大渐。”

淑 善。《毕命》:“旌别淑慝。”

清 清明。《舜典》:“直哉惟清。”

淫 ①游乐。《多士》:“大淫泆有辞。” ②过分、过度。《大禹谟》:“罔淫于乐。” ③邪恶。《伊训》:“时谓淫风。” ④大。《费誓》:“今惟淫舍牿牛马。”

淫朋 邪党。《洪范》:“无有淫朋。”

谋作 谋划和工作。《盘庚上》:“予亦拙谋作。”

谋面 以貌取人。《立政》:“谋面、用丕训德。”

谌 chén 相信。《咸有一德》:“天难谌。”

谚 通“喭”,粗野不恭。《无逸》:“乃逸乃谚。”

諴 xián 和,和洽。《召诰》:“其丕能諴于小民。”

谏 直言规劝。《泰誓中》:“贼虐谏辅。”

谐 ①和谐。《尧典》:“克谐。” ②调和。《舜典》:“八音克谐。” ③通“偕”,一同,偕同。《舜典》:“汝谐。” ④通“偕”,协同。《益稷》:“庶尹允谐。”

諟 “是”的古字。《太甲上》:“先王顾諟天之明命。”

率 ①捕。《康诰》:“汝乃其速由兹义率杀。” ②统率。《益稷》:“率作兴事。” ③依从。《大禹谟》:“惟时有苗弗率。” ④行视。《大诰》:“敢弗于从率宁人有指疆土。” ⑤人民相率。《盘庚上》:“率吁众慼出。” ⑥语气助词。《汤誓》:“夏王率遏众力。”

率惟 语气助词。《立政》:“率惟敉功。”

商 金文“赏”每作“商”。《费誓》:“我商赉汝。”

章 表彰。《洪范》:“俊民用章。”

庶 ①众多。《尧典》:“庶绩咸熙。” ②侈、盛。《吕刑》:“惟时庶威夺货。” ③度、考察。《益稷》:“明庶以功。” ④大概、也许。《洛诰》:“庶有事。”

庶言 教令。《立政》:“文王罔攸兼于庶言。”

庸 ①功劳。《舜典》:“车服以庸。” ②听取。《多士》:“弗克庸帝。” ③努力。《舜典》:“有能奋庸熙之载。” ④经常。《咸有一德》:“夏王弗克庸德。” ⑤因此。《益稷》:“帝庸作歌曰。”

庸庸 任用可用的人。《康诰》:“庸庸、祗祗、威威。”

庸释 舍弃、废弃。《多方》:“非天庸释有夏。”

康 ①安康。《益稷》:“惟幾惟康。” ②安乐。《盘庚上》:“无傲从康。” ③安定。《说命上》:“以康兆民。” ④安和。《洪范》:“而康而色。” ⑤安。《文侯之命》:“惠康小民。”

康食 糟蹋之食,指低劣生活。《西伯戡黎》:“不有康食。”

康事 康,通“庚”;更事,即学习政事。《洛诰》:“我惟无斁其康事。”

康功 指披荆斩棘、开垦山泽荒地的事。《无逸》:“即康功田功。”

疵 ①病、困难。《大诰》:“知我国有疵。” ②弊病。《吕刑》:“五过之疵。”

懫 zhì 忿戾。《多方》:“亦惟有夏之民叨日懫钦。”

惇 dūn 厚。《舜典》:“惇德允元。”

惕 通“施”,给予。《盘庚上》:“不惕予一人。”

惟 ①想、思。《皋陶谟》:“百工惟时。” ②考虑。《多士》:“予惟四方罔攸宾。” ③谋划。《多方》:“时惟尔初。” ④是。《君陈》:“尔惟风。” ⑤宜,应当。《康诰》:“惟曰未有逊事。” ⑥只有、仅。《洛诰》:“惟洛食。” ⑦只是,用在叙述句的宾语前置式中表示动作行为的专一性。《大禹谟》:“枚卜功臣,惟吉之从。” ⑧以、凭借。《君奭》:“率惟兹有陈。” ⑨与、和。《多方》:“猷告尔四国多方惟尔殷侯尹民。” ⑩因此。《君奭》:“惟时受有殷命哉。” ⑪虽然,即使。《汤誓》:“予惟闻汝众言,夏氏有罪,予畏上帝,不敢不正。” ⑫语气助词。《多士》:“惟三月。”

粒　通“立”,意思是定。《益稷》:“烝民乃粒。”

旌别　识别。《毕命》:“旌别淑慝。”

望　古代祭祀山川的专名,望而祭之,所以叫做望。《武成》:“柴、望。”

逭 huàn　逃跑。《太甲中》:“不可逭。”

断断　诚实专一。《秦誓》:“断断猗无他技。”

眷　顾念。《大禹谟》:“皇天眷命。”

羞　进献。《酒诰》:“尔大克羞耇惟君。”

敝化　败坏的风俗。《毕命》:“敝化奢丽。”

【一】

赉 lài　赏赐。《汤誓》:“予其大赉汝。”

爽　①差错。《洛诰》:“惟事其爽侮。” ②明,使之明晓。《仲虺之诰》:“用爽厥师。” ③明,清明。《大诰》:“爽邦由哲。”

爽惟　句首语气助词。《康诰》:“爽惟民迪吉康。”

戛　①常法。《康诰》:“不率大戛。” ②敲击、弹奏。《益稷》:“戛击鸣球。”

戚　通“祷”,告事求福。《金縢》:“未可以戚我先王。”

辅　古代辅佐帝王的大臣。《泰誓中》:“贼虐谏辅。”

袭　重合。《泰誓中》:“袭于休祥。”

接 ①接待。《太甲中》:“接下思恭。” ②酬应。《旅獒》:“言以道接。”

职 ①职守。《胤征》:“羲和废厥职。” ②当。《秦誓》:“亦职有利哉。”

基 ①事业。《大诰》:“弼我丕丕基。” ②经营。《康诰》:“周公初基作新大邑于东国洛。” ③商定。《洛诰》:“其基作民明辟。” ④始。《君奭》:“厥基永孚于休。”

墠 shàn 用作祭祀的场地。《金縢》:“为三坛同墠。”

菑 zī 新垦土地。《大诰》:“厥父菑。”

萃 聚集。《武成》:“萃渊薮。”

黄朱 黄朱色的芾,诸侯礼服上的蔽膝。《康王之诰》:“布乘黄朱。”

黄发 指老人。《秦誓》:“尚猷询兹黄发。”

教 ①教令。《顾命》:“奠丽陈教。” ②教导。《舜典》:“教胄子。”

教工 指导工作。《洛诰》:“乃汝其悉自教工。”

敔 yǔ 一种打击乐器。《益稷》:“合止柷敔。”

球、琅玕 都是美玉。《禹贡》:“厥贡惟球、琳、琅玕。”

敕 ①告诫。《康诰》:“惟民其敕懋和。” ②劳。《益稷》:“敕天之命。”

隐 忖度、考虑。《盘庚下》:“尚皆隐哉。”

随 沿着、顺着。《益稷》:“随山刊木。”

陻 yīn 堵塞。《洪范》:“鲧陻洪水。”

隅 边远的地方。《君奭》:“海隅出日。”

【 | 】

崩 ①崩塌。《泰誓中》:“若崩厥角。” ②古代天子死叫做崩。《顾命》:“王崩。”

崇 ①尊奉。《仲虺之诰》:“钦崇天道。” ②尊敬。《牧誓》:“是崇是长。” ③聚会。《酒诰》:“矧曰其敢崇饮。” ④重。《盘庚中》:“高后丕乃崇降罪疾。” ⑤大。《多方》:“崇乱有夏。” ⑥高。《周官》:“功崇惟志。”

堂　基,打基础。《大诰》:“厥子乃弗肯堂。”

常　①常道。《吕刑》:“明明棐常。” ②指常主。《蔡仲之命》:“民心无常。” ③遵守。《盘庚上》:“由乃在位以常旧服。” ④祥。《皋陶谟》:“彰厥有常吉哉。” ⑤久。《盘庚上》:“兹犹不常宁。”

勖 xù　努力。《泰誓中》:“勖哉,夫子。”

冕　王冠。《顾命》:“相被冕服。”

野　民间。《大禹谟》:“野无遗贤。”

略　治理。《禹贡》:“嵎夷既略。”

跄　走动。跄跄,有节奏地走动,这里指扮飞禽走兽的跄跄跳舞。《益稷》:“鸟兽跄跄。”

距　①至、到达。《益稷》:“予决九川距四海。” ②通“拒”,抵御。《五子之歌》:“距于河。”

【丿】

敛　①赋敛。《微子》:“用乂雠敛。” ②采取。《洪范》:“敛时五福。”

矫　①欺诈。《仲虺之诰》:“矫诬上天。”

矫虔　诈骗抢夺。《吕刑》:“夺攘矫虔。”

牿　牛马圈。《费誓》:“今惟淫舍牿牛马。”

犁老　“犁”、“黎”、“耆”通,老人。《泰誓中》:“播弃犁老。”

敏　努力。《大禹谟》:“黎民敏德。”

悉　①尽心。《洛诰》:“乃汝其悉自教工。” ②详尽。《君奭》:“乃悉命汝。”

偶　通“耦”,辅佐。《君奭》:“汝明勖偶王。”

偃　①停止。《武成》:“乃偃武修文。” ②倒伏。《金縢》:“禾尽偃。”

假　①大。《大禹谟》:“不自满假。” ②借。《伊训》:“假手于我。”

逸　①人名。《洛诰》:“王命作册逸祝册。” ②过失。《酒诰》:“不惟自息乃逸。” ③安乐。《盘庚上》:“古我先王暨乃祖乃父胥及逸勤。”④淫逸。《多士》:“上帝引逸。”⑤放荡。《多方》:“尔乃惟逸惟颇。”

逸豫 安逸享乐。《五子之歌》:“以逸豫灭厥德。”

笾 biān 古代祭器。《武成》:“执豆笾。”

祭 祭酒,把酒洒在地上。《顾命》:“三祭。”

祭岁 报告岁事。《洛诰》:“王在新邑烝,祭岁。”

笙 一种管乐器。《益稷》:“笙镛以间。”

欲 喜欢。《秦誓》:“我尚不欲。”

盘 ①享乐。《五子之歌》:“乃盘游无度。”②通“般”,邪辟的意思。《秦誓》:“是多盘。”

盘庚 商王,成汤的第十世孙。《盘庚上》:“盘庚迁于殷。”

笥 sì 箱子。《说命中》:“惟衣裳在笥。”

婚 姻亲,指亲戚。《盘庚上》:“至于婚友。”

猪 通“潴”,水停聚的地方。《禹贡》:“大野既猪。”

猗 语气助词。《秦誓》:“断断猗无他技。”

绩 ①事绩,指事。《尧典》:“庶绩咸熙。”②功绩。《大禹谟》:“嘉乃丕绩。”③成、促成。《文侯之命》:“有绩予一人永绥在位。”④成功。《舜典》:“乃言厎可绩。”

绳 ①绳墨,木工用的墨线。《说命上》:“惟木从绳则正。”②纠正。《冏命》:“绳愆纠缪。”

缀 饰,指画饰。《顾命》:“缀纯。”

绪 前人留下的事业。《五子之歌》:“荒坠厥绪。”

十二画

【丶】

富 厚,指仁厚。《康王之诰》:“富不务咎。”

窜 《史记》作“迁”,流放义。《舜典》:“窜三苗于三危。”

粢盛 zī chéng　盛在祭器中的黍稷。《泰誓上》:"牺牲粢盛。"

赓　继续。《益稷》:"乃赓载歌曰。"

痡 pū　伤害。《泰誓下》:"毒痡四海。"

遂　①古代指城市的远郊。《费誓》:"鲁人三郊三遂。"　②通"术",法。《微子》:"我祖厎遂陈于上。"

谟　记述君臣议谋国事的一种文体。《胤征》:"圣有谟训。"

割　①剥削。《汤誓》:"率割夏邑。"　②取。《多士》:"割殷。"　③通"害"。《尧典》:"汤汤洪水方割。"　④通"曷",为什么。《君奭》:"在昔上帝割申劝宁王之德,其集大命于厥躬?"

就　①处所。《舜典》:"五服三就。"　②顺从。《秦誓》:"则曰未就予忌。"

斅 xiào　教,开导。《盘庚上》:"盘庚斅于民。"

祼 guàn　灌祭。《洛诰》:"王入太室,祼。"

裕　①指导。《康诰》:"若德裕乃身。"　②大。《洛诰》:"惇大成裕。"

湎　沉迷。《酒诰》:"罔敢湎于酒。"

蛮　古代对南方各少数民族的泛称。《武成》:"华夏蛮貊罔不率俾。"

孳尾　生育繁衍。《尧典》:"鸟兽孳尾。"

奠　①定。《禹贡》:"奠高山大川。"　②献。《康王之诰》:"一二臣卫敢执壤奠。"

道　①世道。《毕命》:"道有升降。"　②指治国的途径。《周官》:"论道经邦。"　③道义。《太甲下》:"必求诸道。"　④说。《康诰》:"既道极厥辜。"　⑤作"迪",语气助词。《君奭》:"我道惟宁王德延。"　⑥通"导",疏导。《禹贡》:"九河既道。"　⑦通"导",教导。《毕命》:"同厎于道。"

道心　指合于道义的思想。《大禹谟》:"道心惟微。"

道人　官名。《胤征》:"遒人以木铎徇于路。"

【一】

暂 通“渐”，诈欺。《盘庚中》：“暂遇奸宄。”

替 ①废弃。《旅獒》：“无替厥服。” ②停止。《洛诰》：“公勿替刑。”

琳 美石。《禹贡》：“厥贡惟球、琳、琅玕。”

琨 美石。《禹贡》：“厥贡惟金三品、瑶、琨。”

琰 尖顶圭。《顾命》：“琬琰。”

朝宗 诸侯朝见天子，这里比喻长江、汉水流入大海。《禹贡》：“江、汉朝宗于海。”

期 ①音 jī，一周年。《尧典》：“期三百有六旬有六日。” ②期待。《大禹谟》：“刑期于无刑。” ③当。《周官》：“位不期骄。

斯 ①这。《君陈》：“斯谋斯猷。” ②尽。《金縢》：“大木斯拔。” ③乃。《金縢》：“则罪人斯得。”

棼 fén 纷乱的样子。《吕刑》：“泯泯棼棼。”

楛 hù 木名，可作箭杆。《禹贡》：“……惟箘簵、楛。”

植 古“置”字。《金縢》：“植璧秉珪。”

椓 zhuó 宫刑。见九画“宫”条。

殛 jí ①流放。《舜典》：“殛鲧于羽山。” ②诛杀。《汤誓》：“天命殛之。”

殖 ①聚敛。《仲虺之诰》：“不殖货利。” ②封殖、培植。《仲虺之诰》：“殖有礼。” ③生活。《汤诰》：“兆民允殖。” ④通“植”，种植。《吕刑》：“农殖嘉谷。”

聒聒 意思是拒绝别人的好意而自以为是。《盘庚上》：“今汝聒聒。”

董 督察。《大禹谟》：“董之用威。”

揆 ①事物。《舜典》：“纳于百揆。” ②度量、考察。《禹贡》：“三百里揆文教。”

酢 酌酒回敬。《顾命》：“以异同秉璋以酢。”

酣　尽情喝酒取乐。《伊训》:“酣歌于室。”

厥　①其、这。《尧典》:“厥民析。”　②那。《君奭》:“厥基永孚于休。”　③他们的。《无逸》:“厥父母勤劳稼穑。”　④也许,大概。《多士》:“尔厥有干有年于兹洛。”　⑤语气助词。《召诰》:“王厥有成命治民。”

敬　①谨慎。《舜典》:“敬敷五教。”　②通“矜”,怜悯。《吕刑》:“哀敬折狱。”

惠　①矛一类的兵器。《顾命》:“执惠。”　②顺。《大禹谟》:“惠迪吉。”　③爱。《泰誓中》:“惟天惠民。”　④通“惟”,想。《君奭》:“予不惠若兹多诰。”　⑤语气助词。《皋陶谟》:“朕言惠可厎行。”

越　①越轨、违法。《盘庚中》:“颠越不恭。”　②失、忘记。《太甲上》:“无越厥命以自覆。”　③发扬。《酒诰》:“越小大德。”　④远。《康诰》:“杀越人于货。”　⑤在。《大诰》:“越兹蠢。”　⑥及、到了。《武成》:“越翼日。”　⑦与、和。《泰誓上》:“我友邦冢君,越我御事庶士。”

越若　句首语气助词。《召诰》:“越若来三月。”

越兹　于是。《吕刑》:“越兹丽刑并制。”

越逐　离开队伍去追赶。《费誓》:“勿敢越逐。”

遐　远。《太甲下》:“若陟遐。”

巽　通“践”,升。《尧典》:“巽朕位。”

弼　①辅佐。《大禹谟》:“以弼五教。”　②重。《益稷》:“弼成五服。”

弼亮　辅佐。《毕命》:“弼亮四世。”

登　①升。《酒诰》:“登闻于天。”　②成就。《泰誓下》:“以登乃辟。”

登庸　升用。《尧典》:“畴咨若时登庸。”

塈 xì　仰涂,屋顶上涂上泥巴。《梓材》:“惟其涂塈茨。”

属　①指刑罚的条目。《吕刑》:“墨罚之属千。”　②合、符合。《吕刑》:“属于五极。”　③合作。《盘庚中》:“尔忱不属。”　④通“孎”,怀孕。《梓材》:“至于属妇。”

【丨】

棐 fěi ①辅助。《大诰》:“天棐忱辞。” ②非、不是。《君奭》:“笃棐时二人。”

赎刑 从轻处罚的刑律。《舜典》:“金作赎刑。”

量 斗斛。《舜典》:“同律度量衡。”

畴 ①谁。《尧典》:“畴咨若时登庸。” ②种类。《洪范》:“不畀洪范九畴。” ③通“寿”。《酒诰》:“矧惟若畴。”

詈 lì 骂。《无逸》:“小人怨汝詈汝。”

践修 履行。古代履叫践,行叫修。《微子之命》:“尔惟践修厥猷”。”

遏 ①断绝、停止。《舜典》:“遏密八音。” ②通“竭”,尽。《汤誓》:“率遏众力。”

遇 通“隅”,奸邪的意思。《盘庚中》:“暂遇奸宄。”

遗 ①废弃。《泰誓上》:“遗厥先宗庙弗祀。” ②多余。《召诰》:“则无遗寿耇。” ③通“惟”。《大诰》:“遗大投艰于朕身。”

遗绪 前人遗留下来的功业。《君牙》:“惟予小子,嗣守文、武、成、康遗绪。”

【丿】

筑 ①椿土使坚实。《说命上》:“说筑傅岩之野。” ②用土培根。《金縢》:“尽起而筑之。” ③修筑营垒。《费誓》:“我惟筑。”

逾 ①越,离船上岸走陆路。《禹贡》:“逾于洛。” ②渡过。《武成》:“师逾孟津。” ③过。《秦誓》:“日月逾迈。” ④通“渝”,变更。《顾命》:“无敢昏逾。”

释 ①发射。《太甲上》:“则释。” ②解除。《武成》:“释箕子之囚。” ③解去,脱下。《康王之诰》:“王释冕。” ④释放。《多方》:“开释无辜。” ⑤通“怿”,喜悦。《大禹谟》:“释兹在兹。”

幾　①将近,接近。《益稷》:“敕天之命,惟时惟幾。”　②危险。《顾命》:“疾大渐,惟幾。”　③法。《顾命》:“尔无以钊冒贡于非幾兹。”

番　通“皤”,皤皤,白发苍苍的样子。《秦誓》:“番番良士。”

馈祀　国君举行的祭祀。《酒诰》:“尔尚克羞馈祀。”

象　①人名,舜的异母弟。《尧典》:“象傲。”　②衣服上的图像。《益稷》:“予欲观古人之象。”　③取法。《尧典》:“历象日月星辰。”　④刻画。《舜典》:“象以典刑。”　⑤效法。《微子之命》:“崇德象贤。”

象恭　外表好像恭敬。《尧典》:“象恭滔天。”

象刑　把刑杀的图像,刻在器物上,用来警戒人们。《益稷》:“方施象刑。”

翕 xī　聚合。《皋陶谟》:“翕受敷施。”

敜 niè　填塞。《费誓》:“敜乃阱。”

腆　①厚。《酒诰》:“不腆于酒。”　②主。《大诰》:“殷小腆诞敢纪其叙。”

遑　闲暇。《无逸》:“不遑暇食。”

遁　①巡,出巡。《说命下》:“既乃遁于荒野。”　②逃去。《微子》:“我不顾,行遁。”

舒　古文作“荼”,苦,这里指毒害。《多方》:“洪舒于民。”

锐　矛一类的武器。《顾命》:“执锐。”

答　①问。《牧誓》:“昏弃厥肆祀弗答。”　②对,扬。《顾命》:“用答扬文武之光训。”　③通“合”,集合。《洛诰》:“答其师。”

惩　①惩戒。《吕刑》:“罚惩非死。”　②改变。《泰誓上》:“罔惩其侮。”

御　①驾车的人。《甘誓》:“御非其马之正。”　②驾驭。《大禹谟》:“御众以宽。”　③侍奉。《五子之歌》:“厥弟五人御其母以从。”　④进。《顾命》:“御王册命。”

集　①降下。《君奭》:“其集大命于厥躬。”　②成就、成功。《泰誓上》:“大勋未集。”　③安。《梓材》:“后式典集。”　④在,在于。《多方》:“不集于享。”

猾 扰乱，猾夏，扰乱中夏。《舜典》：“蛮夷猾夏。”

飨 饮酒。《顾命》：“上宗曰飨！”

十三画

【丶】

雍 ①和睦。《尧典》：“黎民於变时雍。” ②和、和顺合理。《无逸》：“言乃雍。”

亶 dǎn ①诚恳、诚信。《盘庚中》：“诞告用亶。” ②真正、真的。《泰誓上》：“亶聪明，作元后。”

禀 受。《说命上》：“不言，臣下罔攸禀命。”

慆淫 享乐过度。《汤诰》：“无即慆淫。”

滔天 ①怀疑天。滔，通“謟”，疑也。《尧典》：“象恭滔天。” ②弥漫接天，形容波浪高大。《尧典》：“浩浩滔天。”

廉 引申为人的品行方正。《皋陶谟》：“简而廉。”

瘅 dàn 憎恨。《毕命》：“彰善瘅恶。”

新 ①使……新，更新。《咸有一德》：“时乃日新。” ②通“亲”。《金縢》：“惟朕小子其新逆。”

歆 欣然。《微子之命》：“上帝时歆。”

靖 ①谋划、打算。《微子》：“自靖。” ②善。《盘庚上》：“则惟汝众自作弗靖。” ③和。《无逸》：“嘉靖殷邦。”

猷 ①导、教。《汤诰》：“克绥厥猷惟后。” ②道理。《蔡仲之命》：“克慎厥猷。” ③计谋。《洪范》：“有猷有为有守。” ④告。《多方》：“猷告尔四国多方惟尔殷侯尹民。” ⑤叹词。《微子之命》：“猷！殷王元子。” ⑥通“徭”，徭役。《康诰》：“远乃猷。” ⑦通“犹”，还；尚猷，同义复合词。《秦誓》：“尚猷询兹黄发。”

猷裕 教导。《君奭》:“乃猷裕我。”

禋 yīn 祭名。《舜典》:“禋于六宗。” ②泛指祭祀。《洛诰》:“王宾杀禋咸格。”

【一】

瑁 玉器。《顾命》:“上宗奉同瑁。”

瑕 病,责备。《康诰》:“不汝瑕殄。”

赖 利。《大禹谟》:“万世永赖。”

戡 ①战胜、平定。《西伯戡黎》:“西伯戡黎。” ②克、能够。《康王之诰》:“戡定厥功。”

勤 ①勤劳。《武成》:“王季其勤王家。” ②慰劳。《康诰》:“周公咸勤。”

输 变更。《吕刑》:“输而孚。”

辑 ①敛、合、聚集。《舜典》:“辑五瑞。” ②和睦。《汤诰》:“俾予一人辑宁尔邦家。”

遘 遇到。《金縢》:“遘厉虐疾。”

搏拊 一种打击乐器。《益稷》:“戛击鸣球、搏拊、琴、瑟,以咏。”

献 贤,指贤者。《大诰》:“民献有十夫予翼。”

蒙 昏暗。《洪范》:“曰蒙。”

蒙士 下士。《伊训》:“具训于蒙士。”

戣 kuí 三锋矛。《顾命》:“执戣。”

暋 mǐn 强横。《康诰》:“暋不畏死。”

辟 ①君主。《泰誓中》:“惟辟奉天。” ②音 bì,摄政为君。《金縢》:“我之弗辟。” ③法度。《酒诰》:“宏父定辟。” ④处罚。《君陈》:“予曰辟。” ⑤通“僻”,偏差。《梓材》:“罔攸辟。”

【丨】

虞 ①掌管山林的官。《舜典》:“汝作朕虞。” ②误,失误。《大禹谟》:“儆戒无虞。” ③商量。《君陈》:“出入自尔师虞。” ④忧虑。《毕命》:“四方无虞。”

肆 ①祭名。《牧誓》:“昏弃厥肆祀弗答。” ②放纵。《泰誓中》:“淫酗肆虐。” ③缓、赦宥。《多士》:“予惟率肆矜尔。” ④长。《君奭》:“肆念我天威。” ⑤故,从前。《泰誓上》:“肆予小子发。” ⑥今、现在。《大诰》:“肆予冲人永思艰曰。” ⑦努力。《康诰》:“肆汝小子封在兹东土。” ⑧遂,于是。《舜典》:“肆类于上帝。” ⑨所以。《武成》:“肆予东征。”

鄙 图谋。《大诰》:“反鄙我周邦。”

嗣 ①后嗣、子孙后代。《大禹谟》:“罚弗及嗣。” ②继承。《舜典》:“弗嗣。” ③继续。《顾命》:“嗣守文武大训。” ④通“辞”,辞谢。《顾命》:“王义嗣。”

罪 ①刑罚。《盘庚上》:“用罪伐厥死。” ②过失。《泰誓下》:“惟朕文考无罪。” ③惩罚。《泰誓下》:“罪人以族。” ④降罪。《汤诰》:“请罪有夏。”

跣 xiǎn 赤脚。《说命上》:“若跣弗视地。”

颒 huì 洗脸。《顾命》:“王乃洮颒水。”

【丿】

雉 野鸡。《高宗肜日》:“越有雊雉。”

锡 ①通“赐”,给予。《洪范》:“天乃锡禹洪范九畴。” ②进献。《禹贡》:“锡贡。” ③进言。《尧典》:“师锡帝曰。”

微 ①精微。《大禹谟》:“道心惟微。” ②与“章”对举,义为不显扬。《洪范》:“俊民用微。”

徯 等待。《益稷》:“徯志以昭受上帝。”

愆　①过失。《大禹谟》:“帝德罔愆。”　②超过。《牧誓》:“不愆于六步、七步。”　③丧失、失掉。《秦誓》:“旅力既愆。”

简　①选择。《多士》:“夏迪简在王庭。”　②核实。《吕刑》:“五辞简孚。”　③明白。《汤诰》:“惟简在上帝之心。”　④直率,志向远大。《皋陶谟》:“简而廉。”　⑤明。《多方》:“简畀殷命。”　⑥大。《文侯之命》:“简恤尔都。”

错　错杂、夹杂。《禹贡》:“厥赋惟上上,错。”

肄　劳苦。肄肄,努力的意思。《顾命》:“则肄肄不违。”

禽　鸟。《旅獒》:“珍禽奇兽不育于国。”

禽荒　特指迷乱于打鸟兽。《五子之歌》:“外作禽荒。”

貊 mò　古代北方少数民族。《武成》:“华夏蛮貊。”

辞　①特指王命。《大禹谟》:“奉辞伐罪。”　②讼辞。《吕刑》:“无疆之辞。”　③怨言。《吕刑》:“皇帝清问下民鳏寡有辞于苗。”　④称颂。《君陈》:“终有辞于永世。”

魁　首领。《胤征》:“歼厥渠魁。”

缟　白缯、绢。《禹贡》:“厥篚玄纤缟。”

嫔　妇,作动词,嫁。《尧典》:“嫔于虞。”

十四画

【丶】

肇　①劝勉。《酒诰》:“肇我民。”　②始。《洛诰》:“王肇称殷礼。”　③努力。《伊训》:“先王肇修人纪。”　④通“庫”,创建。《酒诰》:“肇国在西土。”

膂 lǚ　脊骨,股肱心膂比喻君王左右得力的大臣。《君牙》:“作股肱心膂。”

寡　①大。《康王之诰》:“无坏我高祖寡命。”　②少。《毕命》:“罔曰民寡。”

寡兄 大兄，指周武王。《康诰》：“乃寡兄勖。”

彰 ①表彰。《盘庚上》：“用德彰厥善。” ②宣扬。《泰誓下》：“厥类惟彰。” ③显著、显明。《泰誓中》：“秽德彰闻。”

塾 门侧堂屋。《顾命》：“先辂在左塾之前。”

慢 ①懈怠、懒惰。《益稷》：“惟慢游是好。” ②侮慢、轻慢。《咸有一德》：“慢神虐民。”

端 始，才。《康王之诰》：“用端命于上帝。”

【一】

愿 严谨讲原则。《皋陶谟》：“愿而恭。”

瑶 美玉。《禹贡》：“厥贡惟金三品、瑶、琨。”

蔽 ①断定。《大禹谟》：“官占惟先蔽志。” ②堵塞。《康诰》：“勿用非谋非彝蔽时忱。”

墉 yōng 高墙。《梓材》：“既勤垣墉。”

蔑 无，没有。《君奭》：“无能往来，兹迪彝教，文王蔑德降于国人。”

蔡 相约遵守刑法。《禹贡》：“二百里蔡。”

熙 ①发扬、光大。《舜典》：“有能奋庸熙帝之载。” ②兴起、兴盛。《尧典》：“庶绩咸熙。” ③宽广。《大禹谟》：“百志惟熙。”

誓 ①宣誓。《牧誓》：“予其誓。” ②谨慎。《顾命》：“恐不获誓言嗣。”

綦 qí 青黑色。《顾命》：“四人綦弁。”

隩 ①音 yù，通“奥”，室、室内。《尧典》：“厥民隩。” ②音 ào，可以定居的土地。《禹贡》：“四隩既宅。”

暨 ①通“慦”惠顾、爱护。《无逸》：“爰暨小人。” ②到，这个意义又写作“洎”。《说命下》：“暨厥终罔显。” ③和、同。《尧典》：“汝羲暨和。”

嘉 赞美。《大禹谟》：“嘉乃丕绩。”

慝 邪恶。《大禹谟》：“负罪引慝。”

臧　善、好。《仲虺之诰》："帝用不臧。"

截　通"戋"，浅薄的样子。《秦誓》："惟截截善谝言。"

翟　山雉，羽毛可作装饰品。《禹贡》："羽畎夏翟。"

獒　大犬。《旅獒》："西旅厎贡厥獒。"

静言　善言。《尧典》："静言庸违。"

【丨】

睿　通达。《洪范》："思曰睿。"

喦　同"岩"，险；民喦，即民险，指殷民难治。《召诰》："用顾畏于民喦。"

罴　熊的一种。《牧誓》："如熊如罴。"

【丿】

儆　①戒备。《大禹谟》："儆戒无虞。"　②警告。《大禹谟》："降水儆予。"

僝 zhuàn　具有。《尧典》："共工方鸠僝功。"

僭 jiàn　①差错。《汤诰》："天命弗僭。"　②越轨。《洪范》："民用僭忒。"

魄　也作"霸"，月光。见十画"旁死魄"条。

管　竹制的管乐器。《益稷》："下管鼗鼓。"

箘簬 jùn lù　美竹。《禹贡》："厥贡……惟箘簬、楛。"

箕子　殷纣王受的叔父。《武成》："释箕子囚。"

箫韶　舜时乐曲名。《益稷》："《箫韶》九成。"

锻　锻冶、制造。《费誓》："锻乃戈矛。"

锾 huán　古代重量单位，六两。《吕刑》："其罚百锾。"

镂　可以刻镂的坚硬金属。《禹贡》："厥贡璆、铁、银、镂……"

疑　疑案。《吕刑》："五刑之疑有赦。"

貌 ①容貌。《洪范》:“一曰貌。” ②治。《吕刑》:“惟貌有稽。”

鲜 ①新杀的鸟兽。《益稷》:“暨益奏庶鲜食。” ②鲜明。《盘庚中》:“后胥感鲜。” ③善。《无逸》:“惠鲜鳏寡。” ④少。《立政》:“鲜哉。”

熊罴 人名。《舜典》:“让于朱虎、熊罴。”

十五画

【丶】

瘠 病,引申指受害的人。《微子》:“多瘠罔诏。”

颜厚 面带羞愧。《五子之歌》:“颜厚有忸怩。”

毅 刚毅果断。《皋陶谟》:“扰而毅。”

瘝 guān ①病。《康诰》:“恫瘝乃身。” ②病,指作恶的人。《召诰》:“智藏瘝在。” ③败坏。《冏命》:“瘝厥官。”

【一】

璆 同“球”,美玉。《禹贡》:“厥贡璆……”

璋 大臣所用的酒器。《顾命》:“以异同秉璋以酢。”

璇玑玉衡 北斗七星。《舜典》:“在璇玑玉衡。”

播 ①播种。《益稷》:“暨稷播。” ②分布。《禹贡》:“播为九河。” ③放弃。《多方》:“尔乃屑播天命。” ④施行。《吕刑》:“非时伯夷播刑之迪。” ⑤遍。遍弃,不礼敬。《泰誓中》:“播弃犁老。”

播民 播迁之民,此指殷民。《康诰》:“播民和见。”

感 ①忧。《多方》:“不肯感言于民。” ②通“戚”,贵戚大臣。《盘庚中》:“后胥感鲜。”

觐 ①朝见天子。《舜典》:“觐四岳群牧。” ②显扬。《立政》:“以觐文王之耿光。”

敷 ①分别。《益稷》:“帝不时敷。” ②施行。《舜典》:“敬敷五教。” ③表明。《君奭》:“前人敷乃心。” ④布置,铺设。《顾命》:“敷重篾席。”　⑤普遍。《金縢》:“敷佑四方。”

敷浅原　今江西庐山。《禹贡》:“过九江至于敷浅原。”

蕃　①滋多。《洪范》:“庶草蕃庑。”　②通“藩”,屏障。《微子之命》:“以蕃王室。”

醇　不杂。《说命中》:“政事惟醇。”

慰　自慰。《吕刑》:“今尔罔不由慰曰勤。”

遹 yù　遵循。《康诰》:“今民将在祇遹乃文考。”

戮　①罪。《牧誓》:“其于尔躬有戮。”　②通“勠”,并力,勉力。《汤诰》:“与之戮力。”

【丨】

敹 liáo　缝缀。《费誓》:“善敹乃甲胄。”

髳 máo　周时西南方的诸侯国。今甘肃与四川交界地区。《牧誓》:“髳。”

瞑眩　头昏眼花。《说命上》:“若药弗瞑眩。”

暴德　暴行。《立政》:“是惟暴德。”

墨　墨刑,在脸上刺字后涂上墨,又叫黥刑。《吕刑》:“墨辟疑赦。”

【丿】

篑　盛土的竹器。《旅獒》:“功亏一篑。”

稼穑　播种和收获。《洪范》:“土爰稼穑。”

鲧　人名,夏禹的父亲。《尧典》:“鲧哉。”

德　①有德的人。《舜典》:“舜让于德。”　②恩德、恩惠。《盘庚下》:“式敷民德。”　③行为。《君奭》:“惟乃知民德亦罔不能厥初。”　④升堂。《益稷》:“群后德让。”　⑤罪罚之反,奖赏。《盘庚上》:“用德彰厥善。”

稷　古代主管农事的官,泛指农业。《舜典》:“汝后稷。”

稽　①考察。《尧典》:“曰若稽古。”　②符合。《酒诰》:“作稽中德。” ③治。《梓材》:“若稽田。” ④同。《吕刑》:“惟貌有稽。” ⑤通“卟”,卜以问疑。《洪范》:“次七曰明用稽疑。”

頟頟 é　作恶不停。《益稷》:“罔昼夜頟頟。”

十六画

【丶】

凝　成功。《皋陶谟》:“庶绩其凝。”

辨　俾、使。《酒诰》:“勿辩乃司民湎于酒。”

辩言　巧言、诡辩。《太甲下》:“君罔以辩言乱旧政。”

憝 duì　怨恨。《康诰》:“罔弗憝。”

瘝 guān　①病。《康诰》:“恫瘝乃身。” ②病,指作恶的人。《召诰》:“智藏瘝在。” ③败坏。《冏命》:“瘝厥官。”

瘳 chōu　病愈。《金縢》:“王翼日乃瘳。”

懔　内心恐惧。《五子之歌》:“懔乎若朽索之驭六马。”

懔懔　恐惧的样子。《泰誓中》:“百姓懔懔。”

糗 qiǔ　炒熟的米、麦等谷物;糗粮就是干粮。《费誓》:“峙乃糗粮。”

【一】

擭 huò　装有机关的捕兽器。《费誓》:“杜乃擭。”

燕　通“宴”,宴饮。《酒诰》:“用燕丧威仪。”

薄　①靠近。《益稷》:“外薄四海。” ②追逐、讨伐。《酒诰》:“圻父薄违。”

殪 yì　死,此指灭亡。《康诰》:“殪戎殷。”

磬错　制磬的石头。《禹贡》:“锡贡磬错。”

豫　逸乐。《洪范》:“曰豫。”

【丨】

罹 lí　①遭遇。《汤诰》:"罹其凶害。"　②陷入。《洪范》:"不罹于咎。"　③忧。《酒诰》:"无罹。"

噫　唉,叹词。《金縢》:"噫！公命我勿敢言。"

默　幽静。《说命上》:"恭默思道。"

【丿】

穆　恭敬。《金縢》:"我其为王穆卜。"

穆穆　①恭敬。《多方》:"亦则以穆穆在乃位。"　②美。《洛诰》:"旁作穆穆。"

穑　收获,泛指耕种。《盘庚上》:"力穑乃亦有秋。"

穑事　农事。《汤誓》:"舍我穑事。"

穑夫　农夫。《大诰》:"若穑夫。"

劓 yì　①割鼻子的刑罚。《康诰》:"非汝封又曰劓刵人。"　②通"劓",断。《盘庚中》:"我乃劓殄灭之。"

劓割　残害。《多方》:"劓割夏邑。"

衡　①斤两。《舜典》:"同律度量衡。"　②通"横"。《禹贡》:"至于衡漳。"

筱　小竹。《禹贡》:"筱簜既敷。"

篚　圆形的盛物竹器。《禹贡》:"厥篚织文。"

盥　洗手。《顾命》:"太保受同,降,盥。"

赞　见。《大禹谟》:"益赞于禹曰。"

赞赞　帮助。《皋陶谟》:"思曰赞赞襄哉。"

颠　倒仆。《盘庚上》:"若颠木之有由蘖。"　②陨、坠落。《盘庚中》:"颠越不恭。"

镛　大钟。《益稷》:"笙镛以间。"

敿 jiǎo　系结。《费誓》:"敿乃干。"

十七画

【丶】

襄 ①辅佐。《皋陶谟》:“思曰赞赞襄哉。” ②除。《君奭》:“襄我二人,汝有合哉。”

燮 调和。《周官》:“燮理阴阳。”

羲和 羲氏与和氏;我国传说中世袭执掌天文的官吏。《尧典》:“乃命羲和。”

燠 温暖。《洪范》:“曰燠。”

膺 受。《武成》:“诞膺天命。”

【一】

鞠 ①养育、抚养。《盘庚下》:“鞠人谋人之保居。” ②穷,走投无路。《盘庚中》:“尔惟自鞠自苦。”

鞠子 幼儿,康王自谦。《康王之诰》:“无遗鞠子羞。”

懋 ①通“贸”,移易、转移。《召诰》:“其眷命用懋。” ②努力。《毕命》:“惟公懋德。” ③通“茂”,盛大、褒美。《大禹谟》:“予懋乃德。” ④通“贸”,买卖。《益稷》:“懋迁有无。”

翼 ①辅助。《益稷》:“汝翼。” ②通“翌”,翌即“翊”字,飞动的样子。《大诰》:“今蠢今翼。” ③敬慎。《大诰》:“越予小子考翼,不可征。”

翼日 第二天。《武成》:“越翼日。”

翼室 路寝旁室,侧室。《顾命》:“延入翼室。”

孺子 童子,这里指成王。《洛诰》:“孺子其朋。”

【丨】

黻 fú 青黑相间像两个“弓”字相背的花纹。《益稷》:“黼、黻、绨绣。”

黜 ①罢免。《舜典》:“黜陟幽明。” ②降,降低。《盘庚上》:“汝克黜乃心。” ③退。《泰誓下》：“放黜师保。”

黜伏　退伏，废黜。《汤诰》：“罪人黜伏。”

黜陟　诸侯百官的进退升降。《周官》：“大明黜陟。”

蹈　踩。《君牙》：“若蹈虎尾。”

【丿】

徽　①美、善。《舜典》：“慎徽五典。” ②和。《无逸》：“徽柔懿恭。”

爵　爵位。《说命中》：“爵罔及恶德。”

貔　一种猛兽，豹属。《牧誓》：“如虎如貔。”

繇　茂。《禹贡》：“厥草惟繇。”

十八画

【一】

覆　①覆灭。《五子之歌》：“覆宗绝祀。” ②反、背。《吕刑》：“以覆诅盟。”

瞽 gǔ　①瞎子，这里指舜的父亲乐官瞽叟。《尧典》：“瞽子。” ②泛指乐官。《胤征》：“瞽奏鼓。”

鼖 fén　古代的一种军鼓。《顾命》：“鼖鼓。”

檿 yǎn　山桑，柞树。《禹贡》：“厥篚檿丝。”

璧　圆形的玉。《金縢》：“植璧秉珪。”

懫 zhì　忿戾。《多方》：“亦惟有夏之民叨懫日钦。”

簜 dàng　大竹。《禹贡》：“筱簜既敷。”

【丨】

嚚讼　奸诈又好争辩。《尧典》：“嚚讼。”

【丿】

彝　①法。《康诰》：“蔽殷彝。” ②《史记》作“夷”，陈列宣扬的意思。

《洪范》:“是彝是训。” ③经常。《酒诰》:“无彝酒。”

彝伦 常理。《洪范》:“彝伦攸叙。”

鳏 病,引申为痛苦的人。《尧典》:“有鳏在下。”

鳏寡 泛指孤苦无依的人。《无逸》:“不敢侮鳏寡。”

十九画

【丶】

靡 无、不。《咸有一德》:“命靡常。”

靡靡 浮躁奢华。《毕命》:“商俗靡靡。”

羹 用肉或菜调和五味做成的带汁的食物。《说命下》:“若作和羹。”

【一】

蘉 máng 勉力。《洛诰》:“汝乃是不蘉。”

孽 灾祸。《太甲中》:“天作孽。”

藻 水草。《益稷》:“宗彝、藻……”

【丨】

黼 fǔ 古代礼服上白与黑相间的像斧形的花纹。《益稷》:“粉米、黼。”

黼扆 古代帝王座位后面饰有黑白相间花纹的像斧形的屏风。《顾命》:“狄设黼扆、缀衣。”

黼纯 用黑色和白色的丝织品镶饰的席边。《顾命》:“黼纯。”

黼裳 绣着斧形花纹的礼服。《顾命》:“王麻冕黼裳。”

【丿】

鼗 táo 又写作“鞉”,一种小鼓。《益稷》:“下管鼗鼓。”

缵 zuǎn 继承、继续。《仲虺之诰》:“缵禹旧服。”

二十画

【一】

醴　甜酒。《说命下》："若作酒醴。"

壤　①柔土。《禹贡》："厥土惟白壤。"　②土产品。《康王之诰》："一二臣卫敢执壤奠。"

攘　窃取。《吕刑》："夺攘矫虔。"

蘖 niè　树木被砍伐的残余长出嫩芽。《盘庚上》："若颠木之有由蘖。"

馨 xīn　芳香，又指散布很远的香气。《酒诰》："弗惟德馨香祀。"

【丨】

黩　轻慢、不庄重。《说命中》："黩于祭祀。"

二十一画

【一】

蠢　骚动。《金縢》："今蠢今翼。"

夔　人名，相传舜时的乐官。《舜典》："让于夔、龙。"

夔夔　敬惧的样子。《大禹谟》："夔夔斋栗。"

二十二画

【一】

糵　酿酒用的发酵剂。《说命下》："尔惟曲糵。"

懿　美。《无逸》："徽柔懿恭。"

二十三画

【丶】

蠲 juān　①清明。《多方》:“图厥政不蠲烝。”　②免除。《酒诰》:“惟我一人弗恤弗蠲。”

【丿】

籥 yuè　写兆书的竹筒。《金縢》:“启籥见书。”

二十四画

【一】

衋 xì　伤痛。《酒诰》:“民罔不衋伤心。”

附录

尚书通假字表

钱宗武

说　明

1. 本表所选字大多是《尚书》以后古书中少见的通假字。

2. 编排按照篇目内容为序，以便检索。

通假字	本字	句中词义	例句	篇目
安安	晏晏	温和	钦明文思安安	尧典
希革	稀	羽毛稀疏	鸟兽希革	尧典
隩	奥	室	厥民隩	尧典
平	辨	分辨	平章百姓	尧典
有	又	用于零数和整数之间	期三百有六旬有六日	尧典
采	事	政事	畴咨若予采	尧典
方	防	防水	共工方鸠僝功	尧典
鸠	救	救灾	共工方鸠僝功	尧典
滔	謟	怀疑	象恭滔天	尧典
割	害	灾害	汤汤洪水方割	尧典
方	放	放弃	方命圮族	尧典
巽	践	升任	巽朕位	尧典
时	是	这个(人)	女于时	尧典
班	颁	分发	班瑞于群后	舜典
贼	则	就	怙终贼刑	舜典
谐	偕	一同	汝谐	舜典
永	咏	唱	歌永言	舜典
和	宣	宣扬	惟和	大禹谟
迈	励	勤勉	皋陶迈种德	大禹谟
释	怿	喜悦	释兹在兹	大禹谟
亦	迹	检验	亦行有九德	皋陶谟
严	俨	矜持、庄重的样子	日严祗敬六德	皋陶谟
懋	贸	买卖	懋迁有无	益稷
粒	立	定	烝民乃粒	益稷
师	斯	此	师汝昌言	益稷
昭	诏	指导	徯志以昭受上帝	益稷
会	绘	绘画	作会	益稷

续表 1

通假字	本字	句中词义	例句	篇目
絺	紩	缝	絺绣	益稷
庶	度	考察	明庶以功	益稷
虐	谑	戏谑	傲虐是作	益稷
荒	忙	忙于	惟荒度土功	益稷
岐	歧	山的支脉	治梁及岐	禹贡
衡	横	横着	至于衡漳	禹贡
道	导	疏导	九河既道	禹贡
猪	潴	水停聚的地方	大野既猪	禹贡
毛	旄	旄牛尾	厥贡羽、毛、齿、革	禹贡
被	陂	修筑提防	被孟猪	禹贡
汇	淮	淮河	会于汇	禹贡
威(威)	蔑	轻慢	有扈氏威侮五行	甘誓
恭	共	奉	今予惟恭行天之罚	甘誓
孥	奴	降为奴隶	予则孥戮汝	甘誓
钧	均	平均	关石和钧	五子之歌
畔	叛	违背	畔官离次	胤征
割	曷	为什么	割正夏	汤誓
正	征	征伐	割正夏	汤誓
遏	竭	尽	夏王率遏众力	汤誓
锡	赐	赐予	天乃锡王勇智	仲虺之诰
匪	非	不	无从匪彝	汤诰
显	宪	思	先王昧爽丕显	太甲上
子	慈	慈爱	先王子惠困穷	太甲中
有	友	友好	并其有邦厥邻	太甲中
有	佑	佑助	启迪有命	咸有一德
正	政	政权	爰革夏正	咸有一德
指	旨	意旨	不匿厥指	盘庚上

续表 2

通假字	本字	句中词义	例句	篇目
信	申	申说	起信险肤	盘庚上
惕	施	给予	不惕予一人	盘庚上
沈	扰	说不正确的话	恐沈于众	盘庚上
度	敷	闭	度乃口	盘庚上
失	佚	轻忽	无荒失朕命	盘庚中
感	戚	贵戚大臣	后胥感鲜	盘庚中
共	拱	稳定	承汝俾汝惟喜康共	盘庚中
宣	和	和协	乃咸大不宣乃心	盘庚中
忱	扰	不正的话	钦念以忱动予一人	盘庚中
迓	御	劝请	予迓续乃命于天	盘庚中
丕	不	不	予丕克羞尔用怀尔	盘庚中
迪	攸	长	汝罔能迪	盘庚中
则	贼	害	汝有戕则在乃心	盘庚中
敬	儆	警戒	永敬大恤	盘庚中
暂	渐	欺诈	暂遇奸宄	盘庚中
遇	隅	奸邪	暂遇奸宄	盘庚中
劓	剿	断绝	我乃劓殄灭之	盘庚中
育	胄	后代	无遗育	盘庚中
多	侈	光大	古我先王将多于前功	盘庚下
各	格	谋略	吊由灵各	盘庚下
省	眚	灾祸、伤害	惟干戈省厥躬	说命中
来	倈	伸展	厥修乃来	说命下
监	鉴	借鉴	监于先王成宪	说命下
格	假	赞美	格于皇天	说命下
格	假	宽解	惟先格王	高宗肜日
典	腆	善	典厥义	高宗肜日

续表3

通假字	本字	句中词义	例句	篇目
孚	付	交付	天既孚命	高宗肜日
司	嗣	嗣位	王司敬民	高宗肜日
既	其	恐怕	天既讫我殷命	西伯戡黎
参(絫)	傫	懒惰懈怠	参在上	西伯戡黎
戮	勠	努力	不无戮于尔邦	西伯戡黎
遂	术	法	我祖厎遂陈于上	微子
草	抄	掠取	殷罔不小大好草窃宄奸	微子
获	矱	法	乃罔恒获	微子
发	废	废弃	我其发出狂	微子
畏	威	威力	乃罔畏畏	微子
雠	稠	多	用乂雠敛	微子
钧	均	相同	厥罪惟钧	泰誓上
类	禷	祭、祭祀名	类于上帝	泰誓上
犁	耆	老人	播弃犁老	泰誓中
迓	御	禁止	弗迓克奔以役西土	牧誓
正	政	军事	将有大正于商	武成
衣	殷	殷商	一戎衣	武成
稽	卟	卜以问疑	次七曰明用稽疑	洪范
向	飨	劝勉	次九曰向用五福	洪范
性	生	生长	犬马非其土性不畜	旅獒
戚	祷	告事求福	未可以戚我先王	金縢
佑	有	有	敷佑四方	金縢
翼	翌	第二天	王翼日乃瘳	金縢
新	亲	亲自	惟朕小子其新逆	金縢
敷	辅	辅助	敷前人受命	大诰
明	命	命	绍天明	大诰

续表 4

通假字	本字	句中词义	例句	篇目
翼	翊	动乱	今蠢今翼	大诰
敉	弥	完成	以于敉宁、武图功	大诰
害	曷	何	王害不违卜	大诰
遗	惟	语助词、无义	遗大投艰于朕身	大诰
极	亟	迅速	予不敢不极卒宁王图事	大诰
攸	猷	谋求	予曷其不于前宁人图功攸终	大诰
诞	延	延请	惟大艰人诞邻胥伐于厥室	大诰
蕃	藩	屏障	以蕃王室	微子之命
绍	劭	尽力	绍闻衣德言	康诰
畏	威	德、辅助	天畏棐忱	康诰
要	幽	囚禁	要囚	康诰
求	捄	法则	用康乂民作求	康诰
曰	聿	句中语气助词	矧曰其尚显闻于天	康诰
猷	徭	徭役	远乃猷	康诰
肇	肁	创建	肇国在西土	酒诰
介	界	限制	尔乃自介用逸	酒诰
徂	助	辅助	我西土棐徂邦君御事小子	酒诰
哲	悊	敬	经德秉哲	酒诰
咸	覃	延续	自成汤咸至于帝乙	酒诰
身	侗	神	身厥命	酒诰
祇	疷	病，痛苦	罔显于民祇	酒诰
泆	佚	安乐	淫泆于非彝	酒诰
燕	宴	宴饮	用燕丧威仪	酒诰

续表 5

通假字	本字	句中词义	例句	篇目
迪	由	辅佐	又惟殷之迪诸臣惟工	酒诰
乱	率	大抵,大都	厥乱为民	梓材
敬	鳏	老而无妻的人	至于敬寡	梓材
历	磿	俘虏	历人	梓材
辟	僻	偏、偏差	罔攸辟	梓材
涂	斁	完成	惟其涂塈茨	梓材
夹	郏	洛邑	怀为夹	梓材
怿	斁	完成	用怿先王受命	梓材
兹	已	终止	兹大国殷之命	召诰
徂	诅	诅咒	徂厥亡	召诰
执	垫	困境	出执	召诰
懋	贸	移易	其眷命用懋	召诰
面	勔	努力	面稽天若	召诰
碞	岩	险	用顾畏于民碞	召诰
绍	卲	卜问	王来绍上帝	召诰
刑	型	效法	小民乃惟刑用于天下	召诰
文	紊	紊乱	咸秩无文	洛诰
笃	督	督导	汝受命笃弼	洛诰
暇	假	代为	朕不暇听	洛诰
迓	御	逆	迓衡不迷	洛诰
衡	横	横逆	迓衡不迷	洛诰
功	攻	善于	公功棐迪	洛诰
乱	率	语气助词	乱为四辅	洛诰
肃	速	迅速	公功肃将祗欢	洛诰
刑	型	示范	公勿替刑	洛诰

续表 6

通假字	本字	句中词义	例句	篇目
其	基	考虑	其大惇典殷献民	洛诰
恭	共	法	作周恭先	洛诰
孚	郛	城郭	作周孚先	洛诰
答	合	集合	答其师	洛诰
昭	诏	告	考朕昭子刑	洛诰
致	至	执行	致天罚	多士
固	怙	凭借	惟天不畀允罔固乱	多士
格	詻	教令	则惟帝降格	多士
辞	怠	怠慢	大淫泆有辞	多士
闻	问	恤问、怜恤	惟时天罔念闻	多士
致	至	大	降致罚	多士
适	敌	敌人	惟我事不贰适	多士
迪	由	辅臣	夏迪简在王庭	多士
或	克	能够	乃或言尔攸居	多士
攸	悠	长久	乃或言尔攸居	多士
暨	慨	惠爱	爰暨小人	无逸
咸	諴	和谐	用咸和万民	无逸
田	畋	打猎	文王不敢盘于游田	无逸
有	尤	恨	怨有同	无逸
孚	保	保持	厥基永孚于休	君奭
时	恃	依靠	时我	君奭
兹	孜	努力	兹迪彝教	君奭
冒	勖	努力	惟兹四人昭武王惟冒	君奭
单	殚	尽	丕单称德	君奭
同未	恫昧	年幼无知	小子同未在位	君奭

续表 7

通假字	本字	句中词义	例句	篇目
收	纠	纠正	诞无我责收	君奭
偶	耦	辅佐	汝明勖偶王	君奭
乘	承	承受	在亶乘兹大命	君奭
戡	堪	胜任	惟时二人弗戡	君奭
让	襄	帮助	在让后人于丕时	君奭
惠	惟	想	予不惠若兹多诰	君奭
甲	狎	习	因甲于内乱	多方
进	賮	财物	罔丕惟进之恭	多方
恭	供	进	罔丕惟进之恭	多方
舒	荼	苦(作动词),毒害	洪舒于民	多方
钦	廞	兴、盛行	亦惟有夏之民叨懫日钦	多方
纯	屯	众	惟天不畀纯	多方
恭	供	供职	惟夏之恭多士大不克明保享于民	多方
屑	泆	安逸	图天之命屑有辞	多方
暇	夏	夏朝	天惟五年须暇之子孙	多方
乂	艾	辅佐	尔曷不夹介乂我周王享天之命	多方
屑	悉	完全	尔乃屑播天命	多方
忱		攻击	图忱于正	多方
伯	赋	赋税	越惟有胥伯小大多正	多方
忌	惎	教	尔尚不忌于凶德	多方
俊	骏	长	吁俊尊上帝迪	立政
训	顺	依循	用丕训德	立政

续表 8

通假字	本字	句中词义	例句	篇目
曰	越	与	曰三有俊	立政
见	现	显	用丕式见德	立政
式	代	代替	式商受命	立政
由绎	诱掖	扶持	克由绎之	立政
有	尤	失误	国则罔有	立政
常	祥	贤能、善良	其惟克用常人	立政
庭	廷	朝见	四征弗庭	周官
政	正	官长	明王立政	周官
厖	龙	杂乱	不和政厖	周官
哉	载	始	哉生魄	顾命
魄	霸	月光	哉生魄	顾命
达	挞	挞伐，讨伐	用克达殷集大命	顾命
侗	僮	没有成器的人	在后之侗	顾命
迓	御	奉行	敬迓天威	顾命
逾	渝	变更	无敢昏逾	顾命
悟	寤	觉而有言曰寤	殆弗兴弗悟	顾命
贡	赣	陷	尔无以钊冒贡于非几兹	顾命
兹	哉	啊	尔无以钊冒贡于非几兹	顾命
黼	斧	斧形花纹	狄设黼扆	顾命
而	胹	和谐	其能而乱四方以敬忌天威	顾命
宅	咤	放下酒爵	太保受同，祭，哜，宅	顾命
宾	傧	接待诸侯和赞礼的官员	宾称奉圭兼币	康王之诰
嗣	辞	辞谢	王义嗣	康王之诰

续表 9

通假字	本字	句中词义	例句	篇目
无	毋	不要	无坏我高祖寡命	康王之诰
绥	緌	继承	绥尔先公之臣服于先王	康王之诰
反	返	返回	反,丧服	康王之诰
侉	夸	夸大	骄淫矜侉	毕命
道	导	教导	同厎于道	毕命
灵	令	政令	苗民弗用灵	吕刑
方	旁	普遍	方告无辜于上	吕刑
格	假	升	罔有降格	吕刑
问	闻	知	皇帝清问下民鳏寡有辞于苗	吕刑
择	斁	败	罔有择言在身	吕刑
格	假	嘉	庶有格命	吕刑
由	繇	喜	今尔罔不由慰日勤	吕刑
克	核	实	其审克之	吕刑
哲	折	制	哲人惟刑	吕刑
盘	般	邪辟	是多盘	秦誓
猷	犹	还	尚猷询兹黄发	秦誓
番番	皤皤	白发苍苍的样子	番番良士	秦誓
旅	膂	脊骨	旅力既愆	秦誓
曰	聿	语首助词	曰由一人	秦誓

图书在版编目(CIP)数据

尚书/周秉钧导读、注译．—长沙：岳麓书社，2024.2
(古典名著全本全注全译)
ISBN 978-7-5538-1934-1

Ⅰ.①尚…　Ⅱ.①周…　Ⅲ.①《尚书》—注释②《尚书》—译文
Ⅳ.①K221.04

中国国家版本馆CIP数据核字(2023)第165374号

SHANGSHU
尚书
导读注译：周秉钧
出 版 人：崔　灿
责任编辑：周家琛
责任校对：舒　舍
封面设计：罗志义

岳麓书社出版发行
地址：湖南省长沙市爱民路47号
直销电话：0731-88804152　0731-88885616
邮编：410006
版次：2024年2月第1版
印次：2024年2月第1次印刷
开本：890mm×1240mm　1/32
印张：12.5
字数：320千字
ISBN 978-7-5538-1934-1
定价：49.00元

承印：长沙超峰印刷有限公司

如有印装质量问题，请与本社印务部联系
电话：0731-88884129